留学真心话2
北京地区国际教育全规划

谢强 王梅 高文成 著

浙江教育出版社·杭州

俞敏洪老师是新东方的创始人，同时也是两个孩子的父亲，两个孩子都在国际教育的环境中学习和成长。为了解答中国留学家庭普遍关心的一些问题，谢强老师专门对俞敏洪老师进行了一次访谈。图为访谈后两人的合影

2019 年 12 月 31 日，谢强老师从北京四中毕业 27 年后，重新站到了母校的讲台上，在高三同学的成人礼上发言。在发言中，他回忆了当年在四中就读时的难忘经历，借此勉励学弟学妹们

2019年搜狐教育年度盛典上，谢强老师代表新东方国际教育北京学校，畅谈国际教育未来的发展和趋势

由新东方国际教育北京学校举办的北京地区国际教育展，每年都会汇集众多知名公办校国际部和民办国际学校，该展会已成为各国际化学校和家长双向沟通的重要平台。图为谢强老师在展会上发言

王梅老师作为新东方北京学校国际教育部总监，对北京地区国际化学校个体情况、国际教育路线规划、国外大学录取标准有深入的研究。图为王梅老师在 2021 联合国可持续发展目标青少年论坛暨模拟联合国大会上发言

在 2022 北京地区国际教育展上，王梅老师和来自德威国际学校以及北京第八中学的两位外教交流，探讨中国孩子如何更好地适应国际教育

每次来面谈的家庭总是会有很多的问题和焦虑，解决这些问题，安抚这些焦虑，就是留学面谈存在的最大意义。图为谢强老师正在和一个留学家庭面谈

高文成老师深耕国际学术拓展、标准化考试等领域，备受家长和学生的信任。图为他在与一个留学家庭的面谈中，讨论孩子的学习规划问题

过去五年间，为了深入了解北京地区国际教育的发展和现状，谢强老师带领团队多次实地访问各大公办校国际部和民办国际学校。图为谢强老师和王梅老师在北京市二十一世纪国际学校和校领导们交谈

每一次访校，谢强老师团队都会带着家长们关心的诸多问题，与学校的老师、领导深入交流。图为谢强老师在八十中学国际部考察时，在学校的宣传栏前，听校领导讲解学校毕业生的情况

疫情之下，直播是与家长和学生紧密沟通、及时分享经验和最新观察的重要途径。图为在新东方主办的"校长说"主题直播中，谢强老师邀请到了北京市一零一中学副校长程丽老师，两人讨论了国际教育新视野及本科留学新思路

名校招生官、名校学子分享的一手经验往往能提供更为真实的信息和感受。将这种"真实"传递给家长和学生，一直是谢强老师团队的追求。图为王梅老师在一次直播活动中，采访一位被国外名校录取的学子

学术拓展一直是留学申请的重要砝码之一，高文成老师曾指导很多学生在学术拓展中取得优异成绩，并最终在申请中脱颖而出。图为他和北京顶尖国际部的学生在一场直播活动中，分享学术拓展经验

谢强老师团队筹划的国际教育展线上直播，会连线众多国际部、国际学校的领导，以及大学招生官，旨在为更多的中国留学家庭提供更丰富的信息、更多元的视角。图为国际教育展直播后团队合影

推荐序

前段时间，谢强约我聊了大概一个小时，向我提出了不少有关孩子出国留学的问题。他提出的问题代表了中国留学家庭普遍关注的热点，涉及要不要出国留学、去哪个国家留学、怎么设计中小学择校路径、最后去哪个大学读书、读什么专业、学成之后的职业设计等。这些问题在本书里都有所体现，我能感受到，谢强他们是想完整地、系统地为学生和家长解答留学规划的问题。

在那次聊天的最后，我跳出了留学这个话题，谈及教育对于孩子和家庭的重要性。我说，给孩子选择好的教育，就相当于把孩子种在了一片非常肥沃的、不断提供养分的土壤中。孩子在土壤中间吸收养分，吸收阳光雨露，这是他一辈子生命成长和事业成长的基础。这片土壤他走到哪就会带到哪儿，一辈子都能够汲取营养。如果你不小心把他种到了沙漠中间，孩子一辈子就会有很多营养缺失。

教育，是父母可以给孩子最好的礼物。我带领新东方近三十年，经历了风风雨雨，仍坚持不懈、坚守初心，是因为我自己相信教育的意义，相信教育是善事，可以给学生和家长创造更长远的价值。

在给学生和家长提供帮助时，虽然我们会区分国内教育和国际教育，但两者的本质又近乎一致。近二三十年来，全世界已经融为一体，也就是所谓的"地球村"。面向未来的发展，全世界紧密连接在一起是一个不可逆转的趋势。从这个意义上来说，不管孩子是在国内接受教育，还是在国际上接受教育，最终都要把孩子培养成一个既有中国文化功底和情感内核，又有世界眼光和格局的人。除此之外，孩子的人生态度、处事心态的培养，也是不分国内国外的。比如说，个性积极乐观向上、善解人意、人际交往能力比较强、有同理心、善于为别人考虑，以及对他人的观点比较宽容，不至于走向极端等，所有这些都是国际通行的价值理念，不存在中国与外国的区分。

谢强、王梅、高文成三位老师所著的《留学真心话2》，是把教育这个话题放在了世界这个更广的范围，表面上看是讲留学，但每一篇文章都包含普遍的教育理念，本质上是在谈教育。这也是我在新东方所倡导的方向与使命。尤其是本书的最后一章，记录了三位老师与大量留学家庭免费一对一面谈的思考与总结，相信会给很多家庭带来启发。

就本书的主题"国际教育"而言，其意义是让孩子在世界上行走，有助于他们建立更大的格局。对格局的培养，是我很看重的教育目的之一。

格局可以分成内格局与外格局。

内格局是指把自己的心打开，能够容纳各种各样不同的观点，不同的思想都可以在大脑当中整合。由于很多观点会互相打架，如果你在脑袋中不能将这些观点进行整合，就会钻牛角尖，只认为自己想的是对的，别人想的都是错的，从而走向偏狭，格局会变得越来越小。因此，培养孩子的观点综合能力、在综合中达成自己对于观点的理解的能力，以及既有自己的态度又能包容其他观点的格局，就变得非常重要。这也包括培养孩子对不同知识领域的好奇心。一个没有好奇心的人，一定是没有格局的。以简单的吃饭为例，有些人看到一盆从来没有吃过的菜，不管菜怎么难吃都会尝一尝。但有些人坚守自己从小喜欢吃的五六个菜，其他的菜就不尝了。好奇心与探索心对于一个人的发展至关重要，只有把自己的心打开，才能让大千世界涌入自己的内心。

外格局是指面向外部世界的时候，非常愿意走出去，进行不同文化、不同领域的探索。以文化为例，一个人在美国文化当中泡了两年，很可能又想在德国文化、阿拉伯文化当中泡两年。如此一来，探索世界的格局就慢慢打开了。你会发现，一些美国人在美国上了两三年大学后，又跑到中国再来上一年大学，这样的大学生往往在美国发展的机会是更多的。为什么？因为他了解了世界上另外一种重要文化到底是怎么回事，这就有助于打开研究和探索的领域。

所以说，一个有格局的人既能够容纳不同的观点，又能向世界打开心扉，采众家之长，成一家之言。

这本《留学真心话2》在继承了第一本《留学真心话》的风格基础上，给出了更多让孩子走向世界的具体操作方法和成功案例。我读了以后能感觉到，这些成功案例的背后均体现出家长的格局和对孩子潜在格局的培养，是值得读者细细品味的。

前后两本《留学真心话》相隔一年，能反映出谢强老师和新东方国际教育北京学校团队孜孜以求、笔耕不辍的精神。他们把这些披着神秘面纱的留学信息与规划思路用简单生动的语言写出来，减少了家长的信息不对称，舒缓了家长的焦虑感，更重要的是，让学生快速走上正确的道路，赶紧学起来，而不是在选择上做无谓的消耗，这也反映出他们对这份事业的热爱，对学生和家长的尊重与负责。

很真挚地把这本书推荐给关注留学、关注教育的所有家庭，相信爸爸妈妈和孩子都能从中有所收获。除了收获知识和经验，也会收获快乐与感动。

俞敏洪
新东方教育科技集团董事长
2022 年 6 月于北京

自序

我的前作《留学真心话：写给中国家庭的国际教育路线图》（以下简称《留学真心话》）问世后，获得了大量关注，我收到了不少反馈，很多爸爸妈妈一边阅读，一边划重点，一边注心得，他们把这样的照片发给我，让我非常惶恐与惭愧。《留学真心话》是我多年文章的汇总，涉及范围很广，前后的时间跨度也颇长，书内文章有理性的表达，也有感性的抒发。虽然一些读者觉得后者也颇为有趣和受用，但是我仍然希望这样的指导书可以更具实操性，风格上可以再板正一些。此外，这两三年，国内外风云变幻，留学的热度仍在，但留学规划和择校又有了新情况，国外大学对中国学生的录取也有了新变化。所以，结合以上因素，我觉得，是一本新的《留学真心话》该诞生的时候了。

我的想法得到新东方大愚文化传播有限公司小伙伴们的积极响应，我们一拍即合，决定做一本更为系统、更为实用的留学指导书，完全依着幼、小、初、高各年龄段学生家长的思路，把他们关心的问题捋成一条清晰的主线索，然后依次放置我们的文章，从头到尾，让读者读完有一气呵成之感，更有周身通透之感。关于书名，大家异口同声说，就叫《留学真心话2》吧。

大家喜欢真心话。

我一直标榜自己说真话，但其实很难。每个人都有自己关于真的标准，有的时候把真当成假，有些时候也把假误认为真。比如，我们经常搞视频直播，直播平台大都会有让人眼花缭乱的美颜滤镜。有一次刚刚下播，一位同事经过一面大镜子时不小心看了自己一眼，吓了一跳，突然意识到，这才是自己真正的样子！类似的情况是，有的国际部或国际学校误认为自己是那个样子，也长期宣讲自己是那个样子，原因也是滤镜开太久了，是时候看看真的镜子了。可是，要把这样的真话都说出来，要有很大的勇气，也需要很准的判断。

准确的判断，需要对横向、纵向两个方向都有持续的探索，把我们对单一事件的判断都放在一个完整的地形图上，这背后要有系统的视角。否则，就是盲人摸象，误以为自己摸到的就是全部。

横向，指的是观察的国际化学校的数量要尽可能全。北京有110多所国际化学校，其中公办校国际部23所，外籍人员子女学校13所，还有70多所民办私立国际学校。每届3000多名学生学美式的AP课程，1000多名学生学英式的A-Level课程，还有1000多名学生学IB国际文凭课程。观察的对象必须到达这样的量级，我们才有资格以这个总量为基础去分析与评价。

同时，我们还必须了解大量客户，无论是学生还是家长，才能由内及外地发出接地气的声音，不至于自说自话。每年，新东方国际教育北京学校培训学生2万人次，其中1万人次在中学，1万人次在大学。我利用节假日和留学家庭进行一对一面谈，平均每天4组，每组1小时。我算了算，我个人每年面谈的家庭不低于400组。这意味着，我回新东方国际教育北京学校担任校长职务的这7年，保守估计，面谈的家庭不低于2000组。我个人如此，就更不必说团队了。

纵向，指的是跟踪的深度，这个深度是由跟踪频次、时长和角度决定的。对于本书中涉及的多数国际部和国际学校，我们每年都去实地看，亲自聊，多次去，对方换了领导层还去。对于学生和家长，我们也不是谈一次，不少家长面谈多次，有的家长已经成了我的朋友。我第一批面谈的一些学生，当初还在国际部读高一，现在已经在美国申请研究生了。他们的故事长期伴随着我，他们的一小块人生，零零星星地聚合在一起，已经成为我人生的一大部分，非常重要的一大部分。我说话时，发出声音的，是他们，那些经历过苦恼又品尝到甘甜的学生，那些经历过焦虑又感到释然满足的家长；我提起笔时，那些声音又源源不断从心里面流淌出来。

如果说《留学真心话》是留学家庭面谈的心得汇总，那么，这本书的进步，是把所有这些面谈放置在一个系统里进行分析与评论，它理性地回答了有留学意向的家庭最感兴趣的问题。这本书的起源，是面谈时把家长最关注的问题记录下来，然后详尽地用文字来回答，这样可以解决的就不仅是一个家庭的问题，而是一大片家长的疑问。

这本书的主线索是：

要不要留学？如果想留学，怎么长线规划？

留学规划定了，怎么择校？

国际化学校个体情况是怎样的？

择好校了，如何按照国外大学录取的标准去培养孩子？

留学路上，怎么和孩子沟通能达到目的？

如果家长把这5个问题都了解清楚了，留学这件事就尽在掌握了。但是，这仍然不够。

我认为，这些文章的真正价值在于以下3点：

首先，这些文章不是说明文，而是议论文，至少是夹叙夹议文，因为家长更需要的是观点，不是说明书。进入国际教育这个领域，国内的选择是过多，国外的选择是太远；前者越了解越拿不定主意，后者更难，连中国的事情都整不清楚，国外还有语言障碍，更是难以判断。在海量信息面前，读者更需要知道的，不是这个东西什么样，而是这个东西到底好不好？是这个好，还是那个好？别人都这么说，他们说的话到底对不对？这个事情如此有争议，你们到底站谁？又或者为什么站他而不站他？

其次，给观点的时候，直接说我们的想法，不要两边取悦，不能说了像没说一样，不能正确而无用。我们要给出非此即彼的观点，展示出我们的倾向和褒贬。记得我小时候读过鲁迅在 1925 年 7 月 8 日写的文章《立论》，当时给我留下了深刻的印象。文章不长，我摘录如下：

> 我梦见自己正在小学校的讲堂上预备作文，向老师请教立论的方法。
>
> "难！"老师从眼镜圈外斜射出眼光来，看着我，说。"我告诉你一件事——
>
> "一家人家生了一个男孩，合家高兴透顶了。满月的时候，抱出来给客人看，——大概自然是想得一点好兆头。
>
> "一个说：'这孩子将来要发财的。'他于是得到一番感谢。
>
> "一个说：'这孩子将来要做官的。'他于是收回几句恭维。
>
> "一个说：'这孩子将来是要死的。'他于是得到一顿大家合力的痛打。
>
> "说要死的必然，说富贵的许谎。但说谎的得好报，说必然的遭打。你……"
>
> "我愿意既不谎人，也不遭打。那么，老师，我得怎么说呢？"
>
> "那么，你得说：'啊呀！这孩子呵！您瞧！多么……。啊唷！哈哈！Hehe! he, hehehehe!'"

我们不想要"啊唷！哈哈！呵呵！呵！呵呵呵呵！"这样的观点，虽然这样的平庸与精致在自媒体时代尤其泛滥。我们想给出态度，这是我以为我们应负的责任。虽然，作为观察者，夹在学校、教师、家长、学生的诸多角色中，我们的立论并非全无顾忌，但是我们或明或暗地摆出了好恶，请读者细品。

再次，避免商业目的。这个系列的图书起名为"真心话"，我内心里"真心话"的反义词不是"假话"，而是"铜臭气"。我们在新东方这样的一个商业机构待久了，每个核心管理者都直接或者间接背负着招生指标，这一点毋庸讳言。但是读者可以注意到，本书中的文章没有推广任何课程，我们的语气也不存在任何商业味道，因为在本书中讨论的留学、规划、择校、申请、亲子关系等问题，都关系孩子的一生。对所有这些最基本的出发点是，必须实事求是，不主题先行，更不能有"不可告人的"目的。要感谢新东方在最困难的时期仍然给了我们这些书生一些空间，去单纯做些带有教育本质的事，希望得到家长的认可，做干净的商业。

《留学真心话》的最后一章，我放飞了自己，专门写了我们团队的故事，即使那些故事与留学并无太大关系。那一章得到了出版策划者的包容，也温暖了不少读者的心。我回北京新东方担任国际教育及考试培训的管理工作已经 7 年，我们团队越发找到了共同的目标和默契，而这一切的基础，不是我这个领导，而是我们都走向了学生和家长。我们这帮简单的书生，在学生和家长的喜怒哀乐中找到了共识。

和我一起合著这本书的，是北京新东方学校国际教育部总监王梅老师和高级主管高文成老师，他们两位也是活跃在我上一本书最后一章的关键人物。

王梅对国际教育的思考全面而深入，她动笔记录了太多次访校和面谈，其实她的笔记字数远多于她在本书中贡献的内容。在本书中，她重点聚焦北京地区国际化学校的选择、国际课程、外籍教师和专业发展等方面。王梅是位年轻的妈妈，有个可爱的女儿叫 Mia，所以据我观察，她的探索也是对女儿未来留学之路的准备，带着对自己女儿的爱。人们经常说，如果工作可以和兴趣结合该有多幸运；所以我也想说，如果对客户也像是对亲人一样，那这份工作也会很幸福吧。

截止到本文，高文成仍然是一名未婚男青年，所以他有大量的时间用在后台的数据分析和统计上。我们很多讲座的内容都基于他对数据的整理，非常感谢他。他在本书贡献了对个体国际部的观察，非常接地气地总结了竞赛等学术拓展方面的内容，把学术部分写得让家长可以读懂，因此具备了更强的实操价值。

每出一本书，我就又老了一岁，如今已经年届 50 了。我感到时间流逝的残酷，也看见时间积累的价值。母亲节时，我妈对我说，她从 1971 年到 1991 年，骑自行车上班长达 20 年，从北京偏西北的小西天，骑到偏东南的东大桥，来回往返大概是 2 个小时。她老人家今年 77 岁了，要感谢这段常年骑车的经历，所以她各项指标至今都不错；但也要怪这段经历磨损了她的膝盖，使得她现在走路非常缓慢，常有力不从心之感。这是努力的两面性。

我不聪明，但我努力。我接受努力的正面和反面。而这本书，看得见，摸得着，是我们一段时间努力的证明。然而，让孩子出国留学，对家长来说，应该是个没有边界和条条框框的愿景，是一个没有规则的自由设计。所以，我并不希望，这本书的存在会限制您对孩子未来的任何想象。

目录

1 第一章
留学规划和国际教育择校

2 第二章
北京国际化学校整体观察

3 第三章

北京国际化学校个体解读

4 第四章

留学申请三要素分析

目录

5 第五章
国际教育下的亲子成长

⊙ 第一章

留学规划和
国际教育择校

　　国际教育的理念是看长线、看全人，把一场考试变成很多场，把单一的学术指标变成很多指标，学生可以往全世界的知名大学投递申请，可能被名校看中。孩子面前冒出了那么多机会，这是当老师多开心的事。

和俞敏洪这个留学爸谈留学

文 / 谢强

我回北京快七年了，以北京新东方副校长的工作角色面谈了千余组留学家庭，慢慢地，我产生一个想法。这批家长的问题，其实都已经被那些"过来人"家长用实际行动回答完了。我与其是那个对话者，不如是个平台，让这两批家长直面彼此。在我们新东方，最适合当"过来人"的家长代表就是大老板俞敏洪了。俞老师的女儿已经从美国藤校 ① 毕业，儿子正在美国排名前30 的大学就读，两个孩子的小学阶段和中学阶段分别在国外和国内接受了国际教育。所以我约俞老师聊了一个小时，把家长们感兴趣的问题抛给了他。

📖 留学规划

我最早见俞老师的女儿时，她是在美国读大学二年级，我们去她所在的大学短期学习两周。后来她回国工作，曾在我们部门教书锻炼，使用自己的英文名字教托福口语，但仍被眼尖的家长认出，说这个女老师怎么和俞敏洪

---

① "藤校"全称为常春藤联盟（Ivy League），是由美国的七所大学和一所学院组成的一个高校联盟。这八所高校分别是哈佛大学、耶鲁大学、普林斯顿大学、哥伦比亚大学、宾夕法尼亚大学、布朗大学、康奈尔大学和达特茅斯学院。这八所高校都在美国首屈一指，建校时间长，教学质量高，许多著名的科学家、政商界名人都毕业于这些学校。

长得那么像。在批课 ① 培训环节，我发现她受俞老师影响很大，读书和旅行，是这对父女共同的爱好，所以上课给学生口语举例时，她经常谈她在世界各地旅行的故事。我逗她说，别人家孩子关在家里学习，不像你和你爸去过这么多地方，这样的例子一定要减少。当然我也发现，她在授课时的煽动性和讲段子的能力远不及俞老师。我说咱们新东方讲课特点是励志、幽默、激情，你能不能再激情一点？但她怎么讲都是从美国商学院出来的范儿，职业、庄重、一板一眼。我看到的他们父女，似乎是北大英文系和藤校商学院的对比，在这个姑娘身上，国外教育的痕迹是明显的。

俞老师的儿子几年前在顺义的一所国际学校就读，人又瘦又高，酷爱打篮球，在标准化考试 ② 学习和 IB③ 学科方面，我们给他的儿子做过一些补习。给老板的儿子补习，我们有不小压力，所以我曾探过俞老师的底，看看他骨子里到底是海淀黄庄的"狼"，还是顺义后沙峪的"佛"。他当时给我的回答是孩子尽力就行，不逼孩子，顺其自然，我们都松了口气。后来听老板说，儿子大二时凭自己的能力转专业成功，进入学校著名的商学院，和姐姐走上了相同的专业道路，而他为儿子高兴的时候，没忘了告诉儿子，"这全是凭你自己的本事"，以鼓励他。

我问俞老师："两个孩子一路接受国际教育下来，您觉得有缺憾吗？"

---

① 批课指的是青年教师模拟课堂讲课，让资深教师、教研组长进行课程评价，并提出相应的解决措施，旨在提高新教师的授课水平。

② 标准化考试简称"标化"，指的是出国留学需要参加的托福、雅思、SAT、ACT 等检测英语能力和学术能力的统一考试。不同学校对标准化考试成绩的要求不同。一般来说，越好的学校，标准化考试成绩门槛越高。

③ IB 课程，是国际文凭组织 IBO（International Baccalaureate Organization）为全球学生开设的从幼儿园到大学预科的课程，教学和考试的所有标准全部统一，是国际教育的一个统一度量衡，全球近百个国家的千余所大学与 IBO 有稳定的契约关系，承认 IB 文凭。IB 课程包含幼儿园及小学项目 PYP（Primary Years Programme）、中学项目 MYP（Middle Years Programme）、大学预科项目 DP（Diploma Programme）。

他说："有，就是孩子对中国文化和中国语言的博大精深了解得不够，中国人那种只可意会不可言传的东西，不在中国文化下浸泡足够多的时间，是感受不到的。我儿子是初中的时候回到国内学习的，有点融不进去，因为从小到大在国内的孩子，对于中国文化的只可意会不可言传以及人与人之间关系的复杂性，是如鱼得水的，我儿子完全搞不清楚的。这些缺失在日后的职场发展中也会表现出来。"

我说："那国际教育给孩子们带来了什么呢？如果二选一的话，您仍然会选择国际教育吗？"

俞老师说："这个世界是互通的，仅了解中国国情和文化是不够的，最终我们要和世界融合在一起。国际教育不仅是教孩子懂得英文，它有意无意地培养孩子看问题的格局和眼光，只有在国际教育里面混过的人才能够明白。西方大学的教育体系要求学生有独立思考能力和创新突破能力，而不是循规蹈矩。不只是完成作业，不只是教科书和考试，它要求你反复阅读，通过大量写作来表达观点，然后和同学进行各种各样的辩论。"

我又问："如果重新来一次，什么将是最好的规划？"

俞老师说："我会让孩子在国内读体制内的小学，小学读完，对中国文化和中国语言的了解已经一辈子够用了。然后就可以走国际路线，高中可以出去，最晚本科出去。我有一些朋友的孩子就是在国内读完了初中出去的，有的现在已经在国内创业开了自己的公司，中文的写作水平和交流水平没有问题。读研究生，就已经不再是国际教育了，实际上是一种国际研究，因为读硕士研究生也好，博士研究生也好，实际上是为了研究喜欢的那个专业。"

俞老师的这种说法与多数家长的规划是吻合的。我把这种规划叫"稳妥型"，就是小学和初中九年制义务教育在体制内，高中进国际部过渡一下，本科和研究生在国外读。这样就有了中国式根基，也有了国际化培养，日后可进可退。

这里还有一个"落点"的问题。孩子最终落在哪里，规划就要和那个落点匹配。我和众多家庭面谈中感受到，希望孩子学成以后落叶归根，回国效力的比例，这两年明显增多。俞老师的女儿在国外读完十几年的书现在回到了国内，儿子未来的大趋势也是回来，所以我也有疑问，既然孩子都那么国际化了，为什么一定要回来呢？国外读书后毕业就留在国外不更顺吗？

俞老师说："他们都更喜欢中国。他们从小寒假、暑假都会回到国内，他们有中国的生活习惯，喜欢中国的饮食。另外呢，我们国家未来发展的机会也更多。跟父母离得近一点，家庭的氛围更加浓厚一点，也是一个原因。尽管他们不跟我住在一起，但是他们既希望保持独立，又希望想要找父母的时候可以够得到。"

俞老师此话代表了很多留学家庭的现状，无论出于什么原因，他们的孩子最终以回国为主要目标。从这个意义上讲，留学本身是最好规划的，而留学准备道路上的选择——这颗"中国心"的建设，倒变得更为重要了。

🗺️ 专业选择

俞老师多次在文章中调侃自己数学不好，我也是数学不行，当初放弃自己心爱的历史决定去北京外国语大学读英语，除了我妈逼迫，还因为北外从大一开始就没有数学课了。所以我和俞老师说，我们这种数学不好的人，只能去国外学文科，有意义吗？

俞老师说："现在的文科，科学的测量手段已经用得非常多了。文科学习，是让学生学会从多角度思考问题的方法和能力。文科鼓励学生独立思考和独立判断，这是一个人未来走入职场以后不犯大错误、不走向极端的重要保障。文科生到国外去学习，是去学习文科研究的科学方法，学习理性思考问题的路径。另外从就业角度来说，用文科思维方法成长起来的人，更容易有好的想法和好的布局，也许更加适合创业。"

我对俞老师说，家长谈到专业，多是与明确的就业相联系，所以这是一个很重要的决定。除非一家人在选择理工科时愉快地达成一致，否则只要是非 STEM① 专业，都会引发矛盾，导致父母与孩子或者父母双方的争论。

俞老师说："选专业应该是按照孩子自己的兴趣来选，兴趣是最好的老师。孩子愿意干什么，这是家长必须且首先要尊重的。而且美国大学在本科阶段以打基础为主，并不是说他学的这个东西一辈子不变，还有很多人找的工作跟所学的专业没啥关系。在大学学习时，获得的是一种基础能力，就是不管你学什么专业都要具备的东西。我女儿尽管学的是金融和投资，但她选的课有不少是关于历史、哲学和政治学的；我儿子学商，选了不少世界历史和新闻学相关的课，这些东西都是偏向文科的，属于比较综合的能力培养。我对他们的要求就是你们喜欢什么，你们就去学。当然，他们学商，跟我的背景有一定关系，因为他们觉得未来可以帮助我做生意。其实，我对他们没有这方面的要求。"

俞老师说到这儿的时候，我决定出来挑挑事。我说您爱人是个个性很强的天津人，在专业选择这个事上，她没有自己的看法吗？你们的想法一样吗？

俞老师马上说："在家里，我的话语权比较大，我老婆最多提个建议，听还是不听不重要。"

好吧，我略带狐疑地记了记笔记。

俞老师说："对孩子我基本放养，我主要关注他们是不是有一个比较好的人品、人格，比如是不是比较善良，然后才适当地关注到他们的学习状态

---

① STEM 是科学（Science）、技术（Technology）、工程（Engineering）、数学（Mathematics）四门学科英文首字母的缩写，与这四个学科相关的专业统称为 STEM 专业课程。美国政府为了吸引人才、提升全球竞争力，鼓励学生投身于科学、技术、工程和数学领域，学习 STEM 专业的学生将在其他专业 12 个月在美实习期的基础上，额外获得 24 个月，即总计长达 36 个月的在美实习期。

和学习成绩。他们可以完全按照自己的意愿和方式去学习。请辅导老师这件事情，我也不强迫，他们自己觉得需要就请，觉得不需要那就不要。"

我对俞老师说："数学不太强的孩子，除了学人文商科，学艺术的也不少。对艺术专业，您怎么看？"

俞老师说："面向未来，人类的很多工作都会被自动化，或是被人工智能代替。人类在情感方面的诉求会进一步增加，对艺术的诉求也会进一步增加，设计、绘画、音乐都很好，但我觉得还是根据孩子的兴趣来选择。"

俞老师继续说："我女儿在小时候就特别喜欢钢琴，后来就是为了要上个好大学，就把钢琴这个兴趣先放下了，拼命地做各种学科习题。等到大学毕业了，她又发现自己还是放不下对钢琴的执念，所以她在工作以后还要求我给她买一架钢琴。到现在为止，连续三年了，她每天还能花四个小时练琴。一个人最重要的是谋生能力，谋生能力如果跟兴趣爱好能结合的话，我觉得最好。现在我不担心孩子谋生，女儿的英文水平足够好，她可以当英语老师去教学生；再加上她的钢琴能力，她的钢琴水平现在带学生也没有问题了。所以她已经有了两个谋生的技能！"

🗺 大学排名

我问："您很在乎大学排名吗？"

俞老师说："家长希望自己的孩子去排名好的大学是可以理解的，但是别给孩子太大压力。我记得我女儿在高一还是高二的时候，我就只是随口说了一句，说耶鲁大学挺好的，结果我女儿就一个月没理我。后来我明白那么随便一说，给了她很大压力，她说万一她去不了怎么办呢？所以我觉得有目标的话，最好是创造环境让孩子自我生成，而不是父母强加。如果没上成特别好的大学，父母也要鼓励，这样孩子也不至于特别失望和失落。国外大学不像中国大学，相互之间的差距那么明显，从一本到二本、三本，好像跳了三个台阶。国外的大学，就算是一个普通的州立大学，里面也有很好的老师。我去过世界很多大学，感觉它们好像都有挺庄严的学术氛围。我没有名校包袱，哪怕孩子上个夏威夷大学或者社区大学，我都觉得挺好，因为每个人都有各自的能力以及适合自己的环境。"

俞老师谈到这个问题时的态度，我感觉是过于豁达了。这时候我突然想起来一个学生和我说的，留学圈的很多家庭不是特别富裕的家庭，他们希望通过留学来改变孩子命运，何况又花了那么多钱，他们希望孩子去一个排名好点的学校，这样就能在未来就业方面获得优势。所以我对老板说："如果一定要追求排名，您的建议是什么？"

俞老师说："那就要打出提前量，提前设计好孩子的发展路径，只要孩子自愿，愿意努力学习，并且能够给予走向这个目标的充足时间，未来的结果就不会差。比如英语提早准备，那标准化考试的成绩就不会太差。"

俞老师补充道："国外好大学的录取名额毕竟是有限的，我身边有一些朋友的孩子，他们在本科的时候在美国就读一般的大学，但是本科毕业以后，有的去普林斯顿大学读研了，有的去斯坦福大学读研了。所以，孩子还存在第二次或更多次机会去冲击名校。"

关于这个话题，这两年家长的讨论也很多，本科这个第一学历非常重要，但是研究生的找补作用也不可低估，毕竟让所有人都在本科一锤定音也不可能。所以家长着的这个急，恐怕是场持久战。我身边的几个学生，本科在美国前 30 和前 50 的大学就读，前段时间都收到了藤校的研究生录取通知；我外甥女，在美国排名 50 开外的一所大学念本科，研究生却考进了英国的牛津大学。

我问俞老师："您孩子一个美国藤校、一个美国前 30 的大学，您有什么刻意培养的动作吗？"

　　俞老师说："虽不是刻意培养，但父母最重要的是为孩子做榜样。我本人就比较爱学习，只要他们在长大的过程中间跟我接触，就会发现爸爸是一个很勤奋、努力的人，无论是工作上，还是学习上。他们从小到大能看到我一有时间就会看书，就会写东西。"

　　关于这个，我有一个补充。九年前，我曾经有一段时间经常陪同俞老师参加各种活动。他在路途间歇，总是拿起一本书去读。一个细节是，他会把车上自己的座位放平一些，摘下眼镜，认真地看书。所以多年后我并不意外他女儿和我说在北京买了不少书，书架放不下了，就把书散放在钢琴腿周围。她给我分享了刚读完的书，名为 *Talent Is Overrated*，是讲教育的，我把我在北京最喜欢的两家书店——万圣书园和库布里克书店介绍给了她。

　　问完了对大学排名的看法，我想到另外一个大家关注的话题，就是国外中学和北京国际学校的对比。有的家长在孩子初中以后，将孩子送进国内的公立校国际部或国际学校，也有的家长希望孩子去国外读高中。俞老师的儿子先后经历了国外的中学和国内的国际高中，我问俞老师，这两者有什么区别吗？

　　俞老师说："差异还是挺大的，国外是一种悠闲的、自然的、不竞争的、老师和孩子嘻嘻哈哈的状态。北京这边即使是国际学校，大部分同学是中国人，对教育天然重视，同学之间竞争性强，也会分成一个个小团体。儿子回到中国，在学校发现自己不属于任何小团体，有种被孤立的感觉。再加上国内孩子天天去补习，同学们有意无意地会攀比成绩。这一下我儿子傻掉了，儿子的成绩属于中等水平，他自己着急，他妈妈也着急，这一下就有压力了。"

　　不过说到这里，我默默地想，那些"傻白甜"的国外中学，还是别去了。去就去顶级的。

🏬 留学国家

我对俞老师说，这两年，家长对留学目标国家分成三派：第一是北美，如美国、加拿大；第二是觉得美国不安全，认为英国枪支管理更好，两国关系稳定，所以去英国；第三是新加坡或中国香港地区，离得近，在同一文化圈。您世界各地都去过，无论是参观还是旅游，您倾向于去哪个地方留学？

俞老师说："确实英国要比美国更加安全和稳定一点，中英关系也不会像中美关系这么剑拔弩张，而且从社会的安全稳定性以及英国大学的教学传统来说，更加符合中国学生认为的那种进去了以后就可以安心读书的状态，但是美国也并不像大家想得那么危险。我女儿在美国读书时，我从来没有担心过，所以说去美国以后人身不安全，可能有一点点被夸大。当然，如果家长实在担心的话，可以考虑美国以外的国家，在英国、加拿大、澳大利亚等国家中，很多大学教育水平也不差。中国香港和新加坡近一些，孩子适应起来更快一点，而且中国香港和新加坡的大学也都是英语教学，国际化氛围浓厚，国际学生也不少。唯一的遗憾是这两个地方有点小，格局上会有影响。"

🏬 教育真的那么重要吗

和俞敏洪老师聊天前，一位同行刚刚提起俞老师的人生起伏。他说，俞老师今生是来渡劫的，本来生在普通的农村家庭，发展就诸多受限，高考一次还不成，要考三回，大学毕业后在北大当老师，后来离职搞培训，艰苦奋斗成就了新东方，但现在又遭遇"双减"。俞老师的人生怎么那么多波折？所以我问俞老师："虽然大家都知道您读的大学是北大，可是您更精彩的人生似乎和北大也没太大关系，而现在社会上的很多成功人士也不是从清北这样的名校毕业的，那么，教育，或者去哪里读书，真的那么重要吗？"

俞老师很坚定地说："教育太重要了，如果说小学和初中相对标准化一些，那么如果能进入一所特别好的、有思想、有人文情怀的高中，会给孩子带来比较大的影响。但是最大的影响，是来自大学。给孩子选择教育环境，就相当于把孩子种在了一片土壤里，他在这个土壤中间吸收养分，吸收阳光雨露，这是他一辈子生命成长和事业成长的基础。他走到哪就会把这片土壤带到哪儿。如果你把他种在了一片非常肥沃的、不断提供养分的土壤里，孩子一辈子都能够汲取营养。如果你不小心给他种到沙漠中间，他一辈子就会有缺失很多营养。一个好的工作或一份好的收入，只是教育重要性的一小部分而已。这一小部分不足以彰显教育的重要性。教育让人懂得人之所以为人的道理，在个人的发展过程中间不断地把这种优秀的东西传承下去，包括思想、格局、判断力、谋生能力等，从自己身上继续传到子女身上，这就是所谓的代代相传。比如曾国藩是个特别好的教育家，他对自己家族成员的人品道德等都有严格的要求。到今天为止，曾家还有很多厉害的人物在世界各地努力。但是我们也见到有些家族到最后妻离子散，后代没有出息。我们把孩子送到一所好大学，不光是为孩子奠定基础，也为这个孩子的孩子和这个家族的未来奠定基础。"

俞老师最后说："一个人的成长主要来自两个教育，一个是家庭教育，一个是大学教育。小学和中学教育是体系化的，在中国每个人得到的都差不多，但是家教肯定是不一样的，大学教育也是不一样的。我今天回过头来看要感激的，一个就是我的父母，第二个就是我在北大的这批老师和同学。"

教育的重要性不言而喻，在这个问题上，我和老板虽是不同时代的人，但看法完全一样。在一次家庭面谈中，我鼓励一名正在读高二、托福 117 分、但是对于申请越来越佛系的男生说，还是要努力冲击更好的本科，一是第一学历非常重要，二是你值得和更好的同学在一起读大学。他听进了我的建议，认真地说了声"好的"。

有时候我想，在人类历史发展的进程中，反智主义会时常抬头，有知识、有文化、有教养、有学历并不是每个阶段都被歌颂的东西。在复杂的大时代背景下，父母一定要有定力。把最好的教育给孩子，永远是父母给子女最好的礼物。

俞敏洪老师是新东方的创始人和董事长，企业的成败任人评说，但我认为，对于他的女儿和儿子来说，他是个好爸爸。

我的孩子适合出国留学吗?

文 / 谢强

自从我开始做留学家庭面谈以来,总有家长把闺女或儿子往我面前一领,说:"谢校长,您看我家孩子适合出国留学吗?您给相相面!"

说相面,那是开玩笑。肯定要和大人孩子聊。聊上一小时,不但能聊出孩子适不适合出国,还能聊出两口子适不适合继续过。

当然这有点儿开玩笑了。

咱们还是说说孩子是否适合出国这件事。

总的来说,如果父母有财力支持孩子留学,不用砸锅卖铁卖套房,钱够,孩子基本都适合出去。

英美加澳的大学,含学费及食宿,每年可以按照50万人民币的投入算。留学之前,考试培训班预算10万~20万,留学中介预算10万~20万。关于这两笔支出,肯定是孩子成绩越优秀越省钱,学习越费劲越费钱。另外,在北京地区,如果高中读的是公立学校国际部,每年学费大约10万;如果高中读的是国际学校,每年学费10万~20万。

这就是全部了。

如果钱备齐了,那么在什么情况下,孩子不适合出国留学?

主要可以分为两种情况。

一是孩子真不想出去。我当年就是这样的例子。任何时候,我想到和一帮外国人一起学习、上课努力说着英语、下课读很多英文书、写很多英文论文、白人男同学金发碧眼、黑人男同学像 NBA 球星、女同学高得需要抬着头跟她们说话，我心里就堵得慌。您可别误会，我是英语专业的，我可不是不喜欢英语。我在书房、卧室、餐厅都特别喜欢英语，我只是不想去美国。如果有股力量非逼我出去，一年我忍了，要是四年本科加两年研究生共六年都在那里，那可不行。我爸妈谁照顾？我那个青梅竹马、两小无猜的女朋友会落谁手里？不行，绝对不行。

二是孩子在国内的学习差到一定地步。我中学和大学里的很多同学都在美国，他们有时候会给我一点建议。我的好朋友石浩在美国待久了，总是非常正能量，定期对我嘘寒问暖，纠正任何可能使我走上歧路的行为。

有一次，他非常关切地对我说："谢强，我跟你说，虽然你们做留学生意挺火的，但是有一种孩子绝对不建议来美国。"

我问："什么孩子？"

他说："学习太差的。孩子自律性差，爸妈又不在身边管着，很容易学坏！真要是出了什么事，救都不好救！"

从那以后，我总是和家长强调这个观点。什么叫学习"差"呢？不是努力了但学得非常不好，而是不努力同时学得非常不好，这是"差"的定义。

所以，我"相面"的时候，主要判断这两点。第一点问问就知道，第二点看看成绩单、品品孩子形象气质就不难得出结论。

"相面"之后，我会如实告诉对方我的结论吗？

不会。

我会先把孩子请出去，再和家长说我的判断，最后强调以上判断仅供参考。

在大量的面谈中，其实我都可以立即识别家长的态度。如果家长和孩子都愿意出国留学，他们不会让我"相面"。"相面"本身就包含某种意见的相悖：孩子很想出，但父母不愿意；或者父母很想让孩子出，但孩子完全被动无感；或者父母意见不统一。而我最大的为难，就是明知父母非常愿意孩子出去而我觉得孩子不适合留学。如实告知后，会让对方更加纠结。

该说说什么样的孩子适合出国留学了。

基本就是前两者的反面了。一是孩子本人非常想出国，二是具备基本的学习态度和学习能力。

孩子本人为什么想出国呢？三类情况。

一是同辈效应。有表哥、表姐、表弟、表妹、闺蜜、发小正在或曾经在国外就读，不断传来令他羡慕嫉妒恨的消息，他心里痒痒。

二是有留洋经历。孩子幼儿园、小学、夏令营、冬令营去过国外，关键是感受非常好。他留学，不是想去那里，而是想回那里。

这里需要注意两点。一是单纯出国旅游的感觉可能不足以产生留学愿望，二是上述经历中的不快或无感也会使一些孩子不想留学。

三是天生的。这种情况的女生居多。你看她说话时的眼神和语调，就知道她未来会去哪个国家读书。孩子本人想出国非常重要，这将产生极大的动力和热情。

这里要特别消除一个可能会害人的误解。

正如有人很早就进国际学校是为了避开"讨厌"的中考，有人出国留学是为了躲开"艰苦"的高考。事实上，只要孩子一进入留学之路就会发现，国外大学招生要看校内成绩、标准化考试成绩、个人特点三种要素，你要给招生官摆出一堆材料，让他进行全面评估，还要规避可能的同校竞争，面临留学申请仿若玄学的局面，这并不比"一考定终生"的高考容易。

在准备这一堆材料的漫长时间里，有没有动力和热情，有多大的动力和热情，具有决定性的意义。为了躲高考而选择留学的孩子，会在高一上学期立即发现残酷的真相。这个时候，如果没有真正的动力和热情，很可能就彻底掉队了。

如果您家孩子不属于以上三种情况，可是您特别想让他出国留学，怎么办呢？

那就要塑造。具体怎么塑造呢？

没用的塑造是说教。比如给孩子灌输国外高等教育更发达，或者国外科技发达、我们学成归来报效祖国这种思想，又或者美国虽然有枪支但只是小概率事件，何况还可以去英国等。也不能痛说家史，说自己经过奋斗好不容易来到国内大城市，所以爸爸妈妈准备把你放到世界的舞台上去继续奋斗杀出一条血路。有的家长说着说着感动了自己，可是孩子无动于衷，才终于发现自己用勤劳的双手已经给孩子创造了似乎不太需要再杀出一条血路的生活条件。

有用的塑造法有两个：一是同辈刺激，二是亲身感受。前者需要刻意安排但自然展开，后者需要留出较大的时间提前量。我一直认为疫情对留学真正的影响，不是现在，而是较近的未来。因为疫情造成旅行不便，近三年来，小学高段或初中的孩子失去了亲身参与国外学习的可能。这颗种子没有了，那个愿望就无法生长、蔓延。

看到这儿，您可能发现，我并没有把"英语好不好"作为孩子是否适合出国留学的条件。因为留学不是去学英文当翻译，留学是为了学习各科知识，在通识的基础上获得专业的发展。所以孩子一路走来，我们始终关注的是他的全科发展，英语不落下就行。

而那些在初中阶段托福就可以考出 80 分以上的同学，恭喜您，高三上学期申请本科的时候，托福不会低于 110 分，这个分数已经符合了美国前 30 大学的标准化考试成绩的标准。而那些初中托福就考出 90 分、100 分的学生的家长，不要再凡尔赛地说，哎呀，孩子是真没考好。如果这么说，您离挨揍不远了。

最后一点，当今这个形势，我的孩子真的该出国留学吗？

我们中国人有家国情怀，提"家"的情况还都带着"国"，请允许我在这里稍微自私一点，先帮您把与"家"有关的思路理清楚。在我生活的四五十年里，我们的国家发生了太大的变化，而我们所在的，不过是大国崛起下的一个个平稳的小家。所以除了极其敏感的背景和极其高精尖的行业，私人留学的通道大体是正常的。选择留学，更多是对闺女或儿子这个家人的人生规划，是与家相关的决定。

留学有大小年，但人数起伏不过是在几个百分点以内。留学人群是相对固定的一帮人。随着国际形势变化，这个固定的人群，只是在内部有国家流向的变化，比如这两年本科出国去美国的相对减少，这个减量成了英国、加拿大等国的增量。

那为什么这个群体相对固定呢？我认为，这是因为这个群体对以下两点意见高度统一。

一是中国的小学、初中、高中教育为孩子打下了牢牢的中国基础，无论是语言和思维的中国内核、数理化的钻研深度和文科背记的习惯，还是靠大量做题训练和成绩排名培养了孩子的逆商和严谨的态度。这个"底"，让留学这个群体的家长认为，孩子可以在本科、研究生的升学节点上寻求一些改变，让孩子也获得一些西方教育体系的优势，从而获得双引擎，让孩子在未来的事业发展中进退自如，有更大的舞台和更多的可能。

二是在升学的关键节点，基于孩子学习的优劣势分析，留学之路可能使他进入世界排名更好的学校，留下更漂亮的教育履历。毕竟在职场，简历是跟自己一辈子的。

在国家发展和社会结构稳定的前提下，以上这个群体也势必是数量变化不大的一群人，也使得留学这个小众群体异常稳定。

在每一次面谈中，面对家长殷切的眼神和孩子纯真的目光，我都会说，虽然我在北京新东方负责国际教育，但绝不会把不适合留学的家庭拽到留学道路上。留学是改变一生的决定，需要慎重，需要一家人的合力。我以上的分析虽稍有调侃，但保持了最大程度的理性。

最后对妈妈们说几句话。

我对有人特别能挣钱这件事比较免疫。当初我在国足担任翻译每月挣一千块的时候，大部分队员年薪就一两百万了，我看习惯了。所以现在留学家庭花两三百万送孩子出去读书折射出来的父母双方或一方的事业成功，我没有特别的感觉。但是，我发现有的孩子爸爸对自己特别好，但对孩子妈妈不太好。

我常见到的妈妈的焦虑是多方面原因造成的，但男方缺位是核心原因。表面是教育子女缺位，实际是感情跑了，对妈妈爱得不够。缺少滋润，妈妈就显得干巴、没水分，易暴躁、崩溃。在孩子准备留学的时候，很多妈妈会独自着急；孩子留学走了以后，妈妈心里留下了巨大的空洞，非常失落。

其实妈妈们可以做很多事情，可以从事自己的爱好，比如美容、按摩、健身、跳舞；可以发展新的朋友关系，让自己的圈子热闹起来；还可以阅读、看电影、看剧、研究艺术等。

总之，不要当一片枯萎的落叶，对自己好一些吧。

国际教育和国际学校的利弊分析

文 / 谢强

　　留学面谈时会有这样的情况，家庭的某一方，希望通过我去劝说另一方接受国际教育路径或者留学这个决定。

　　这时候，我会对家长说，我不当说客！

　　有时候，我还会追一句，虽然我做的业务是国际教育，但是我不需要饥不择食地做成每一单生意。所以不要先入为主地预设我的立场一定是赞成您的孩子接受国际教育。这需要具体情况具体分析。

　　非常私人地说，我的立场很明确，就是孩子要走一条和我们小时候不一样的路。但是这个立场的所谓理性基础，其实包含着不少感性色彩。

　　于公开的场合，我还是劝您客观看待国际教育和留学这条通道。

　　有一次我见的一组家庭，妈妈不惜贷款也想让孩子留学，我提醒打住，国际教育并不值得我们把全部身家都交给它。爸爸听了以后，说我讲得有理有据，挺好的。

　　国际教育对比国内教育，只是另一种教育方式。有优点，也有缺点。以下三点是我认为需要特别注意的。

🗺️ 就业落点和教育过程的匹配性

任何一个教育体制，本质上都是为本国培养人才。中国人多，竞争激烈，要想挣点钱，就要去个好单位，好单位节奏快，人多且关系复杂，要解决的事多，积重难返，容错率低。中国的教育过程和最终就业落入的环境很匹配。

举个例子，有个同学说，中考背道德与法制有点枯燥。我说，你边背边品，想想题目为什么这么出，要点为什么是这个而不是那个，明明是五个得分点为什么背丢了两个，这些思考本身是有用的。大人们都懂，在单位里升迁快的人大多擅长体会并迎合领导意图。有同事把当年背考试重点的本事"活学活用"迁移到了职场，每逢领导讲话都认真记录，定时温习，像当初背政治那样，日后在下属面前旁征博引领导的昔日指示，于是深得重用。

国际教育不搞单词语法，不搞死记硬背，不搞题海战术；外语强调浸泡，文科强调批判性思维，理科宽而浅且容错率高。这是一套激发好奇心和创造力的、偏人性化的教育体系，是对接国外环境的。中外教育差异的基础是竞争环境不同，虽然美国人民没有了一个工人可以养一家人的好日子，但是与国内的激烈竞争相比，还是更为宽松。如果有一天美国也内卷严重，他们中上层的教育也会倒向中国式的。

所以，现在一些小朋友，小学就进了国际学校，初中还在那里，高中还在那里或者出了国，加上国外读4年本科、2年研究生，国际教育共计18年。这样培养出来的孩子是否可以应对一个激烈竞争的环境？

在美国生活和工作、孩子生在并长在美国的朋友们提醒我，美国教育可以走向世界，必须要考虑美国强势的政治经济地位，其教育本身并不是世界性的。

从实际操作来说，对有留学意向的家庭，我优先主张18岁之前接受偏中国式的教育，18岁以后再接受国外的高等教育。

对于那些打算回国效力的孩子，无论是出于报效祖国的热情、找不到工作留不下的无奈，还是爹妈孩子互相舍不得，如果在义务制教育阶段不进入国际教育路径，高中再进入国际部或国际学校，本科再走出国门留学，那么这样的培养结果是双核驱动，可进可退。

对于那些想留在国外工作的孩子，表面上是可以一直国际下去的。但是，又要考虑你学习的专业是否是国外需要的东西。这些都解决了，落在外面了，这个国际教育的路径和落点就统一了，国际教育的缺点才被最大化克服。但仍然要考虑的是：国外为什么要你这样的亚裔去工作？

首先你的理工科要强，这是门槛。美国认为亚裔聪明，擅长数理化。美国人自己学文科的多，英语是母语，能说会道，读下来容易一些。这个先天优势我们没有。

其次是可以当一颗好的螺丝钉。我们不像美国人那么夸夸其谈，不像印度人那么能争能抢，中国人给外界的普遍印象是踏实、专业、善于执行。

具备以上两点，先谋得一席之地，然后提升自己的表达力和表现力，再向上发展。

第三，学 STEM 的中国男生竞争更为激烈，外部也有防范心理，向上发展更为受限。

第四，因为种族和性别考虑，种族要多元化，性别要搞五五开，学 STEM 的中国女生在美国的升学和就业方面有一定优势。

所以，即使是打算留在美国，也并不是国际教育一直学下来就顺理成章，要对着落点，一路修修补补，加强针对性。国际教育这个东西，对比国内教育来看，对孩子是松绑了，但松绑以后孩子学文科概率增大，未来容易里外都不合适。

📖 松绑的两面性

我有两个好朋友，石浩和包林。他们是我的高中同学，本科在国内读完大学，2000 年初到美国留学和就业，然后结婚生子，孩子现在在中学或大学阶段。和他们讨论美国教育，他俩都极力要我正确看待，一定不要过于神化和美化国外教育。

石浩的儿子今年刚刚高中毕业。他说，美国大约有 25 000 个公立中学，他儿子所在的学校排名 1000 左右，但即使是这样一所学校，也是少数人才能上比较知名的大学。另外，虽然美国的大学很多，但是目前在美国，是否要读大学，读大学的性价比高不高，莫衷一是。这是美国教育的基本面。这样的中学教育，其严格程度如何，是可以想象的。

包林特别提醒我注意美国教育的分层。他认为美国教育的目的是培养多数有技能的劳工，培养少数精英。精英学生分布在美国的藤校和前 10 名的大学、前 10 到前 20 的顶级私立高中和占比不到 10% 的公立学校的快快班，所以精英教育的占比是很小的。而且，包林认为精英教育有两个特征：一是对家庭背景即父母是校友、父母对学校有过捐赠、父母是名人等有优待；二是文科教育更为发达，因为培养领导力需要孩子能说能写。

于是，一个问题产生了。虽然我们的国际教育有美式的 AP① 课程、英式的 A-Level② 课程，以及 IB 国际文凭课程，但是其特征都是外国老师带着外国教材来中国教外国课程。那么，来的外国老师，其教学和教育思想是属于

---

① 全称 Advanced Placement，是美国大学的预修课程，即在高中阶段开设的具有大学水平的课程。学生通过 AP 考试可以获得大学学分，从而降低大学教育的成本和时间，此成绩也是美国大学录取学生的重要依据。

② A-Level 的全称是 General Certificate of Education Advanced Level，英国的高中课程体系，也是英国大学的入学考试课程。学生学完 A-Level 第一年的课程后，会参加 AS 考试，学完第二年课程可以参加 A2 考试。通过 A2 考试后，可以获得 A-Level 证书。

精英的还是普通的？精英教育的文科在我们国家有多大的发挥空间？

弄清楚本源，国际教育的一些弊病就好理解了。举几个例子。

三字经说："养不教，父之过，教不严，师之惰。"中国的教育方式是老师一定要严格。

曾经有一位国际学校小学生的妈妈和我说，孩子写作业的时候不专注，姿势也比较懒散，她就忍不住批评了孩子。结果孩子的毛病在学校里得到了外国老师的保护，孩子反过来怪妈妈管得太严格。

没有了中国式教育的那些"规矩套子"，孩子的天性得到了释放，他们的表情更加灿烂阳光，表现得也更有自信。但是这种包容如果持续下去，持续 6 年、9 年、12 年，会不会把孩子惯坏了？这也是很多家长担心的。我的另一个在美国发展的同学和我说，美国教育下，孩子们的自信心强，但抗压力弱。

我认识的另一位家长，有两个孩子，老大在第一梯队公立校国际部，老二在国际学校。她认为，对比老二，老大接受的教育本质上是国内的，老二是真的国际了一把。

她谈到老二所在学校有三个优点：一是学生多样化，相互学习借鉴；二是学校对学生更包容；三是活动极为丰富，开拓孩子视野。她提到疫情之前学校组织的一次国外旅行，带队老师讲到一队科研人员在那个岛上驻扎两年艰苦奋斗的事，激发了孩子探索世界的热情。

最后，她的两个孩子申请到了同一所美国大学。我问她，如果重新来一次，只选一条路，你到底选哪条呢？

她说，到现在为止也没想清楚。虽然两个孩子都深爱各自的学校，但是，老大当初在外面只补了英语，老二补了英语、数学、经济、物理。她说，国际学校学习好的同学，往往都靠家长在外面补习给托着底。

这样的说法，得到了我们一些同事的回应。

新东方顺义祥云小镇校区的负责人章静和我说："你记不记得，四年前，咱俩和一个家长聊天，她希望我们在顺义开英语精读课？因为国际学校的理念是，认定英语学习持续浸泡就会提高，不刻意学单词和语法，造成基础'虚'。如果不补习、躺平，不但会影响标化成绩，还会波及用英文学习的IB课程。"

章静的女儿小时候在美国长大，她说那种语言浸泡仿佛扔在海里裸泳，而国内的双语学校没有那种全英文的环境，就像戴着护目镜、穿着救生衣游泳，浸泡的效果值得怀疑。所以，她认为国际教育下英语的学习，需要额外的精读和写作训练。精读就是词汇和语法，写作就是运用语法有逻辑的输出。这与当时那个家长的诉求完全重合。

顺义校区的教学主管周谢慧老师也是这种看法。他毕业于北大数学系，他说自己不能接受外教所谓的"运算能力用处不大"的观点。

和英语一样，基本功训练是我们中国教育的本质特征，从数、分数、变量到根号、指数，要能算，但国际教育对这个无感，后者更在乎理解后的运用。他说，学生在学习IB数学时常见的错误，大部分都是因为没有学好IB数学中的"代数一"课程所导致的。

周谢慧跟国际学校的孩子们讲，你们必须学好代数一，然后才能学好代数二，代数二学好了才可以学微积分预备，然后才是微积分，这个体系要建立起来。他举了一个学霸的例子，说某位学生从公立小学5年级升6年级到了国际学校，现在计算总是出问题。这个同学的数学基础本来很好，就是到国际学校衔接时出了问题，现在要靠做题把问题解决。好在这个小学霸不排斥做题，愿意练。

我两位同事的反馈，潜台词是要靠补习给不愿躺平的国际学校孩子托底。我也在思考，我们强调的这种补习的需求，有多少和我们所处的立场有关？还有多少和我们深陷的教育习惯有关？如果孩子们在国际教育的体系里，无论是英语还是数学，浸泡得再久一点，会不会一切就好起来？而且，面对孩子在国际教育下焕发的光亮，这些学术上的问题真值得如此重视吗？

但无论如何，我确实已经对国际教育的优势之一——批判性思维，产生了一定的怀疑。国际教育培养学生批判性思维，目的是引发日后的创新与活力。但是，如果学生本来就不怎么背，学的东西也少，知识积累不充分，那么很容易导致批判的理性依据欠缺，批判就显得脆弱。想法没有对错，但一定要论证成功。如果这时候，我们还要去包容孩子错误的判断，一味迁就，说不得碰不得，这就只能属于"溺爱"的范畴了，最终对孩子不利。

有位家长摆出这样的观点。在美国，本科在藤校就读的，如果专业对口，本科毕业就可以顺利找到工作并且待遇不菲；本科没有在藤校的，需要研究生的时候往藤校里挪一挪，挪进去了，职场发展就顺利一些；如果本科在美国前30名的大学，研究生往藤校里挪的概率更大些。如果在国际学校因为学术原因不能在本科申请时进入美国前30，那么这个国际教育的成色就值得怀疑，于是包容和尊重就缺乏了意义。

是的，当我们把竞争性调低，自然就松绑了；当我们松绑了，孩子自然就更快乐了。国外的老师来自这样的环境，他们也必然捍卫这样的环境下产生的教育理念。

举个我很熟悉的例子。同样是竞赛，国内教育的思路是，竞赛是比一般考试还难的考试，所以考前一定充分准备，要突击。而国际教育的思路是，去玩，去临场发挥，依靠平时的积累就够了。这两种学习体制，孩子们更喜欢哪种，是不难体会的。可是，这个问题的吊诡在于，申请大学的时候，还是要比学术这个硬货。

有种看法是，美国的藤校收三种人：一是有背景的人，二是学术和竞赛尖子，三是政治正确的普通人。对我们来说，冲名校要靠学术。

故事还不止于此。多数家长希望孩子在名校读书以后，掌握有用的知识，这个有用没用是通过就业来判断的。我们多数人没有背景，我们要挣钱。如果进藤校学了文科开了光，毕业以后去非洲做了几年公益，然后却去中学当了一名老师，这是不是我们很多人留学的目的？

所以，国际教育下，看的不是学校，也不是孩子，是家长。是家长更想要什么？为了你想要的东西，有没有去主动修补。

🗺 外籍师资困境

我的一个学生，在某国际学校读了三年，后来转学去了国外一个顶级高中，问她原因，她说在国际学校的学习没达到自己的要求。我问现在达到要求了吗，她说很好，因为老师更好，课程更难。我问为什么老师更好，她说，因为本土的老师更多啊。

尤其，这两年的疫情也加剧了外教来华的困难程度。

国际学校师资的两极分化，这两年被议论较多，怎么看这个问题？

在我看来，主要有三点。

一是国外教育倡导探究式教学，老师讲得少，带着同学探索，这更加依赖好老师的引领，对老师提出了更高的要求。

二是国际学校的门槛相对低，国际课程用分层来解决这个问题。例如，在 IB 的中学 MYP 段，6—10 年级，英语分为 1、2、3、4、5、LA 共六层，到了 DP 的 11 和 12 年级，只有后三层才可以学英语 B 的 HL① 高阶课程。这种分层，比国内教育复杂多了。当然，不只是 IB，A-Level 课程本身就包含难度分层，开设 AP 课程的学校也把学生放进快班和慢班。但是，这又一次对教师提出了更高的要求，就是分层与老师水平的匹配。作为一个有 20 年

---

① IB 课程的难度分为标准难度课程（Standard Level，简称 SL）和高难度课程（Higher Level，简称 HL），SL 课程学习一般需要 150 课时，而 HL 课程则需要 240 课时。

教龄的民办教师，我深知好学生不好教，差生更不好教，学生水平分得越细，对授课的针对性要求越高。

三是我们对教的理解。我们希望的教，是手把手地教。可现状是国际学校对老师的管控不像公办校那么严格，教师讲课的自由度更大；加之教师对学生的成绩管理不如公办校抓得紧，学习不自觉的孩子，老师管得少。这是激发教与学矛盾的另一个重要方面。

更少量的老师，对应着更高的教学要求，这个问题要想解决，其难度可想而知。

那么学生怎么看？

我试着问过很多孩子，他们的回答近乎一致：我们有好老师，也有一般的老师，也有很差的老师。但他们说起这些的时候，表情非常自然，甚至有一点调侃和喜悦。我问，那然后呢？

他们说，老师好当然好，如果不好就自己多学点。还有学生说，谢校长，当初您在北京四中读书，您的老师就都好吗？

我听得笑了起来。这是国际学校一个很棒的地方：孩子们更喜欢双向沟通，独立性更强，他们认真起来，那股子鲜活劲儿，那股子小担当，值得我们去欣赏和信赖。

挑国际学校，一看年级规模，二看升级流失，人数多的，流失少的，不会有大毛病。毕竟这是家长和学生用脚"投票"出来的结果。也许你可以挑出国际教育的很多问题，但孩子热爱那里，并且获得了作为一个"人"的成长体验，又格外令人欣喜。

那么，家长该不该选择国际教育，该不该走留学这条路？

我抛三个观点。

首先，我看中留学，一个很重要的原因是，录取学生时的全面评估方式。他们看学生长期的学分 GPA，也看标准化考试成绩，还看竞赛、活动、文书、推荐信等等。其中一项是短板，另一项可以补一下，这给了不同特点的孩子都可以胜出的机会，比高考更灵活、更人性化。在有财力的前提下，很多家长想用钱给孩子换来更多的机会和可能。

记得有一次，我和人大附中 ICC^① 分管校长高江涛老师面谈，他说，自己管早培的时候，曾经干得津津有味，因为如果一个学生有某种学术特长，不用高考分高，也能进名校，但是后来政策收紧了。到了国际部才发现，原来留学的录取标准正是以前在早培追求的东西。

当然不止是高校长一个人，国际教育的从业者，很多都是被这种教育理念所吸引。仅仅依靠一场大考的分来定终生太残酷了。国际教育的理念是看长线、看全人，把一场考试变成很多场，把单一的学术指标变成很多指标，学生可以往全世界的知名大学投递申请，可能被名校看中。孩子面前冒出了那么多机会，这是当老师多开心的事。

其次，国际教育和家庭的匹配，是家长要考察的核心。第一是不要误认为哪种体系完美，这是最低级的"玩家"；第二是你们这个家庭到底更看中的是什么，这个要想清楚，骨子里认海淀黄庄那边学校的教育方式，就别往顺义后沙峪那边的国际学校跑；第三是细品各个国际部、国际学校的介绍，尤其是听他们讲，听他们答。

最后，我认为，国际教育和留学这个决定的本质是感性的，是直觉。这是您的经历、您的世界观、您的价值观加总后的决定。首先是有钱，然后就是您要给孩子什么。我们这代人，年轻的时候，家里没钱，出不去，心里有这个火苗的，先要考试，然后靠高分以及好文书申请奖学金，谁给钱就去谁那。

---

① 人大附中 ICC 的全称是中国人民大学附属中学国际课程中心，也叫人大附中中外合作办学项目，于 2004 年开设，其中 ICC 是国际课程中心 International Curriculum Center 的简称。人大附中因 2002 年开设了只招收外籍学生的人大附中国际部，所以"国际部"一词被占用，虽不叫国际部，但人大附中 ICC 与其他公立中学国际部性质相同。

有个同事的舅舅，当初的录取信，一个是藤校，要交学费，另一个是美国排名 80 多位的学校，有奖学金，他毅然决然去后者！我当初连奖学金都不考虑，因为除了奖学金，还要买机票，还要吃饭，一想起光往返机票就得花我爸妈几个月的工资，我连往美国那边看的心思都没有。现在送孩子出国的父母基本是我这代人，咱们当初没实现的梦，让孩子实现了，心里高兴。

还有呢，我们小时候学习艰苦，各种难受，有国际学校了，不用中高考了，考试不搞排名了，老师对我们孩子总是笑眯眯的。得，咱不受那个苦了，好坏不在乎了，孩子健康快乐成长就行。

好吧，既然没有一条道路是完美的，那么，所谓理性也就是能看见任何一个选项的弊病。看见国际教育的问题，不是要唱衰国际教育。我分析这些问题，是要我们看见我们自己：我们到底想要什么？能得到什么？得不到什么？得不到的要不要去补？怎么去补？

说起这些，不过是想让我们这代人的梦做得再美好一点，让孩子活得比我们更快乐一点吧。

我的孩子如何做留学规划与择校？

文 / 谢强

　　一个孩子笑嘻嘻地坐在我对面，妈妈在一旁看着她，眼里全是爱。我问孩子，你说想去国外读大学，本科四年，研究生两年，国外实习两三年，这就将近十年了，如果再留在国外工作，可能就是一辈子，爸爸妈妈这么爱你，你真舍得离开他们吗？她看了妈妈一眼，然后对着我狠狠地点了点头。我说，你真狠心呀！

　　当然，这样的家庭更常见：爸爸拍着儿子的肩膀说，你再努力一点，咱们先进美国的菲利普斯安多福高中，然后进藤校，然后再回国发展，咱们国家机会多，你未来有这么好的学历，好工作随便找！妈妈也说，儿子，你要相信自己，你这学期学习进步了，老师都表扬你了，你要相信自己肯定行！儿子似懂非懂，好像没有受到什么触动。

　　爱这个东西，真是很矛盾，爱到愿意把孩子推出去，爱到可以毅然面对漫长的分离，仅仅是因为相信这样对孩子更好。然而坐在桌子另一边的我，不能被感情绑架，要基于经验做出独立和清醒的判断。一次面谈快结束的时候，我让孩子先出去了一会儿，然后对家长说，我觉得您孩子的风格气质暂时不像藤校的，目标大学是不是先调低一点？这样的情况其实并不鲜见。

　　所以我写这篇文章，是想以终为始倒推，谈谈孩子的国际教育之路，尤其谈谈匹配。

📍 终点

这两年因为疫情等因素，普高^①和国内大学拽回了一些笃定出国的家庭。在国内大厂普遍认可的QS^②世界前200的大学里，在2022年的榜单中，中国有7所：清华大学（排名17）、北京大学（排名18）、复旦大学（排名31）、浙江大学（排名45）、上海交通大学（排名50）、中国科技大学（排名98）、南京大学（排名131）。但上这些学校的难度可想而知。

而与以上大学同在世界前200的一些美（45所）、英（26所）、加（8所）、澳（13所）大学的难度就小多了，所以财力好的家庭想一举两得，既可以通过留学让孩子避开激烈的竞争而获得同等甚至更优的学历，又可以让孩子具有国际视野应对未来职场的竞争。看见这个真相的家庭，父母主要来自政商两界、企业高管、律师、医生、大学教师，近两年又增加了互联网公司的高薪人士。

他们不满足于世界前200的大概念，这里面还有个小算盘。我用通俗的说法来描述一下这个小算盘。虽然我们无法具备上帝视角一览这200所大学的高低上下，但是长期观察本科申请的学术要求，我们不难得出以下结论：美国大藤校（普林斯顿大学、哈佛大学、耶鲁大学），高于美国中藤校（哥伦比亚大学、宾夕法尼亚大学），高于英国牛津大学、剑桥大学，高于美国小藤校（达特茅斯学院、布朗大学、康奈尔大学），高于美国前20，高于英国的帝国理工学院和伦敦政治经济学院和美国前30的大学，高于英国第5名

---

① 全称为"普通高级中学"，也就是传统意义的高中，是我国高中阶段教育主体，一般为三年制，是承接九年义务教育（小学＋初中）结束后的主要教育机构。本书"普高"的概念是与"国际高中"相对应的。

② 即QS世界大学排名（QS World University Rankings），是由英国一家国际教育市场咨询公司Quacquarelli Symonds（简称QS，中文名夸夸雷利·西蒙兹公司）所发表的年度世界大学排名，是参与机构最多、世界影响范围最广的排名之一，与泰晤士高等教育世界大学排名、U.S. News世界大学排名和软科世界大学学术排名一起，被公认为四大权威的世界大学排名。一般每年夏季会进行排名更新。

的伦敦大学学院，高于加拿大最好的大学（申请难度相当于美国 40 名以外），高于澳大利亚最好的大学（申请难度相当于美国 60 名以外）。大部分本科留学的家庭，目标就是申请美国前 30 和英国前 5 加起来这 35 所大学。

需要说明的是，本科看综合排名，研究生看专业排名。所以留学的重要参考就是排名。北京某些公办校国际部以及部分中介，执着于"曲线救国"的申请策略，以竞争力低的冷门专业申请综合排名高的大学，进去以后再转为热门专业，说到底就是为综合排名好看。还有一件相关的事情，令我印象深刻。有一次我和北京新东方前途留学的领导司明霞老师一起做直播，一个家长问，美国第 13 名的文理学院和美国第 28 名的综合大学纽约大学，选哪个？司老师毫不犹豫地说文理学院，因为 13 比 28 排名高。这个例子可以看出，业内人士对于排名的看重。

家长会问：您看我家孩子能进这 35 所大学吗？我这几年的经验是，如果孩子能在高一寒假前（12 月）后（3 月）获得托福 80 分或雅思 6 分，到了高三上学期申请的时候，就都有望获得托福 110 分或雅思 7~7.5 分的成绩，那么从标准化考试的角度来说，就达到了这 35 所学校的要求。即使托福落在了 100 分左右或者雅思 6.5~7 分，也至少可以落在美国 40 名到 50 名和英国前 5 及以后的所有学校。虽然标化成绩不是英美本科录取的唯一要素，但是具备以上的标化成绩说明学生具有一定的学习能力，校内的成绩也不会太差。用标化成绩管窥豹没有大的问题。

一些经验丰富的家长提出，好像顶级大学的研究生比本科容易不少。这种观察是正确的。这解释了为什么本科这个第一学历是用人单位最关注的，也坐实了研究生留学更像镀金、本科出国更像是接受另一种体系的高等教育的说法。

谈及匹配，我经常会说，这个孩子很适合纽约大学，那个孩子去英国的大学更合适，两三年后，往往那个孩子就真去了我说的那个国家和学校。不是我算命准，而是我们对于英美大学的特点有了更加清晰准确的把握。

美国的大学更呼唤全面发展的人才，孩子需要课内功课好（GPA 高），语言好（标化成绩高），有课外的学术探索（竞赛获奖与科研成果），有领导力、音体美特长、社会参与（活动丰富），真是什么都要，越好的大学，就越希望以上四项都具备。

英国的大学更呼唤学术，语言只是学术的工具（标化成绩要求适度），活动仅为参考（学生的任务毕竟主要是学习），但是对于课内成绩（GPA 和大考）和学术探索（竞赛、科研、加试等）非常看中。

所以，美国大学的孩子往往风风火火，气场强，热闹，热烈；英国大学的孩子更具有学究气质，更加内敛、安静。所以我经常反向来看匹配。

公办校国际部

如果把美英 35 所大学的本科定为目标，什么是最佳路径？

经过这几年的观察，在高中进入优秀的公办校国际部，上了这艘船，基本就有了保障。大家公认的顶级国际部——实验中学国际部，几乎百分之百的学生可以进入美国前 30，凡是考不进去的，都感觉是很大的耻辱，虽然这也给在读同学带来极大的压力，同时也为在读学生的家长制造了空前的焦虑。即使是第二梯队的国际部，也会有超过六七成的学生进入美国前 30。公办校国际部是教委批准的业务，招生数量和学费都会严格管控，不是商业行为，招优培优比招满招多更为国际部所关注。

由于北京实行了锁区 ① 政策，家长们需要更加关注本区的公办校国际部。

---

① 锁区指的是北京中考招生的锁区政策。为了实现北京市教育资源的均衡发展，北京市教委实行了各个教育区之间的中考锁区政策，公立普通高中原则上在本区范围内招生，也就是学生在哪个区就读，就对应考哪个区的高中。

我罗列一下北京市内四区情况：

海淀区 7 所：十一学校国际部、人大附中 ICC、一零一中学国际部、首师大附中国际部、北大附中道尔顿学院、八一学校国际部、人大附西山国际部；

西城区 6 所：实验中学国际部、北京四中国际校区、师大二附国际部、师大附中国际部、三十五中国际部、八中国际部；

东城区 2 所：二中国际部、汇文中学国际部；

朝阳区 3 所：八十中学国际部、北京中学国际部、人大附中朝阳分校（简称"人朝分"，该校虽然是民办私立中学，但因为属于人大附系的学校，整体特点更接近公办校国际部，该校高中部均为出国方向。）

建议家长先从本区找国际部，因为可以去外区国际部的概率将越来越低。虽然朝阳不锁区，但是其他三区对朝阳的招生名额也在日益减少。

家长当然关注本区国际部的排名，我自己会在小范围的线下讲座中偷偷讲，基本的方法论是先分梯队，再谈风格。类比一下，我们可以说哈佛大学比纽约大学好，因为属于两个梯队——藤校和前 30，但是我们在谈全美同为 28 名的纽约大学、维克森林大学、北卡罗来纳大学教堂山分校的时候，就难分上下，更多是看和孩子的风格匹配了。例如，我们一个同事的孩子，初三托福就已经考到了 97 分，中考成绩十分优秀，所以即使名额少，也完全有能力在海淀和西城跨区选校。那么，在顶级两所国际部——实验中学国际部和十一学校国际部中选，因为这个学生学究气十足，个性内敛，不是那么喜欢热闹，所以应对十一学校国际部近 80 名外教有点困难，还是实验中学国际部这种只有一两个外教的地方更适合他。所以家长对国际部的一二三梯队应有大致认知，然后就要去打听每个国际部的风格了。

公办校国际部作为冲击美英大学 35 强的首选大船，已经压倒了普高。北京一届去美英留学的学生 6000 人左右，公办校国际部 24 所，每年招生量在 1800~1900 人，民办私立国际学校 80 多所，每年招生量约 3000 人，此外还有 500~1000 人藏在普高里面出国。但是这两年，凡是想出国的，基本从普高里出来了，进入公办校国际部。因为普高的方向对准高考，除了学习能力极强的人可以应对双线作战，绝大多数人搞不定。所以，本科留学的决定，一定是在中考前就明确的，中考后立即上对应方向的船。

一个极端的传言是，虽然人大附中本部的录取分数要高于中外合作项目 ICC，但是美英大学的招生官更加青睐 ICC 的学生，因为每年近 300 人毕业的 ICC 在过去十年持续成规模地进入了美英 35 强，建立了良好的校友口碑；而本部出国的学生越来越少，认知度也越来越低。而且，越来越多的招生官了解到，国际部由于使用国外课程体系、国外考试体系、国外教材，以及聘用外教等，使得国际部的学生可以更好地对接国外大学的学习，招进来更放心。

公办校国际部这艘大船获得优势的第二个板块，是对民办私立国际学校的高中阶段。这与门槛有关。国际部的录取主要看三大考——初三上学期期末考试区排名、初三下学期一模区排名、中考区排名，要的是全科优秀的学生。托福或雅思只能证明英语单科好，是个加分项，可以锦上添花，不能雪中送炭。由于中考成绩的门槛拦在那儿，使得国际部学生的水平比较整齐，最好的学生和最差的学生保持着合理的差距，所以离散度低。

民办私立国际学校有着更强的商业动机，因为身在同为商业机构的新东方，我更了解民办私立国际学校要活着，还要活好，所以他们全面对京籍、非京籍、京外招生，中考成绩并不是录取的唯一标准。为了能获得好学苗出口碑有利于下一年招生，民办私立国际学校也会想办法吸引一部分优等生，但为了招满招多，对下限也难有强硬的把关，所以可能好的好、差的差，造成学生的离散度较大。

我常说，学生的学习动力来源，比起身前的"学霸"，更多是身后的"学弱"。自己考了 85 分，前面考 99 分的学生并不会让自己感到特别焦虑，关键是那个学弱考多少分，才决定我的危机感有多大。如果班上最差的考了 80 分，离我仅 5 分之遥，压力和动力自然就上来了；但如果学弱考了 60 分，我便还可以快乐生活一段时间。

用中考成绩做门槛，或者多大程度守住这个门槛，决定了我们对公办校国际部的主要判断。把门槛守住，是他们保证学生质量的关键。

这两年因为疫情原因，是留学的小年，所以出现了个别国际部把中考门槛降得很低的情况，本来用中考成绩分出一二三梯队的局面，因为降分录取变成了顶级寡头和其他。如果优秀的民办私立国际学校垒高自己的门槛，就可以反压较弱的国际部。虽然从大趋势来看，这种可能性难于蔓延。但如果只能录取国际部的第三梯队，同时有优秀民办私立国际学校录取的可能，确实要掂量一下了。

民办私立国际学校中，有一些是我本人非常认可的。我认为所谓的"加工能力"，本质上是对门槛不高的民办私立国际学校而言的，他们毕竟没有国际部先天的生源优势，要想获得同样优秀的结果，付出的努力只多不少。那些因为偏科导致中考总分上不去的学生、中考各科成绩都较差的学生、同等条件下政策不利的非京籍和市内四区以外的学生、压根儿就不适合在公办体系里的学生以及京外生，民办私立国际学校的存在为以上所说的这些学生，提供了翻身的可能。这些学校是申请美英顶尖名校的第二艘大船，只是在成功概率上总体较小。

高中阶段最好的民办私立国际学校是哪所

24 所国际部可以用中考分数的门槛来评价，但 80 多所民办私立国际学校的高中没有这个门槛，那么，如何给它们排名呢？

对我们来说，这是个非常诱人的工作方向。

我首先用"洋味儿"的浓度给这些国际学校分四层。最洋的，是外籍人员子女学校，如北京顺义国际学校和北京德威英国国际学校，想入读这类学校，孩子的父母必须是外籍；偏洋的，就是核心的决策层（注意不是老板）是外国人，他们更讲教育和情怀，缺少一点在我们看来是合理的功利心，有点佛系，如北京市鼎石学校和北京乐成国际学校；土洋打配合的，是学校的管理层中外搭配，教学中外搭配，形成一定的均势，中国人说话相对分量更重，更易快速回应中方家长的诉求，而不是说家长你这个要求太功利，自己回去反思去，这样的学校如北京世青国际学校、青苗国际双语学校、北京市海嘉双语学校等；中国特色更强的，甚至可以说用中国的传统方式去培养留学的孩子，对学习抓得很紧，无论校内成绩还是标化成绩，典型的有北京市二十一世纪国际学校、北京市海淀外国语实验学校等。

洋味儿的多少，不是好坏的评价，而是指向了风格的差异，这是与孩子匹配的重要考虑。比如一个性格外向、个性十足的男生，可能比较适合更洋气的国际学校；但是认真学习的，尤其是孩子父母又非常在意升学结果的，第四类就更加匹配。

风格匹配之后是课程匹配。国际学校主要使用 IB 国际文凭课程、A-Level 英国课程体系和 AP 美国课程体系。IB 申请可美可英；A-Level 适合申英，但额外加强美国标化考试成绩后，也可申到美国前 30 的大学；AP 适合申美，但只要确保五门 AP 成绩优秀，也可申到英国前 5。所以课程的影响不在于申英申美，而是学制差异造成最佳进入时间的不同。

高中有 IB 课程的民办私立国际学校有 24 所，其中 8 所外籍，16 所私立，我建议尽量不要从高一进。IB 是 12 年课程体系，1—5 年级是 PYP，6—10 年级是 MYP，11—12 年级是 DP，从小贯通上来的孩子最适合，最晚也是 5

升6或者6升7的孩子合适，从高一（10年级）进非常尴尬。所以，我曾建议想重点发力高一招生的IB国际学校去建设AP或A-Level课程。

高中有A-Level课程的民办私立国际学校有33所（含人大附中朝阳分校），高一是IGCSE①，如果下滑一年到初三，就可以建设初三、高一两年的IGCSE和高二、高三两年的A-Level，这就与英国的学制完全匹配，下滑一年还可以承接想避开中考提前进入国际教育体系的学生。主申英国排名前5的大学的学生可以考虑这些学校。

高中开设AP课程的民办私立国际学校有25所，对比IB的难学和A-Level的规范，AP是相对灵活的课程体系。北京民办私立国际学校在高中段使用AP的招生量最大，对应北京申美较多的现实。根据我们初步做的不完全统计，北京每届的6000人头、7000人次申请（因为英美双申），其中5000人次申美，2000人次申英。AP对高一进入非常友好，对申美的学生来说是首选。

看完风格和课程，这两个匹配就已经能帮助家长把目标学校集中了，接下来是人数。北京的现实是，一些民办私立国际学校有实力较雄厚的小学和初中，但是初升高的保留率一般，高中的招生也不是很理想，还有一些高中生流失到其他国际学校和国外高中，整体呈金字塔型。比如，某国际校9年级100人（初中的最后一年），10年级降到68人，11年级55人，12年级52人；另一国际学校9年级80人，结果10年级降到45人，11年级42人，12年级47人。家长用脚投票后的各年级人数，比什么主观评价都来得更真实。对于一些高中三年人数过少的国际学校，家长应该保持足够的警惕，至少要问清楚原因，不要陶醉于好看的师生比。

---

① IGCSE全称International General Certificate of Secondary Education，即为国际学生设计的GCSE课程。GCSE是英国初中最后两年开设的课程，学生通过GCSE考试后可以获得初中毕业文凭。在国内，IGCSE课程也常作为从公立初中到国际高中的转换衔接课程，既可以衔接A-Leve课程，也可作为IB课程和AP课程的过渡。

最后就是走进每个学校，去感受、询问和经历了。感受的重点是设施设备、师资情况、生源情况；需要询问的是申请情况，不只是大红榜上的优等生，还有离散度另外一头的学生。我在二十一世纪国际学校访校的时候，在高中部教学楼的门口海报栏，看见了上一届学生每一个人有名有姓的最终的申请结果；需要经历的是笔试、面试，多经历几个学校，加试老师的态度和水平以及入校把关的严格程度，也是衡量这些学校好坏的重要标准。

给民办私立国际学校的高中部排名过于复杂，我也终于抵抗住了做排行榜的诱惑。我们无法具备上帝视角，真正的上帝应该是为孩子前途忧心忡忡、殚精竭虑的家长们，所以我们能做的，是让他们在理解以上标准的前提下去亲自感受，而不是帮他们去判断。何况，我深知排名背后很难排除商业利益的诱惑，别人给了钱，是不是就要多讲讲好话，甚至把排名向上顶一顶？

📍 美高、英高和加高

有次面谈中，一位家长对公办校国际部不满意，对国际学校也不满意，看来两艘大船都不行，需要快艇。

他的孩子小学 4 年级，在北京某国际学校。他们想让孩子考英国排名居首的寄宿制女校。我和她爸妈说话的时候，孩子自己在外面看书，她爸妈讲孩子特别爱学、特别能学、在国内"吃不饱"时，本来我还没有什么体会，结果出来的时候看到她在读最厚的那部英文版《哈利·波特》，见我们出来后把书签插进书中，安静礼貌地和我告别。另一组家庭想去读美高，家长提出想让孩子去美高顶级寄宿制高中，坦言希望孩子从顶级美高进入藤校。

我对这条道路是认可的，但请一定确保，是一个在国内"吃不饱"的孩子想去"能吃饱"的国外。高中就走，孩子还没有到 18 岁，青春期远离亲人跟外国学生在一起学习，图什么？如果对方课程的含金量还不如我们，为什么要走呢?

Prep Review[①] 有一个全球前 100 寄宿制高中的排名,排名依据是藤校、麻省理工学院、斯坦福大学、牛津大学、剑桥大学对这些高中的录取率。我数了数,美国 56 所,英国 34 所,加拿大 10 所。

读过我以前文章的人,都知道我对加拿大所谓的顶级私立贵族高中持非常审慎的态度。新东方的一位前同事定居加拿大,认为加拿大顶级私立中学不过 10 所左右,集中在安大略省,英属哥伦比亚省有零星几个。这个看法与上述排名相仿。她列举安大略省的优秀高中,男校有 UCC、Crescent、St.Andrew,女校有 BSS、Havergal、Barnksome,混合校有 TFS、UTS、Appleby。她说,自己接触了几位来自海淀但在安大略省读书的孩子,所以要特别提醒一下,家长想指望这里的老师管孩子,基本会失望的。学习绝对是个人的事情,对大部分老师来说,教师就是一份安身立命的职业而已。如果孩子没有特别好的学习习惯和自控力,一定要慎重考虑把孩子送出国外。

恰好我有一位同事的孩子在上述混合学校的 Appleby 读书,她是从北京一所国际学校 9 年级升 10 年级过去的,她向我确认了这所加拿大前 10 的寄宿高中学业压力大于北京的国际学校,课外活动资源很丰富,但是也抱怨缺少朋友。好在她是个性很强也上进的女孩子,相信这些难受在学业面前不算什么。但是仍然有一个问题值得提出,就是加拿大高中去美本,尤其是顶级加拿大高中去美本藤校的概率,一些亲历者并不看好,加高毕业生多是顺其自然地留在了加拿大。所以我的看法是如果加高的结果就是加本(别忘了相当于美国 40 开外的申请难度),在北京的国际部和国际学校的学生绝大多

① Prep Review 是专门针对美国常春藤大学录取率和 HYMPS(哈佛大学、耶鲁大学、麻省理工学院、普林斯顿大学和斯坦福大学五所顶级大学)录取率所发布的美国私立高中排名,对于那些想要进入美国顶尖名校的美高申请者有很大的参考价值。该排名与后文提到的 Niche、Private School Review、Boarding School Review 等三个排名,均是美高申请重要的排名参考。

数都可以实现，加高的意义就变得更为有限。

加拿大全国上下的顶级寄宿制私校不过 10 所，美国顶级高中是寄宿制前三五十名，但据说，美国寄宿制 20 名以外的学校就仁者见仁，智者见智了。美国对美高的四家排行（PrepReview、Niche、PrivateSchoolReview、Boarding SchoolReview）以及中国对美高的本地化排行榜（FindingSchool[①]）是主要参考依据。一位家长说，对于排名与孩子的匹配性，一定要实地去看，看后和排名的感觉也许大相径庭。要看学校的地理位置、设施、教师水平、社团活动、家长素养等。她说，在北京看网站介绍跟实际访校的差距是巨大的，在北京很喜欢一个学校，排名好，中介也说那个学校好，实地看完很不喜欢；另一个学校的招生老师在北京见过，单独聊的，完全无感，但是实地访校之后，却是第一想去的学校。

到底什么样的人适合去美高呢？

首先是想从顶级美高去美藤的学生，这确实是进入美国藤校的重要通道，相信美国寄宿制前 20 的高中会比中国的国际部和国际学校具有更强的背书能力。其次是那些真正被美高的课程和师资吸引的孩子，那些崇尚自由、勇于冒险的孩子，那些个性鲜明、特点突出的孩子。对于他们，美高前 20、前 30 甚至前 50 都可以接受，因为那里可能是适合他们的土壤，额外的好处是美本相对更信任美高的学分，但这不是第一要素。要去更能吃饱的地方，仍是最核心的美高动机。

美国门户开放报告显示，2020—2021 学年，中国在美的本科生为 125 616 人，研究生 118 859 人，已经毕业的研究生有 65 366 人拿到实习资格，还有 7458 人获得高等教育的非学历资质。虽然没有准确的美高数据，但是我们根

---

① FindingSchool 是国内的一个私立寄宿美国高中排名榜单，包括寄宿学校、男校、女校、军校和艺校子榜。评估体系由 6 大维度组成，包括学术、升学、课外、地理周边、FS 点评、中国学生管理，是中国家长为孩子选择美国高中的重要参考之一。

据 2016—2017 年公布的准确数据 33 275 人推断，自 2017 年数据下行又赶上疫情，这个数据应降到 20 000 人左右，与美本留学的人数比是 1∶6，那么就意味着，北京每年有 5000 人申请美本，从北京出去的美高生应有 800 多人。

北京申美本的 5000 名学生中，每年有 61~75 人进入藤校；北京的 800 名美高学生中，因为寄宿制前 20 的高中每个学校平均招 3 人，共 60 人。那么可以说，北京每年有 60 多人进美本藤校，有约 60 人进美高前 20。

那么，孩子的学术能力和语言能力足以进入顶级美高吗？

如前文所述，想在本科阶段进入美国常春藤大学的人，高中最好进入公办校国际部。进公办校国际部的前提是中考成绩要好，虽然初中就考出来优异的托福成绩可以成为加分项，但如果没有考出来，高一寒假前后只要把托福提到 80+，高三上学期就有望达到 110+，进藤校的托福成绩就基本达标了。但是想从美高进藤校，美高要尽量进入排名前 30 的学校，如果我们从中国的初三（9 年级）进入美国的高一（9 年级）走"9 升 9"，要确保初三上学期搞到 105+，几乎要把托福的高分提前三年来完成。按照出分规律，初一寒假前后就要搞到 80+，无疑就把这场英语大战提前到小学了。如果没有非常早的规划，或者孩子在英语上没有一定的天赋，初三 105+ 的难度显然比高三的 110+ 大很多。很多从美高之路转美本的初中生，主要是托福分数无法达到优秀美高的标准。

近两年，英国中学获得了更多的关注，从英中到英本也是一些家庭的选择。对比中国学生在美高 4 个年级 2 万人的数据，英高 4 个年级的数据是6000 人，估算一下，一届北京去英高的应在 300 人左右。其中，为人所熟知的九大公学（伊顿公学、切特豪斯公学、哈罗公学、温切斯特公学、威斯敏斯特公学、拉格比公学、什鲁斯伯里中学、麦钱特泰勒斯学校、圣保罗中学）的前 7 所学校可以招收海外学生，除了什鲁斯伯里中学每年中国（港澳台除外）招生人数多一些（13+、14+、16+ 三个招生段约 5~7 名学生），其他 6

所公学只有 2 个招生时间点，13+ 和 16+，每个招生点中国（港澳台除外）学生名额为 1~2 个。总计，每届也就录取 30 名同学，申请难度太大了。所以，绝大多数学生去申请排名靠前的学校，排名主要参考《星期日泰晤士报》（*The Sunday Times*）和《每日电讯报》（*The Daily Telegraph*），排名依据多是根据 2019 年及以前的各校 A-Level 及 IGCSE 的分数表现。

有一点提醒家长，也许我们可以把美高和英高分别视作美本和英本的快速通道，但是美高到英本及英高到美本的互申难度很大。前途北京的总经理司明霞老师说，英高申请美本不好申请，英高培养的是学生的学术专业深度，不是全方位培养，美本要的是各方面都很突出的学生；美高申请英本也不好申请，美国强调全面发展，把很多时间投入到非申请专业相关的课程和活动上，导致单一学科领域竞争力不足。所以，我说国际部和国际学校是美英本科申请的两艘大船，美高和英高可以类比为两艘快艇吧，但在航行的道路上，还是有基本的交通秩序。

初小规划路线分析

体制内稳妥型——12 年体制内

高中阶段登上国际部这艘大船，是冲击美英 35 强大学最稳妥的规划。这就需要上个好初中，冲中考高分。这种规划意味着：首先，小学和初中九年在公立体系里进行扎实的全科学习，尤其是夯实语文和数理化基础；其次，保住了中国文化内核，接受中国社会和人情的初步锻炼，给孩子未来留学后回国工作打一点基础；最后，有余力的情况下，小升初后就起步托福相关的"先能力，后应试"的学习，初二暑假或最晚初三寒假冲击托福 90+/100+，获得进入优秀国际部的加分项。但本质是进入靠谱的初中，确保从初三上学期期末考试到一模再到中考成绩足够优秀。

这种规划适合那些可以在体制内成长发展的孩子，学习可以应对，个性可以兼容。这种规划也适合非常重视升学结果，同时希望孩子接受更传统的中国教育的家长，所以是最稳妥的。

国际精英型——6 年体制内

这种规划路径，是在 5 年级升 6 年级或 6 年级升 7 年级的时候进入国际初中，从此一直接受国际教育，视情况决定高中是否出国。特点是避开了中考，目标是进入顶级美英寄宿制高中或者优秀的私立国际高中。

这种规划最匹配的学生是体制内"吃不好"或者"吃不饱"，所以家长们热烈地讨论各个国际学校，如果没有疫情影响或者不担心孩子年龄过小就走出国门，他们更加渴望美国寄宿制前二三十、英国九大公学及顶级私校、加拿大顶级私校，甚至不乏选择东南亚地区开设 IB 课程的国际学校的家长，因为觉得教学质量更高。

我将这条道路称为国际精英型道路，走这条道路的孩子在小学的时候不进入国际体系，因为他们需要具备起码的中文及全科知识基础；然后就直接对准顶级国际学校或顶级国外学校，全力为这个目标努力。这样的学生，由于 6 年级或 7 年级就接触国际教育了，英语基本不会再成为障碍。有的家长对我说，我家孩子 9 年级才考 101 分，我说您就别炫耀了，英语已经不是问题了，关键还要看全科知识基础。

学 IB 课程的，11 年级和 12 年级的 DP 阶段知识难度高，9 年级和 10 年级就已经埋下隐患，所以初中段的 6—8 年级必须重视数学和科学，可能有必要进行课外补习。学 A-Level 课程的，11 年级和 12 年级是 AS 和 A2，9 年级和 10 年级是 IGCSE，和 IB 的课程发展很像，同理，6—8 年级打下的基础要确保跟得上 IGCSE 阶段。学 AP 课程的同学，10 年级和 11 年级要争取在每年仅一度的 5 月 AP 大考中多考几门，多得 5 分，所以初中阶段就要进入

AP 预备的学习了，美国的课程体系又最灵活，稍不注意就晃荡过去了。

国际学校的强项是有语言环境和重视语言培养，所以英语单科差不了。国际课程的特点是数理化学得宽而浅，而中高考的方向是窄而深。同时，一些非常传统的靠背记的中国特色科目基本没有了，思想品德一个考试就不知道要扣多少分。所以进入国际学校就基本和中考说再见了，很难再回到公办体系。建议如果 5 年级升 6 年级或 6 年级升 7 年级进国际学校，一看情况不理想，就马上转回体制内，否则时间长了就回不去了。

国际激进型——12 年体制外

这是从小学就进入国际学校，基本放弃体制内道路。

这样的家庭多是以下几种情况：

1. 孩子个性或家长诉求不适合体制内；

2. 因为种种原因，小升初没办法进入好初中；

3. 从小就能看出来，孩子中考考不出好成绩；

4. 非京籍或京外，升学路径受政策影响而阻塞；

5. 父母极度渴望孩子英语好。

对这种道路选择，我非常理解，但也有担心。说得简单粗暴一点：国外教育，小学主要是玩，初中边学边玩，高中以学为主以玩为辅，大学全力去学；国内呢，由于高考横在那里，高考之前内卷严重，学得很苦，苦的结果是学得扎实，但也学得盲目，国内大学往往严进宽出，与国外教育相反。两种教育体制都有代价，求全很难，重在匹配。所以稳妥的道路是都顾全：高三前的 12 年全在体制内（前 9 年普小、普初，后 3 年国际部），本科及研究生 6 年出去。所以我说 12 年全在体制外，一路接受国际教育，是非常激进的道路。

无规划型

这几年我观察到的无规划型有这么几种：

第一种是在体制内中考，没考好，一看有的国际部录的分比普高低，临时决定走国际部，三年后本科留学；

第二种是在体制内中考，考得太差了，这个分只能进最差的国际部或者私立国际学校，一通疯狂的选择后，进入了国际教育体系，不得不出国；

第三种是在体制内读小学和初中，想去国外读高中，但是不忍放弃传统的中国教育，能在体制内多学两年是两年，课外搞英语补习，然后从体制内8年级升9年级或者9年级升9年级高中留学；

第四种是在体制内读小学和初中，一声惊雷，或者突降一个机缘巧合，孩子执意要出国，课外疯狂补起来，结果成绩没补出来，中考也错过了，于是落入不需要门槛的私立国际学校；

第五种是孩子已经在国外了，但因为疫情、学情或家庭因素决定回国，成绩优秀的个别孩子有机会进入国际部，多数进入招生相对宽松的私立国际学校。

针对以上情况，我有两个建议：

一是高中或者本科留学是大事，孩子在国外基本要学习及生活6年到10年，可以说是影响孩子一生的决定。说孩子还在肚子里就该想明白，也不过分，否则怎么解释那么多大着肚子的妈妈参加国际教育展。其实，除了重大自然灾害和战争，没有什么可以影响这个决定。这就是为什么无论外部环境有什么变化，即使留学最狂热的年代已经过去，留学也在不温不火地持续，因为要出去的人总是要出去。而且细心的家长对孩子的学业观察也具有提前量，即使大考发挥失常，也不是完全不能预测，至少可以有所准备。别让孩子因为体制内的挫败转到体制外，甚至国家外。最晚在幼升小、小升初、初升高这三个坎儿的前一年，应该认真讨论各种可能性，如果进入留学轨道，根据留学录取的要求，至少要提前三年做准备。

二是无规划者在择校时要充分了解学校，防止临时起意后错上加错。我见到过有的孩子头脑聪明，稍微督促一下成绩就能好起来，但是受困于所在的国际学校实在没有好的学习环境和靠谱的同伴，以至于失去了学习的动机，甚至刚刚挑起的学习欲望又被那个环境破坏掉。我问，你怎么去了这么一个国际学校？对方回答，我爸妈当初选学校的时候被他们招生部的人骗了。对于小朋友来说，好一出世态炎凉啊！

总结

关于可能的留学规划，我以终为始，从大学写到了小学，这是我近几年和家长留学规划面谈的总结，希望那些思考孩子的国际教育之路的家长认真阅读。

自从我写的《留学真心话》出版以后，经常有家长拿着我的书来找我面谈，谈之前总会说，谢校长，您的书我都看三遍了。可是，面谈起来发现他问我的事其实都在书里写了。于是我和家长开玩笑说，这书，您真看了吗？

直到最近一个知识渊博的小朋友出现在我的办公室，我有了一点启发。我问，你小小年纪，怎么知道那么多东西？他说，他有三个办法获取信息：一是阅读；二是上网，因为网上有很多超链接，一个东西明白了还可以把他引向另一个东西；三是同学，和同学们交谈，也让他学会了很多东西。他说的话，让我懂得了阅读只是学东西的一种方式，对一些人来说，阅读可能不是获取信息最有效的方式。

他说的话，也给了我一个机会告诉他，如果未来你去留学，会遇到来自世界各地的同学，他们，将会告诉你整个世界。

初中生如何为留学做长线准备？

文 / 谢强

在周末或节假日约我面谈的，大部分是初中生的家长。他们问我的问题大同小异。比如他们爱问，国家对留学的政策将会怎样？最近为什么那么多国际学校改名？

国家政策很重要，但出国留学是非常私人的事，有家长担心未来国家连这个都不让了，我觉得不太可能。除非发生了非常极端的事情，否则国家不会干预出国留学。这边护照能发，那边签证能给，孩子就走得成。

以留学美国为例。我国 2021 年高考人数 1000 多万，考研人数 457 万。相比之下，赴美读大一的 3 万人，赴美读研一的 6 万人，国家不会和这一小撮儿人较劲，干什么不给你护照？更何况根据最新数据，不少出去的人最后都回国效力。然后这 9 万人每人每年捧着几万美元学费给美国送去，他们干什么不给你签证？

那国际学校改名是不是代表某种政策导向？国家是不是不让搞国际化学校了？我试着分析一下。

一是只要国家还发护照，就说明没想拦着您出去。如果您能出去，但国家又不允许国际学校或者国际部存在，会发生什么？

我相信届时留学家庭将携孩子在更低龄出国，去国外读高中、初中甚至小学。先不说初中和小学，就是在国外读高中，然后又在国外读本科和研究生，10 年下来，他的心还是不是本国的就难说了，还会有那么多孩子学成归来为国效力吗？从国家层面来说，让 18 岁以下的未成年人在国内接受教育，18 岁成人了、思想成熟了以后接受国外的教育，能最大限度地保证这部分人才回流。我觉得这也是一个不小的政治问题。

国际学校和国际部就是为在国内培养这个群体而存在的，是对国家现有教育的有益补充。因此，大方向不太可能变，否则是把自己人硬往外推，没有必要。

二是从"双减"这个动作开始，可以看出国家加大了对民办教育的管控。这个思路应该是，民办教育可以存在，但要严格按照国家新的要求来做。我身在民办教育机构之中，感受颇多。

我还看见一种可能。如果国家对民办国际教育的政策收紧，大概率会同时松动公办国际教育的政策，把出国这一小撮人的教育往公办校挪。比如现在北京地区的高中生，每届约 5000 人出国留学，其中约 1800 人在公立校国际部，约 3200 人在国际学校。那么未来会不会增加公办校国际部数量或者给公办校国际部更多的招生名额，调整到公办校国际部承载 3000 人或更多，国际学校承载 2000 人或更少？

如果使用国家资源让公办校国际部更强，使用市场机制让差的民办私立国际学校淘汰，至少对有留学意向的普通大众来说没什么影响。

三是公办校国际部招生逐步回归统招。

现在公办校国际部招生比较灵活，虽限制跨区但可以跨区；虽参考中考分数，但是初三上学期期末考试区排名和一模区排名也非常重要；简历亮点也重要，如托福成绩等。灵活政策实行了几年以后，国际部生源形成不同梯队，生源不同又造成了申请结果的分化，大家又不甘于这种分化，于是激化了竞争，也加剧了焦虑。

政策的初衷肯定是实现教育公平。从 2021 年开始，对国际部的政策调控已经出现，出台了锁区、合格卡、统招等动作。也许有一天，国际部会彻底回归和普高完全一样的招生政策。

以上属善意妄议，但确实是基于长期的观察得出的结论。我想表达的意思是，国家虽然会加强对留学和国际教育的管控，但是大方向应是优化，而不会掀翻这张桌子。我希望家长们对这个能有信心。

说完了国，再说说家。

如果家庭的三方，爸爸、妈妈、孩子，没有对留学产生一致看法，那么最该做的，就是先达成一致，然后沿着一个方向坚定地走下去，而不是观望和拖延。

尤其不要拖延到中考以后再做决定，让孩子觉得是因为中考没考好才出国。出国虽然也不能说是什么香饽饽，但也不至于沦为失败的苦果，何况这个果子一吃就是近十年。

对于本科出国，最晚达成一致决定的时间是初三那个春节，因为春节后各个国际部就陆续发招生简章或开始做招生动作了。

对于高中出国，最晚达成一致的时间是小升初拿到学籍卡后，因为高中去国外读好学校的难度比本科大，准备要从小升初的那个暑假就开始。

有次面谈的一个家庭，显然就没有对留学达成一致。妈妈是主张留学的；正读初二的孩子虽然态度两可，但已经参加过朝阳区两个学校的 1.0[1] 项目的考试了；爸爸并不太主张孩子出国留学。所以爸爸说，谢校长，你能不能把本科留学的三大理由摆一摆，我再想一想？

我说我没啥三大理由。我很难理性评价到底是出国留学好还是在国内读大学好，就像我没有资格说是清北好、牛剑好，还是藤校好。我更不能因为

---

[1] 朝阳区的一些国际部开设的初三直升项目，分为 1 年制和 0.5 年制，分别称为 1.0 项目和 0.5 项目。其中参加 1 年制项目的学生可以通过选拔，在初三上学期（即提前 1 年）进入国际课程的学习；参加 0.5 年制项目的学生，则可以在通过选拔后在初三下学期（即提前半年）进入国际课程的学习。

做这个业务就把出国捧上天，那我就不是个独立的人，只是条拥护主人的小狗了。

我说，就谈谈我看到的留学三大原因吧。

一是周边牛人的孩子是否留学，也就是世俗意义上的成功人士的孩子。近三年，出国留学的人群聚集在政商人士、企业高管、医生、律师、互联网、大学教师等几类人的子女。

二是图教育。现在算出国回报率的近乎绝迹了，以前家长爱算，我花了两三百万送孩子出国，他要挣多少年才回本。现在家长不谈这个。他们让孩子在国内接受 K12 教育，18 岁后去国外接受另一套教育，也许他们认为前者我国最强，后者国外更有积淀。

三是图简历的含金量。国内竞争越发激烈，出国留学的人毕竟少，再卷也卷不过国内。孩子花小一点的力气可以上到世界排名不输给甚至高于国内大学的名校，简历含金量高，有利于就业。

这就是我看到的三个理性的原因。但是理性都有不同的角度，换一个角度就不理性了。第一，虽然留学人群聚焦于六类人的子女，可是这六类人的孩子在国内发展的也很多；第二，大家并不都认可国外的高等教育，有的孩子更适合在国内升学；第三，用人单位对国外大学的排名越来越敏锐，对各个大学的含金量考察得越来越细致，并不是排名好就一定含金量高。

如果理性就要彻底，彻底的理性只会激发更大的辩论。谈理性依据，在北京，有财力的非京籍对留学的争议最小，由于政策原因，如果高考，他们需要回原籍，所以出国留学成了一条方便的路。

但总的来说，出国留学更多是感情裹挟理性的决定。感性的因素不可小觑，有时甚至是决定性的。所以我再给您两个理由。

一是孩子很想出去。也许他从小跟着大人在国外跑得多，或者是通过交换学习、冬令营、夏令营，让他产生了对国外教育的好感。有个面谈的家长对我说，孩子 6 年级去过美国一段时间，那里的老师总是肯定他的优点，可是国内的老师总是发现他的问题，这让孩子对那边产生了亲近感。孩子想出去，还因为他的同龄小朋友已经出去了，出国留学的亲戚朋友多了，他受了影响，就也想去。

二是家长双方或家长一方受了自己当年未出国留学甚至是英语不好的刺激，现在有钱了去让孩子圆梦。

这两个理由更强大一些。我说的时候，妈妈使劲点头。

出国留学是个大决定，同意不同意都正常。但无论如何，一定要尽早定下来，不要走着看。

留学定下来了，然后是路径规划和择校。

路径规划，指的是本科出去，还是高中就出去。本科出去的话，高中是去公办校国际部，还是去民办私立国际学校？本科留学，高中不去普高，这点不展开说。

至于高中出去，每十组和我面谈的初中家庭，我只会建议一两组走高中出国的路。

什么样的人适合高中出去？

一是能从孩子的简历中看到两个特点：英语很好和很有亮点。

英语很好，是指在 8 年级上学期或 9 年级上学期考出托福 105+ 或 110+，意味着这个孩子小学 6 年级前后具备至少是 FCE 的水平，或者虽然什么都没有考过，但是对英语有着长期的准备或经历过语言环境的长期浸泡，6、7 年级首次考托福就可以 80 分起步。

很有亮点，就是在申请材料中让招生官眼睛一亮并且可以在访校、面试中得到确认的东西。

具备以上两点，孩子有可能进入美国排名前二三十的寄宿制高中，但这些学校每年面向北京地区的招生名额，也就总共 50~60 个吧。

二是孩子的父母出于种种考虑，就是要坚定地想把孩子送出国留学。虽然孩子的英语和亮点不足以申到顶级高中，但是可以接受中上等的学校，如美国前四五十名的寄宿或走读中学、加拿大排行前十的中学等。

多数家庭适合长线准备，走本科留学的路。

在低龄阶段，多数孩子的英语达不到申请国外顶级高中的水平。事实上，这个"达不到"是非常正常的。根据大数据，不搞商业机构吹牛那套，中等生，也就是英语天赋一般的学生，如果在小升初的那个暑假起步学习托福，初一暑假后考出 60~70 分，初二暑假后考出 80~90 分，是普遍情况。而这样的成绩，与需要 105+ 或 110+ 的美国或加拿大顶级高中基本无缘。

本科留学方向，在普通初中就读的同学，任务是"一个半"。一个，是中考。中考帮助全面夯实各个科目的知识基础，为高中、大学及一生打下全面的学科基础。如果成绩好，能申请更好的公办校国际部。半个，是托福。有余力再弄托福，增加申请国际部的筹码。上了好国际部，本科申请就有了保障。

初中在国际学校就读的同学，任务是"三个"，要更忙乎一点。

首先应考出优秀的托福成绩；其次要关注目前所在国际学校高中部的学术是否可以"吃饱"，要不要换学校，往哪里换；第三还要特别注意自己的数学和科学有没有掉队，适时在课外"加点餐"。这部分同学没有经历中考，是一路直达美本申请，别等到 12 年级上学期申请的时候才猛然意识到自己的漏洞。

规划定了，接下来是择校。

择校，是在大方向定了以后，在既定轨道上找最好的学校，上那艘最好的船。

在普通初中读下来的学生，最适合去公办校国际部，因为学生的来源（京籍为主）、类型（中考筛选）、风格（不像国际学校有长时间国际化培养）都比较一致。选择国际部的时候，一看门槛，各校对初三上学期期末考试、一模和中考区排名的要求不同，这种区排名把国际部分成了一二三梯队；二看风格，这个要参加教育展、各个国际部开放日、听讲座、自己去问。在相同梯队，看孩子个性和哪个学校的风格匹配。

普通初中的学生，只有两类人适合去国际学校。一是受政策限制，相同水平的情况，因为户籍原因进不去理想的国际部；二是即使门槛最低的国际部也考不上。当然，用心的国际学校也会用各种办法去普通初中吸纳优等生。

初中在国际学校就读的学生，几乎回不到公办校国际部了。因为国际部要中考成绩，而国际学校初中部的方向不是中考，所以学生即使考了，成绩往往也不会太理想。

近两年，一些国际部为了吸引优秀生源，会向国际学校开放极少量名额，对学生的要求是学分优秀、托福顶级、有特长亮点，再经过面试确认。但这部分同学往往经过了小学 6 年、初中 3 年在国际学校的熏陶，能否适应国际部是个很大的考验。

初中在国际学校读下来的学生，面临的最大困扰是感觉本校高中部不够好，想换个国际学校。这是个很难解决的问题，目前只有一个办法。

首先，在 IB 国际文凭课程、A-Level 英式课程和 AP 美式课程的本轨道上选，就别再换体系了；然后在本轨道上找学校学生人数规模最大的、同时 9 年级升 10 年级、10 年级升 11 年级、11 年级升 12 年级人数衰减最少的国际学校；最后在几个目标学校中观察学校风格与自家孩子的匹配度。

总之，择校的本质，是择同学，择同学的办法是弄清楚入学门槛。越难进的，往往越是好学校。

举个例子。每年朝阳区的几个国际部会搞初二升初三的 1.0 项目，就是不等到中考之后，提前一年选优秀学生，孩子初三就直接进入国际培养路线。要不要选 1.0 项目，是目前很多家长的问题。几年前刚这么搞的时候，那时是提前半年搞 0.5 项目，我是怀疑的，但现在态度有所松动。因为坚持搞了这么久以后，关注这些项目的人越来越多，想试试的学生和家长越来越多，于是招生的门槛越来越高，进入这样项目的优等生比以前多了，那就值得家长去考虑了。

学校定了，就是把孩子放在轨道上培养的问题了。

有的家长在这时候翻开小本子问，我家孩子到底该去哪个国家，去哪个大学，学什么专业？我说您先别着急，这些事要听孩子的。家长说，他怎么会知道啊？我说，等他进了国际部或国际学校，身边的同学全是想要出国的，身边的老师送走了好多届留学生了，耳濡目染的，孩子就有了自己的倾向。那时候您再顺势介入，现在还是要先忙眼前。

关于眼前的培养，我总结了一句话，就是全面成长大于全科成长，全科成长大于英语成长。

家长最关心的，总是我家孩子学习行不行，哪个科目该补一补，哪个竞赛该参加。但在见了很多孩子以后，我觉得最主要的，是您家孩子这个人行不行，具体包括个性行不行、性格行不行、状态行不行等等。

有的孩子非常生动，有的孩子爱笑，有的孩子擅长交流，还有的孩子甚至可以教我东西，尽管他们才上初中。例如最近我刚从一个学生那里知道了两本英文好书的名字。

但是也有孩子的脑子是空的，有的孩子非常消极，有的孩子呆头呆脑，有的孩子，说得难听点，总是混日子。

家长最大的成功，是让孩子这个人好。家长在经历婚姻关系、事业成败后形成的价值观和对人生的态度、他们本人的性格等，都对孩子形成直接的影响。有的家长可能过于关心孩子的学习，没有把注意力放在孩子身心的塑造上。也许是亲情使得无论孩子怎么样，自己都看着顺眼。事实上，作为一个人，孩子与孩子真是千差万别。

每场面谈后，我自己都会留下一点儿快乐或者不快乐的情绪。看见有思想、有目标、有笑容、有爱的孩子最让人高兴，而有的孩子像只背着沉重的大硬壳的蜗牛，缓缓地爬行，让人难过。

全面成长是针对孩子的身心发展，国外大学录取时对留学三要素的考查给了我们一些借鉴。国外招生官除了看孩子学科成绩（要素一）和标化成绩（要素二），还通过活动、文书、推荐信、面试等方面去了解孩子是一个什么样的人（要素三）。

所以，孩子小的时候，除了学习，家长应该去培养孩子的兴趣爱好、艺术特长、对社会的关注与贡献和领导力等。这都属于数以年计的长线培养，不像学科或者托福的成绩可以中短期突击。

全科成长，是指1—9年级的每门课都要努力学好。

对普通初中的孩子来说，中考这9门必须都好。不要有短板，不存在什么偏科问题。哪门课学不好，就想办法使劲学。一个初二的同学和我说他的数学"非常有待提高"，我说那赶紧去提高，也一定能提高。

对国际学校的初中生来说，没有中考，意味着平时成绩更重要，平时成绩的汇总就相当于中考了。要提防数学提前滑坡，这会限制未来专业的选择。

有一次我的同事王梅采访某国际学校的一位英国外教，他谈到自己小时候学GCSE的时候选了10门课，之后学A-Level的时候选了4门课，放弃了数学。他说这不是什么好事，因为从此数学就再也没有行过。所以他建议学生一定要文理搭配，比如可以选历史当主课，但一定再搭一门理科。

最后谈谈以留学为目标的英语能力培养。

普通中学的初中生在小升初拿到学籍卡以后，应启动托福学习。但是一定不要让孩子一开始就练习托福真题，最好的节奏是用初一和初二共4个学期，分4个阶段，从与托福有关的英语能力入手，把孩子要学的语料搞得有趣一点，便于他们带着热情坚持下去。然后在初二升初三的暑假，在能力铺垫了2年以后，再进入集中刷题阶段。然后在暑假后迎来托福第一次实考，冲击好成绩。

我们过去几年搞托福预备，是把我们教大学生、高中生托福备考的经验下沉，做成了青少低龄版。根本的问题还是抑制家长想要孩子快速出分的功利心，做好分数与兴趣的结合，最后水到渠成，成功提分。

这几年最令我受挫的事情，就是家长搂着低龄的孩子雄心勃勃进入托福的学习中，结果孩子被枯燥的真题震惊了。那些远高于认知能力的考试内容、远难于现有水平的单词和语法迎面扑来，使他们逐渐失去了对英语的兴趣。这还谈什么出国呢？

所以，我认为孩子从初一全年或初二上半年进入托福学习，都应该先从提升英语能力开始。只有在初二下半年及以后进入，或者特别着急出分的孩子，才应该直接进入托福备考。一般着急的人进入托福全程班课，特别着急的人可以一对一，但出分的效度仍然很大程度上取决于学生进入时的水平。我接触过初二或初三就考出托福高分的学生，据我观察，他们接触英语都比较早，也不乏有点天赋，我们起了一些助力，但并非决定性作用，这些很早就考出托福高分的孩子并不能代表大多数孩子。我认为中等生经过训练，在初三上学期考到 90+ 是比较现实的目标。

近 3 年以来，我们积累了超过一万份中考后学生的 Mini-Test[①] 成绩，该成绩是这些学生在初三升高一那个暑假的水平反映，平均分数是 42~47 分。转化成托福成绩，大约是 35~40 分。根据我们的数据，这样的准高一学生，经过半年 150 小时听课加 150 小时练习，托福平均成绩可以提升到 79 分。这把尺子，可以用来衡量更加低龄的学生的进步程度是否正常。

托福并不容易。北京顶级的国际部——实验中学国际部，新高一招生

---

① Mini-Test 指的是中考英语迷你词汇测试，分为连线、选择、填空等多种题型，用来测试学生的英语水平，满分为 100 分。

120 人左右，他们无一例外是北京初三上学期期末考试、一模或中考区排名最好的一批学生。即使是这样一批人，有 40% 左右的学生在进入高一的时候并没有托福成绩。这一方面说明了进入顶级国际部的核心指标是区排名，也在一定程度上说明了初中生托福学习的难度。

国际学校的初中生主要分成两批。

多数人从小学就在国际学校，在 9 年级迎来托福首考，考到 95+ 算基本完成任务。首考之前只需要集中刷题两三周即可，不用托福预备段学习，因为漫长的英语浸泡就是最好的托福能力预备。一旦成绩不佳，说明以往过于"躺平"，也说明英语天赋一般，应立即加强精读训练，夯实单词和语法基础。

少数人是从 6 年级或 7 年级转入国际学校。他们应该和普通初中的学生一样，同步或者提前一年进入托福预备，我们把这批学生叫托福预备国际生。

不得不说，时代真的变了。我们这代人小时候要学好英语，英语好特别开心，英语不好就很不好意思。但是，当我看着积水潭地铁站的英文标识从 Jishuitan Station 变成 Jishuitan Zhan 的时候，当我这个数学不好的人学不来计算机软件、计算机系统和机器学习的时候，当我看着吃了半辈子饭的翻译行业越来越可能被人工智能取代的时候，我百感交集，有落伍的感觉。

英语真的变成工具了。孩子们只是用它学各科知识。各科知识的基础打得越扎实，孩子们应对未来的能力就越强。在各科知识里，数学和与数学相关的计算机语言，成了我们那个时代曾经崇拜过的英语，这才是向未来前进的基础。而且，我们小时候说的"学好数理化，走遍天下都不怕"的感觉又回来了。

说这些，不是说英语不重要，而是对孩子而言，面向未来的成长更重要。面对这个最重要的目标，该不该留学、该怎么规划和择校、该怎么应对各科学习，也就容易看清楚了。

在目前的局势下和低龄学生的家长谈留学，当然包含着一部分现实因素。

我是 70 后，我们这代人，和现在孩子生长的时代很不同。我们各有自己的幸运和不幸。未来，孩子们有可能会更好，也可能会更惨，所以给他们创造更多的可能性，尤其给他们一个更大的可以进退自如的空间，是我们这些大人的责任。

从这个角度说，父母为孩子焦虑，并没有什么不正确，这不正是为人父母的天性吗？只要我们想出办法来安放焦虑、解决焦虑就好了。

第二章

北京国际化学校
整体观察

　　北京的国际化学校主要分为三类：第一类是公办校国际部，仅开设高中段中外合作项目，有中考门槛，按门槛分为三个梯队；第二类是私立民办国际学校，开设学段丰富，无中考门槛，但有三类风格；第三类是外籍人员子女学校，对入读身份有要求。

北京公立国际部择校攻略

文 / 王梅

北京国际化学校基本面

在国际教育路线的选择与规划这件事情上，我和我的团队一直慎重、如履薄冰，因为我们明白每一个决策背后的家庭纠缠、选项纠结和零容错率。

北京国际化学校分为三类：第一类是公办校国际部，仅开设高中段中外合作项目；第二类是民办私立国际学校，开设学段丰富；第三类外籍人员子女学校，对入读身份有要求。还有极少数的学校开设了出国班和预科类合作项目，暂不计入总数。

与之前相比，一个大趋势是公办校加强了东城区、西城区、海淀区、朝阳区以外的国际部的建设。除了东城区 2 所、西城区 6 所、海淀区 7 所、朝阳区 2 所国际部之外，在四区外的 6 所，含大兴一中国际部、人大附中石景山学校中美高中课程合作项目、人大附中通州校区中美合作国际高中课程项目、北京亦庄实验中学国际部、丰台十二中国际部、人大附中北京经济技术开发区学校，都加快了发展的步伐。

民办私立国际学校整体变化不大，极个别学校关停或更名，但也有不少新增的国际化学校，例如顺义区诺德安达双语学校，2022 年正式招生；顺义家长们议论很多的贝赛思学校将在 2023 年 8 月正式开学。

近几年，北京地区的国际教育热度并未发生大的变化。从生源具体数据看，北京公办校国际部在 2019—2021 这三年新高一实际入读总人数分别为：2019 年 1918 人，2020 年 1988 人，2021 年 1904 人。相比 2020 年，2021年减少约 4%。民办私立国际学校的招生量常年稳定在 3000 人左右，变化不大。

疫情影响了留学热情，那初升高的国际路线竞争有没有变弱？

以下情况，竞争不弱，反而增强。

第一种情况是类似实验中学国际部这样的顶级头部校，为了生源整齐，不管人多人少，分数线不动，想进还是挺难的。实验中学国际部 2020 年高一实际入读 113 人，2021 年高一实际入读 120 人，不降反增。此外，在 2021年 7 月 11 日，当报考其他公立校国际部的家长还在填报志愿的时候，实验中学国际部 120 位家长已经召开第一次全体家长会，正式开启高中征程了。

第二类竞争集中在非京籍非九类人。这种情况因为政策限制导致竞争比较激烈。非京籍非九类人和外籍身份不在大多数公立校国际部招生计划范围内，属于计划外招生。名额少、要求高，所以无论总人数怎么减少，这部分刚需的竞争始终存在。

特殊情况也会造成竞争。例如，十一学校国际部 2020 年高一实际入读185 人，2021 年达到 229 人，增幅 24%。多出的近 50 个人，是因为 2021 年十一国际部本部和未来城项目联合招生，这 50 个名额是未来城的名额，对所有户籍 / 国籍都非常友好。后面两个项目会分开招生。也就是说，如果十一学校国际部本部回到 180 人的招生名额，竞争就会更激烈。

对初升高的赛场来说，还要考虑过去几年低龄段的升学政策变化对现在

产生的影响。小初升学政策变化后，在小学一年级、初一和初二含部分 1+3^①
或 2+4 项目入读的时候，选择国际路线的家庭增多。摇号结束以后，心碎放
弃海淀公立小学或初中，坚决转向朝阳或顺义国际化学校的家长，不在少数。
这部分家长在孩子初升高的时候，也会加入公立校国际部的赛场。

从朝阳区八十中的初中部直升上来的国际部学生，寒假前最后一次家长
会公布的全班托福平均分是 104 分。根据家长统计，这个班已经不少同学初
三融合的时候就已经拿到了 2~3 门的 AP 满分。八十中初一的妈妈们也很早
就规划，现在班上托福 100+ 的也不是个例。于是，八十中学国际部的对外招生，
名额整体变少，竞争更加激烈。

更别提小留学生的回流了。总之，国际路线的后浪不容小觑。

政策因素

公立校国际部有中考门槛，生源梯队比较整齐，近几年对非京籍的政策
也在放宽；民办私立国际学校招生政策更灵活，但学生水平的离散度大一些，
好的好，差的差。所以整体来说，家长喜欢优先选公办校国际部。

选公办校国际部，要了解两个词——锁区、统招。

锁区

公立校国际部以本区招生为主，根据锁区政策，外区招生在上一年基础
上减少 30%。例如，西城区的实验中学国际部共招生 120 人，2020 年这 120
人里有 13 个朝阳区学生，2021 年执行锁区政策后就剩下 9 个了，如果继续

---

① "1+3" 和 "2+4" 项目是北京市推出的人才培养模式改革中的试验项目。参加 "1+3" 或者 "2+4"
项目的学生可以免除中考，直接升入高中。其中，"2+4" 项目的学生是在本校读 2 年初中后，直
接升入本校高中部，继续进行接下来 4 年的高中学习。"1+3" 项目的学生则不局限于本校，可以
在初二结束后进入开设有 "1+3" 项目的试验学校，在试验学校连续完成初三及高中 3 年（即 "1+3"）
共 4 年的学习。

实行锁区政策，人数将越来越少。

所以建议家长首先重视本区内的学校，本区招生名额多。例如，人大附中 ICC 招生总人数 300 人，仅海淀区名额就占到 232 人。同时，录取条件对本区也会宽松一些，分数一般会略低于其他区。

如果对本区国际部不满意，想去更好的，就要跨区。跨区要了解所跨区学校的跨区名额。比如北京四中国际校区招生 100 人，朝阳名额 25 人，占比四分之一。就我们掌握的数据，如果朝阳跨区海淀，十一学校国际部是招生大户；西城跨区海淀，人大附中 ICC 是招生大户；东城跨区西城，师大二附国际部名额最多。非东城、西城、海淀、朝阳的孩子，需要孩子的成绩区排名非常靠前，基本前 50—100，或者在托福雅思高分的情况下，选择放弃学籍，利用计划外名额入读。

统招

2020 年开始，国际部招生取消提前录取，全部通过填报志愿走统一招生。以前的情况是，国际部 3 月发招生简章，4 月收简历，5 月一模后招一些学生，6 月底中考出分前招一些学生，7 月初中考出分后招最后一批。现在全部改为中考出分后统一填志愿，和普高一起录。

实行统招后，家长最多可以报 8 个学校，含国际部和普高，中考出分后一周填志愿。这个政策对家长来说是好事，但也使得国际部对招生结果不可控。比如最初收到会报考自己学校的意向人数是 300 人，但这些人还有别的选择，最后可能就 50 个人真正进自己的国际部了。当然这种情况不太可能发生在顶级国际部身上，学校排名越靠后，例如二三梯队的国际部，越担心学生最后没有选择自己。

志愿一般填写 3~5 个即可。不要只填写 1 个，虽有成功案例，但保险起见，需要有个保底学校。也不要 8 个都填，因为后面的学校即使录了也不会去，如果勉强填满，一旦被录取，再不想去也得去。

📍 招生节奏

公办校国际部开启报名链接的时间大多集中在一模考试前后，但每年时间都有变化。比如 2022 年 2 月，已经有 10 多所公办校国际部开启报名链接或简历投递通道，比之前早很多。某顶级国际部在 1 月已经和部分家长通过电话取得联系，并对极其优秀的学生表示 2022 年将按照 1：1 发放合格卡，表明学校对该生的青睐，并暗示希望家长不要错过签约的机会。

与学校的接触不要等到中考后。公办校国际部的招生节奏，一般是在中考出分前就完成 50%。越好的学校，中考前锁定学生的比例越高。从 2021 年的情况看，中考前招生轮次一般在 3~5 轮，以 2021 年实验中学国际部为例，总共 120 人中，在中考前已经完成 5 轮约 100 人的招生。具体关键时间轴为：4 月 9 日实验中学国际部开放报名通道；4 月 16 日中学国际部第一批学长学姐面试，17~20 人；4 月 26 日通知第二批"五一"面试，17~20 人；"五一"期间通知第三批面试；5 月 11 日通知第四批学长学姐面试；5 月 22 日通知签约；6 月 1 日通知第五批学长学姐面试；6 月 2 日继续通知签约；6 月 26 日中考期间通知提前签约的家庭下午 3 点交准考证；中考后笔试，录取约 20 人。

需要提醒的是，2020—2021 年的招生政策中要求各国际部按照最多不超过 1：5 的比例提交招生名单，比如招 120 人，最多提交 600 个人的名单。最终环节的录取工作，是按照系统里家长填报的志愿和学校提交的名单一一比对来完成的。也就是说，就算一个孩子中考分数再高，但如果不在学校提交的名单上，是绝对不可能被录取的，因为系统里该校的名单上压根匹配不到这个孩子的姓名。这个政策在 2022 的招生通知中已经没有，未来是否恢复还未知。

📖 学校评价

以上我们聚焦了公办校国际部，家长们可以看出它们的招生节奏是围绕一模和中考进行的。因为它们要挑学生，挑学生的依据是全科成绩，一模和中考的各个科目都要好，总分才能上去。有一科拉分，也影响极大。

所以公办校国际部的排名，或者说在家长心中的座次，是学校收到的一模或中考成绩最低的学生所决定的，也就是所谓的国际部的门槛。家长经常谈的国际部第一梯队，以 2021 年为例，门槛守得最狠的，首推实验中学国际部，不低于 630；其次是十一中学国际部，不低于 620。所以一些西城区的家长首选实验中学国际部、海淀区的家长首选十一学校国际部，就是这么来的。

我们过去五年组织新高一家长国际化学校择校群，每年大约有一万粉丝入群。他们的选择形成了国际部"一二三梯队"的说法，虽然说起来比较敏感，也不甚科学，但也确实是家长选择的依据。我们内部线下开分享会或者一对一面谈时，会把大家这种不精准的认知做介绍，但是在大型公开场合，不会太多涉及。

对国际化学校的判断和选择，有 6 个层次的问题，大家需要了解。

第一个层次，本区内国际部盘点。市内四区的国际部情况可参见本书 35 页。

需要注意的是，朝阳区的人大附中朝阳分校是人大附中体系成员校，即人系，属于民办私立性质，但在朝阳区很重要。

第二个层次，本区内比较各个国际部。

建议考察门槛。按门槛高低，大致可以分出一二三梯队。不建议只看大学申请结果，不是申请结果不重要，而是申请结果受学苗影响很大，而且很多学校只公布优秀生的申请结果，差的我们不知道。

第三个层次，跨区比较国际部。

与上述方法完全一样。

第四个层次，先看门槛，再看特点。

如果发现自己孩子达到某类门槛要求，比如孩子有能力进入第一梯队或者第二梯队的国际部，这时了解每个学校的特点就非常重要了。匹配，指这个学校的特点是否能和自己孩子的优点结合起来。先看水平，再看特点。水平不好公开讲，特点我试着捋一下。

实验中学国际部：学苗最好，申请最好，1 名外教。

十一学校国际部：70 多名外教。AP/IB/A-Level 3 种课程都有。

人大附中 ICC：最大的国际部，与本部师资共享，AP/IB/A-Level 3 种课程都有。

四中国际校区：传统名校，重培养过程。

一零一中学国际部：雄心勃勃，英才班拔尖，英语 ELA 课程特色。

二中国际部：东城好学苗集中地。AP 美方课程特色。

首师大附中国际部：踏实学术，低调内敛。

北大附中道尔顿学院：北大风格，道尔顿课程及独立研究论文 IRP 特色。

师大二附中国际部：西城传统名校。GAC① 课程和 AP 课程融合。

师大附中国际部：传统名校。内敛、扎实、稳。

八十中学国际部：朝阳传统名校。AP/IB/A-Level 3 种课程都有。

北京中学国际部：教改先锋，小而精，首届毕业生拿到过哈佛的录取。

八一学校国际部：海淀传统优校，资源丰富。

人大附中西山国际部：人系，美国加拿大方向为主，活。

---

① GAC 全称为 Global Assessment Certificate，又称全球评估证书，由美国大学入学测试委员会开设，并将美国高考 ACT 纳入课程教学体系中，ACT 作为 GAC 的结业考试。由于中国（港澳台除外）目前尚未设立 ACT 考试中心，只有学校开设 GAC 课程的学生才有资格在本校参加 ACT 考试。

人朝分：人系，英国方向为主，活。

三十五中国际部：本届高一回赵登禹路总部，享本校资源。

八中国际部：本部实力强。硬件条件好。文科特色。

汇文中学国际部：新学校，于 2021 年成立。

特别强调，以上排名不分先后，特点也不好一句话全部概括，我只是将家长最积极讨论的点提炼了一下。下面我再展开多说几个风格特点的维度。

国际风格的，例如北大附中道尔顿学院，选课、授课及管理高度国际化，贴近英美大学教学风格。规矩风格的，例如首师大附中国际部，风格包容但管理严格，包括请假考勤，重视学生的学习习惯。

人多的，例如人大附中 ICC，一届招生 300 人，校内社团资源丰富，组队比赛方便。人少的，例如二中国际部，一届招生 60 人，师生比高，老师可以直接关注到个体。

中教型的，例如实验中学国际部，高一与普高课程一模一样，1 名外教主授英文类课程。外教型的，例如十一学校国际部，70 多名外教，可选课程丰富，校内 GPA 严格不放水。

第五个层次，国际部二三梯队与国际学校的横向比较。

有人说，国际部除了第一梯队，二三梯队的门槛都差不多；还有人说，只有三梯队要慎重，一二梯队的学苗整体都可以。民办私立国际学校不看中考成绩，招生期不是以一模和中考为核心的，他们的招生期结束在 9 月开学前，很多学校甚至是全年招生。所以，这两种体制的横向比较是很困难的。如果非要比，就出现了中上等成绩的学生首选国际部，中下等成绩的学生才进入国际学校的整体态势。国际学校远比国际部要多，选起来很不容易。

第六个层次，有的孩子从本质上就适合国际学校或者国外高中，而非国际部。

🗺 学校匹配

以上这 6 个层次都说完了，能选出来适合的学校吗？恐怕最难的，还是学校和自己孩子的匹配。所以在这个问题上，我们还是要多引入 3 个概念：课程、文理、孩子。

课程体系

我不建议家长在选课程体系方面过于纠结，也不必研究过多，因为所有的课程体系虽然都有各自发源的国家，但都不影响学生申请任何一个国家的大学。介绍课程体系的目的，只是补充说明学校的潜在风格而已。

北京地区三大主流国际课程分别是美国大学先修课 AP、全球范围统一适用的 IB 和英国高中课程体系 A-Level。

公立校国际部基本都是 AP 课程，6 所学校是特殊：十一学校国际部、人大附中 ICC 和八十中学国际部，AP/IB/A-Level 三大课程体系都有；一零一英才班为 IB 课程体系，其他班为 AP；师大二附中国际部为 GAC 课程体系和 AP 课程结合；北大附中道尔顿学院自主研发课程体系。

私立国际学校三大国际课程完整，占比分别为：A-Level 51.5%，AP 44.1%，IB 27.9%。其中，IB 以外籍校和顺义 / 朝阳地区的国际学校为主，例如德威、鼎石、世青等；A-Level 以目标英国方向国际学校为主，例如人朝分、潞河国际、领科北京和北外 IC；大多数学校三大课程都开设或开设其中两类，例如海淀外国语学校、二十一世纪国际学校、王府学校、康福外国语学校等；还有一些专门的小语种和艺术类高中，例如 BACA 国际艺术学校。

匹配课程体系只要看留学国家和课程特点。如果坚定申英国的大学，A-Level 最匹配。如果坚定申美或英美双申，AP 最灵活。孩子从小入读国际学校或家长工作需要转换不同国家，IB 最适合。

真留心学话 2

特点上，A-Level 窄而深，适合偏科和专业确定的学生；AP 选择面广，适合兴趣广泛，想文理兼修的学生；IB 选课齐全，对自主探究和全英写作要求极高，适合从小入读国际学校或英语极强的学校的孩子。

一位同学从 AP 转轨 IB，两所均为私立国际学校，他说，AP 和 IB 的上课方式截然不同。AP 课程里，老师在课上会花大量时间带着同学们做练习，并且课上课下作业练习题的难度以及数量，都远远大于 IB。IB 体系更加注重学生的自觉学习能力以及时间管理能力，课上老师讲的内容非常基础，但考试难，所以需要学生具备课下自学的能力。IB 对写作的水平要求很高，科学科目需要写实验报告。

另一位同学初三中考成绩优异，顺利进入人大附中 ICC 的 IB 项目，高一下学期申请转入 A-Level 项目。就学习内容而言，两个项目差异不大，选择 IB 课程，同辈压力较大且对英语读写能力要求高。转项目的主要原因是他偏向理科且有明确的专业方向，更想专注于数学、物理方面的选课和学习。

大学申请的时候课程体系不是影响因素，A-Level 申请美国或者 AP 申请英国等，都没有太多阻碍。无论入读哪个课程体系，孩子可以随时根据情况更换目标留学国家。

例如，AP 也常用来申请英国的大学。2022 年二中国际部的 AP 体系内斩获两个英国牛津大学无条件录取，分别是材料专业和历史专业。首师大附中国际部的 AP 课程，斩获一个牛津大学无条件录取。A-Level 申美也完全没问题，领科北京学校是唯一一所只开设完整 4 年 A-Level 英式课程的国际学校，在英国 G5[①] 之外，每年均斩获美国及其他各国的顶级大学录取结果。北大附中道尔顿学院自主研发课程体系，毕业生里，获得美国常春藤大学和英国牛

---

① 英国 G5 大学又称"金砖五校"，指的是剑桥大学、牛津大学、伦敦大学学院、帝国理工学院、伦敦政治经济学院这 5 所超级精英大学。这 5 所大学代表了英国高等教育的顶尖水平。

津、剑桥大学录取通知的，每年平均 10 人左右，且 2020 年和 2021 年连续两年都有学生在无 AP 的情况下被藤校布朗大学录取。

偏文偏理

不少家长还关注，是不是不同学校在学术资源方面有极大差异？比如听说某个国际部偏文，文科资源和师资会更好？其实北京各大国际部，从教学过程和申请结果看，并没有太明显的倾向，以东城区的二中国际部和海淀一零一中学国际部为例。

根据我们学员的数据，二中国际部毕业生的专业大致分布为：数学方向 28%、经济方向 17%、物理方向 16%、生物方向 8%、计算机方向 6%、社会学方向 6%、文学方向 6%、艺术及未定 13%。以上为非官方统计。只要学生有专业方向的兴趣和需求，学校会全力支持，在 AP 课程和学术拓展方面，充分利用选修课及课后课的时间，提供资源。

由于一零一中学国际部有 ELA（English Language Art）课程、全英政策（All English Policy）和毕业演讲（Senior Speech）这三大突出优势，因此常常有家长问，一零一中学国际部是不是比较重视英语，偏向文科？

从 2022 年统计的一零一中学国际部竞赛战绩中，我们可以看出其文理兼修的特点：

美国生物与健康未来领袖挑战（HOSA）区域站，全国金奖；

加拿大初级化学奥林匹克竞赛（JCCO），全球银奖；

美国学术十项全能（USAD），经济、文学、艺术、演讲等金奖；

美国计算机奥林匹克竞赛（USACO），国际铂金级别并列第一；

英国化学奥赛（UKChO），全球金奖；

美国生物奥林匹克竞赛（USABO），中国区金牌；

全美经济挑战赛（NEC）中国赛华北赛区，多个团队金奖、个人总分金奖；

全美经济学挑战（NEO），全国及区域团队总分金奖；

国际经济学奥林匹克竞赛（IEO），全国一等奖；

国际语言学奥林匹克竞赛（IOL），全国一等奖；

国际语言学奥林匹克竞赛（IOL），中国专业组个人金奖。

值得一提的是，2022 年斯坦福大学数学夏令营中，一零一中学国际部有 6 名学生被录取，其中高一占 5 名，充分说明学校在理科方面也有强大资源和成果。

实验中学国际部也常常被挑战：高一开设普高课程，且录取结果常常被认为更偏向文科，那么实验中学国际部在课程资源上有没有明显的短板和倾向性呢？

我们整理了实验中学国际部 2022 年 32 位早申同学的情况，他们的录取方向分别为：19 位人文社科方向、11 位理工科方向、1 位艺术方向、1 位待定，整体较为均衡，理科如宾夕法尼亚大学的工程专业、达特茅斯学院的数学及计算机专业、芝加哥大学的数学专业、莱斯大学的材料科学与纳米工程专业等。

32 位同学中，有 25 位同学提到了自己的 AP 选课科目，统计后分别为：18 位同学选了 AP 微积分，占比最大；16 位同学选择了 AP 物理 C 力学 / 电磁学；12 位同学选择了 AP 微观经济学；10 位同学选择了 AP 统计学；7 位同学选择了 AP 英语语言与写作；6 位同学选择了 AP 心理学；其余还包括 2 位选择生物的同学、2 位选择化学的同学、1 位选择计算机科学的同学、1 位选择世界史的同学和 1 位选择艺术史的同学。一方面说明学校并未偏向文科，开设科目齐全；另一方面，同学们不会因为最终申请方向就只选对应科目。例如 7 位选择 AP 英语语言与写作的同学，有 3 位最终申请了理工方向，但仍旧选择并热爱 AP 英语。

各校的课程设置，并不会把学校之间的差距拉开，但是学校的入口生源、规模大小、外教人数、管理风格等，是有一些区分度的。

孩子

什么样的孩子，取得了更长远的发展和成就？

几乎所有国际部在面试的时候都会反复向学生确认：为什么选国际部？为什么出国？这说明学生的发展动机和未来规划对培养过程很重要。学校之间的差距没有想象的那么大，教都是一样教，差距大的是孩子的适应和发展。国际教育的好处就是更多选项、更多机遇和更全面的评价。

一位学校匹配不理想的同学，2020 年自信满满地面对我做全英自我介绍，虽然没有托福成绩但能流利表达，观点清晰，后来的外教模拟面试环节也分数极高。然而该同学却在 2022 年的寒假前，由于各种原因选择留级。目前妈妈的期待只剩下"健康快乐就好"的想法。孩子当初是中考超常发挥，580 满分考到了 560+，在最后一轮争取到了顶级国际部名额。但入读后，听不懂外教上课、跟不上整体规划、没时间参加社团活动等问题接踵而至。这类同学不在少数，高一上学期的煎熬带给孩子的是一生的阴影。

不是说一定要做"鸡头"，但要考虑孩子的体格特点，同时调整预期和心态，才能长线制胜。

赵同学是择校成功的案例之一。我虽不喜欢"学渣"这个词，但她每次提到自己都这么说，她说自己不是逆袭，只是努力，越努力越幸运。

赵同学进入国际部的时候完全没有语言能力上的准备，英语语法类课程全班 59 人，她排名 57，第一学期结束的时候 GPA 只有 2.0+（满分 4.0）。这样的她在本科申到当时排名 30+ 的布兰迪斯大学，托福 101/ACT 29、AP 课程 4 门满分，其中包括 AP 化学，而高一化学这门课，她的成绩只有 64 分，是其中一个拉低 GPA 的科目。研究生申请阶段，她继续努力，用本科阶段全满的 GPA 和漂亮的标化成绩，最终入读哈佛大学的生物统计专业。如今，她已经安安稳稳地在纽约工作，回想高中，她最庆幸的是做了长远的计划和打算，不被眼前的挫折所困扰。

匹配学校的时候，孩子的想法和需求也要考虑，毕竟度过高中三年的不是家长。而孩子在意的点和家长不一样。这两年所有家庭面谈，孩子基本都来了。不少孩子要求单独聊，或在结束以后通过微信联系了我。他们有自己的选择方向，比如有人喜欢外教特别多的学校，想为未来大学做好铺垫；有喜欢学校人少的，因为学校人多再加上实行走班制，担心找不到最知心的几个好伙伴；有喜欢被个体关注的，哪个学校的班级人少，就去哪个学校；还有喜欢社团多的，尤其有大操场的，方便自己组队踢球。

孩子们最受不了的，是家长一直说某个学校好，面谈时和我抱怨最多的话是"她觉得好，让她去上！"有的孩子说，他爸妈都挺喜欢某个学校的，但他就是不想去。如果细问，为啥不想去或者对这个学校了解吗？基本都是不了解，但孩子总觉得家长这么想让自己去，一来，要是没去上，肯定会让家长失望，失望了，矛盾会更大；二来，如果上成了，好像是因为家长说了才去成的，自己没有什么成就感，甚至换来一句"我就知道你能去"，那自己的努力好像都不算数了，仿佛"命里就该有"。

孩子们的想法，要听，但毕竟是孩子，不能全听。家长要做思想工作，得掌握好方法再去影响孩子。多听，听完了别着急否认孩子的想法，针对性地去解决；反复强迫和说教，肯定不好使。

孩子们心里的压力和纠结，不比大人少。一位同学坚决不去自己本校的高中国际部，他解释道："听说国际部很多同学分数比本部低，到时候同学们都去本部了，我在国际部，好像我多差似的。去一个其他学校的国际部，哪怕不如我们学校国际部好也行，反正我同学不知道。"

一个孩子在面谈结束的时候，要求妈妈出去，和我单独说。问我的问题是："是不是我特别差劲，没学上了就只能去私立了？"

其实，当时妈妈是出于爱和保护，多问了几个层级的选择，或者想让孩子提前有个心理预期，知道自己不会没学上，妈妈是好心。可孩子听起来，心里就多想了。所以，要多鼓励，别施压。既然爱孩子，至少得让孩子觉得您爱他，不然不是白爱了？

国际部考查什么

无论招生政策怎么变化，公办校国际部对生源要求的底层逻辑没有变，始终是在政策要求范围内招优等生，尤其是未来有可能被世界名校录取的学生。国际部招生主要看四方面：户籍、区排名、语言能力和简历中的加分项。

户籍

公立校国际部以招收京籍为主，非京籍九类人等同京籍。由于锁区政策，跨区名额减少，所以对本区学籍/户籍有明显倾向。如果学生户籍和学籍分离，以中考所在区为主，但家长可以在中考报名的时候进行选择。这种情况的家长，要特别关注政策的实时变化。

非京籍非九类人、京外、国际学校转学公立、外籍等情况的家庭，也有入读公办校国际部的机会。2021 年，除实验中学国际部明确表示不招收以上情况外，其他学校均有这类学生入读的案例，但筛选上更为严格。对非京籍非九类人而言，一模或者中考成绩要求更高；对京外学生，除校内成绩优异外，托福 105+ 有极大的加持作用；国际学校转学和外籍（含小留学生回流），语言不是问题，主要会在理科学习成果和中文能力方面被考查。

区排名

区排名是学校的核心参考要素,分别有三次重要成绩:初三上学期期末考试、一模和中考。

加试分数线和区排名一般在中考出分当天,由学校公布,实际招生与官宣有一定差距。中考前的招生轮次,会主要参考上一年的区排名和本年的中考人数。例如 2021 年十一学校国际部在东城区招生为区排前 865 名,东城区考生总人数为 6014 人,比例为前 14%。2022 年初三上期末包括一模前后招生,会参考 14% 这个比例。2022 年东城中考人数上升到 8600 人,区排为前 1200 名之前的学生都有机会被通知。如果区排名达不到要求,但有其他突出强项,例如下文提到的语言能力和加分项,学校也会综合纳入考虑。

语言能力

国际部筛选生源最重要的考虑是择优录取,但这个优的定义在国际课程、国际升学和国际教育语境下,会更多元,考查角度并非单一维度,要更多对标三年以后英美大学的招生标准。于是,入口处是否能够招到语言水平突出,能够在之后教学中减少语言能力培养周期的孩子,也是关键点。毕竟中考这条线的成绩更多证明孩子的全面学术能力和学习能力,但未来申请时候是否有高标化成绩(托福 / 雅思 /SAT/ACT)是申请的硬指标。

于是托福或者雅思高分,成为语言能力的最佳证明。托福 100+/ 雅思 7.5 绝对稳妥,顶级国际部优先青睐这些学生;托福 90+/ 雅思 7.0 是优质成绩,大部分学校认可且直接免笔试;托福 80+/ 雅思 6.0 是正常值,提交也有竞争力。最好是实际线下考试,疫情原因,线上在家考也可以接受。模考成绩认可度较低,可以提交但仅作为参考。

对于没有语言成绩或分数不足托福 80/ 雅思 6.0 的情况,学校的加试环节就格外重要。大部分学校的笔试难度高于中考但低于托福,考试内容涉及阅读、听力、写作和数学，部分还有物理，考查方式与托福/雅思接近，需要学生专门准备。

面试大致分为自我介绍、针对简历的快问快答和观点性或学科类的深入沟通，中外教面试的情况均有，英文交流占比更大。面试类型可以整体分为以下几种：

1. 中教/外教面试：英文交流为主，内容围绕简历和观点问答。如一零一中学国际部的外教问："如何看待学术诚信问题？"

2. 家庭面试：中文交流为主，内容围绕出国意愿和家庭教育。如四中国际校区问全家人："出国是谁的决定？"

3. 学长学姐面试：中文交流为主，内容主要围绕个人特点和学科规划。如实验国际部的学姐问："你说在减肥，有没有想过容貌焦虑的根本原因？"

4. 小组面试：英文为主，内容主要考查学生的领导力和团队合作能力。如北大附中道尔顿学院采用无领导小组面试。

加分项

无论是报名链接的填写还是简历的准备，都有额外可以突出孩子特点的地方，尤其是奖项与活动方面。十一学校国际部的报名链接中，明确要求填写初中阶段影响最大的3项活动和近3年的获奖情况，数量不超过10个，按照时间、奖项名称和级别分别列出。

在奖项中，学科类最加分，任何科目都可以。例如一位对生物感兴趣的初三学生简历中突出了脑科学方面的奖项，分别为：

2019年Brain Bee脑科学大赛初中组 北京赛区二等奖/全国赛区二等奖

2020年Brain Bee脑科学大赛初中组 北京赛区一等奖/全国赛区一等奖

2021 年 Brain Bee 脑科学大赛高中组 北京赛区二等奖 / 全国赛区三等奖

连续 3 年持续获奖且不断挑战更高难度，充分证明了学科能力和探索动力，是极大的加分项。艺体类及校内奖项同样能体现孩子的特点，在简历中有逻辑地列出即可，例如按照时间顺序、分类或奖项级别高低，或组合排序。

海外研学类活动也有加分作用，旅游不算。人大附中 ICC 的报名链接中将国外学习经历作为体现学生能力的一种，可以写在补充信息内。例如：

2019.8 Atlas Language School 夏校学习；

2018.8 Centre ANGLO PRO/ANGLO FUN Programme；

2014.8 中华文化小大使——美国东西海岸 3 周。

疫情特殊背景下，如果学生参加过线上的相关海外研学项目，也可以列出作为补充说明。

国际部录取节奏

提前

提前获得学校青睐的学生是极少数，占比不超过 10%。大部分学生是在中考前和学校接触，得到初步意向，中考后学校明确发放合格卡，获得志愿填报的资格。还有极少数学生，在中考出分后填报志愿前，从学校的等待名单转正，其实就是学校没有招满，或者前面有人跑票。

想要提前锁定的，要关注招生上限，用最高要求对标。首批获得学校青睐的学员的主要特征还是区排名位次高，有托福 90+ 或 100+ 加持更好。以实验中学国际部为例，首批受到学校青睐的学生的典型情况是朝阳区排 150 名，托福 103 名；西城区排 200+，无托福；海淀区排名 700 名，托福 91 分。

2022 年情况类似，不同学校考虑的标准略有不同。例如海淀某顶级国际部，1 月电话确认信息并表达青睐的学员基本为托福 100+；而西城某顶级国际部，2 月电话通知的家庭则优先考虑本区户籍及区排名，但如果有托福 100+ 以上成绩则可以考虑外区、非京籍和特殊情况的学生。

常规

常规路线就是学生跟着大部队节奏走，该报名报名，该加试加试，只要中考发挥正常就可以，托福或者雅思不是必要选项。从 2019 年到 2021 年这 3 年数据均值看，区排名前 15% 一梯队机会大；区排名前 30% 二梯队基本稳妥入读；区排名前 50%，中考后加试通过也有国际部录取；50% 之后的，需要看各校招生进度和该区名额，可能需要放弃学籍入读，同时把私立国际学校纳入考虑范畴。

抄底

抄底要看运气，别赌。一位家长在我们公众号下留言：

"我所知道的去年（2021 年）的消息：海淀孩子，一个中考 599 上人大附中 ICC，托福 99 分；另一个中考 614 分，四中和 ICC 都录了，无托福；第三个中考 598 分，上师大二附国际部，无托福成绩。前两人是我娃同班同学，第三个是我发小同事家孩子。"

在 660 分满分的情况下，无论哪个区，以上三个孩子的分数都不算高。能够录取，有两种可能，第一就是中考出分后在最后录取环节，学校降分录取。第二是学生在中考前已经提前获得学校认可，尤其托福 99 分的情况，因此中考出分后学校守住承诺依旧录取。

当然，提前获得合格卡是必要的，如果能中考前上岸更好，至少减轻心理压力。于是，4个赛道的选手要在不同时间点努力：

1. 中考与托福双加持选手：第一批抢顶级学校的提前签约名额。

2. 纯托福选手：学校会提前锁定这类孩子，但出于综合考虑，大概率要等一模或中考出分才会表明签约意向。

3. 纯校内线选手：任何时间点取得高分可以随时与学校联系，笔面试通过则有提前签约机会。

4. 双无选手：两个突围点，一是学科或艺体突出特长，在一模前后拿到非顶级学校的保底合格卡；二是中考后关注各校招生情况，以最快速度到学校参加最后一轮加试，争取更好的学校。

🗺 国际路线的低龄长线布局

国际路线进入高中阶段，更关注升学考试规划与未来专业准备，全面要求学生的学习习惯、学习能力、语言能力和专业兴趣等。最好在这之前就做好充分准备。所以对小学或初中家长来说，可以提前布局的事情很多。

初中准备什么

初三：

初三上期末考试、一模和中考

托福一战最晚在寒假结束时（然后就全力备战中考了）

加试与简历

初二：

校内小中考

托福利用寒暑假出分

学科／艺体赛事奖项

初一：

语言学习培养转变到备考阶段

学科／艺体赛事奖项

我们团队的国际教育研究专家高文成老师，一直致力于研究学术类拓展活动，他提出了适合初中生参加的国际竞赛约 10 种：

数学 3 项：澳大利亚袋鼠数学竞赛、美国数学竞赛、澳大利亚数学竞赛。

物理 2 项：澳大利亚物理奥赛、英国物理奥赛。

经济 2 项：全美经济挑战赛初级组、国际经济奥赛新手组。

综合类 3 项：美式辩论、美国学术五项全能、模拟联合国。

生物和化学类赛事与公立初中校内课程重合度极低，需要个性化规划。

国际学校的学生如果想转到公立校，拼中考概率很低，一定要拿出语言成绩或能够证明语言成绩的文科赛事、理科赛事、体育特长这三大加分项。尤其赛事方面，国际学校初中同学有一定优势，因为学校活动丰富，可自由支配时间多。

小学准备什么

小学 4 年级到 6 年级，必须明确方向，是走公立还是私立？同时在有语言能力的基础上，开始用语言水平测试的成绩，衡量学习过程和学习成果。

有一位国际部校长说，儿子才6年级，同学们之间已经嚷嚷着要竞争去麻省理工学院了。他自己也忙着给孩子安排托福测试，看看过去几年英语到底学到了什么水平。

6年级：

开启考试体系，6年级暑假前，进入以托福倒推的听说读写能力学习。

5年级：

决定是否进入私立国际学校，完成语言水平测试（小托福及相当水平）。

4年级：

开启语言水平测试（小托福及相当水平），观察专业兴趣和艺体特长。

春节面谈里，有位姓赵的同学，初三上期末成绩西城排名400+，区排名前5%。实验中学国际部2021年区排名要求前10%，说明他只要稳定发挥，顶级国际部不在话下。更牛的是，小赵同学初二暑假托福线下实考就拿到了104分（阅读25、听力30、口语23、写作26）的高分。我忍不住夸小赵："你这成绩，第一梯队没问题啊！"他乐呵呵地看了看妈妈，然后说："老师，我不知道哪些是第一梯队，不太了解。我心比较大，反正好好学就行。"

孩子怎么学的？从规划上看，并不算早。小赵5年级才开始学KET/PET，初一正式学托福，步入正轨。但妈妈说最大的收获不是英语，而是自信。看着班上一群比自己矮一头的同学，赵同学没觉得有啥不合适的，反而成了孩子王，每天都带着满满的表扬和大大的笑容回家，对英语的兴趣和成绩突然高涨。

妈妈说，自己对孩子就一个要求：上课必须积极和老师互动。6年级到初一这个阶段，小赵正式进入托福学习中，也遇到了困难。尽管赵同学成绩很优秀，也一样担心自己的词汇，觉得自己怎么也背不下来学科相关词汇。好在孩子理解能力强，结合上下文一猜，也能对。理解能力从哪儿来？面谈那天，孩子抱着厚厚的《指环王》英文原版，说已经读好几遍了，超喜欢。大概这就是从小阅读英文原著所带来的理解能力吧。

小学1年级到3年级，注重整体逻辑发展和兴趣的全面培养：

3年级：

是否进入私立国际学校的第一次选择；是否通过买房跨区的布局。

2年级：

培养逻辑能力，养成输出习惯；观察兴趣方向，做减法，坚持。

1年级：

大量文本输入，阅读和听力为主；全面探索兴趣，音体美不做限制。

语数英在低龄段是相通的，都旨在培养孩子有逻辑地进行思考和输出。

语文阅读和写作、原著阅读和听力、数学思维和做题，都是在培养孩子的理解和思考能力，本质并不矛盾。

这一阶段，兴趣比能力重要，一旦过于功利，太强调结果，让孩子没了兴趣，萌芽折了，就基本再没机会了。只要让孩子能够注意力集中、尝试输出自己已经学过的内容，在日常生活中巧妙地检查和应用，常常能事半功倍。比如选书，孩子自己选比家长选了硬塞给他好；买一个《哈利·波特》的魔杖，告诉孩子用书里的魔咒就可以控制爸妈，比强制他去阅读好。

就英语而言，这一阶段要特别重视语言的输入，除了坚持阅读外，也要重视听力。

我们有位学员初三托福得到高分，116 分。这位学员的大概规划是：5 年级开始纠结要不要学托福，就先从能力开始，6 年级正式开始学，暑假托福模考 82 分。初一继续学，初二寒假后 3 月首考 100 分整，阅读 24、听力 22、口语 27、写作 27。初二暑假后 9 月，二战出分 116 分，阅读 29、听力 29、口语 30、写作 28。

我开玩笑和这位同学说，你朋友圈初一的愿望是初中能托福 90+，现在超额完成了啊。妈妈很真诚地和我说，那会儿确实觉得学晚了，心里真没底。我们一起总结经验，才发现，其实在 1 年级开始，这位同学的妈妈就坚持让孩子每天至少听英语 20 分钟，2 个单元，且内容兼顾学过的和略微难一点的。比如学校学第 1 单元，妈妈就让孩子听第 1 单元和第 2 单元；学第 2 单元的时候，就听第 2 单元和第 3 单元。这样大量持续的听力输入，给孩子打下很好的英文听力基础。

艺术、体育全面发展的同时，保留一项长久坚持的爱好。一组东城 3 年级家长面谈的时候，儿子校内打篮球，课外又上足球课，妈妈对此很担心：是不是太多了？对于申请高中没有什么帮助？这种群体性的有没有用？

3 年级以上可以开始深入参与到爱好中，且坚持下去，对孩子的身心发展和规划申请都有好处。一位人大附中 ICC 高一学生的妈妈在我们群里和家长们聊天的时候，说回看孩子小初阶段规划，唯一的遗憾就是"体育应该选一项坚持下来，现在孩子学的不少，但一个都不精"。

结语

做了那么多组家庭面谈，最大的感触不是走国际路线难，而是做父母难。我有时候也开导自己，多想办法、多引导、多支持。和遇到很多难题时的解决方法一样，少说多做，最好使。

选择和规划不容易，"家家有本难念的经"这句话放在教育这件事情上，更明显，要考虑的确实多。不过没事，这条漫漫长路，我们一起走。

北京国际学校择校攻略

文 / 王梅

"老师，我选朝阳凯文还是海淀凯文？"

"如果想从海淀凯文转学，听说鼎石和二十一世纪都不错，应该转吗？转去哪里合适？威力塔斯给奖学金，我的孩子要不要去？"

"我是天津的，觉得天津英华管得严，申请结果也好，可是孩子就喜欢来北京上爱迪，怎么办？"

"在海淀外国语上初中，高中可以北大附中道尔顿学院，也可以去十一学校国际部，哪个适合？"

"孩子哈罗的，高一有机会去第一梯队的国际部，转吗？能适应吗？"

"八一学校国际部、人大附西山国际部都给了录取，但是二十一世纪国际学校也给了录取，选哪个？"

"北京的国际学校我都看不上，上海和深圳的，会不会更好？"

…………

关于择校的家长面谈，以上的问题铺天盖地。这些问题也是最难回答的。

北京国际化一共分为三个轨道：国际部、外籍子女学校、国际学校。不谈外籍子女学校，专门看国际部和国际学校。国际部有中考门槛，按门槛分为三个梯队；国际学校没有中考门槛，但有三类风格。以上那些问题跨轨道、跨梯队、跨风格、跨地区，提问者有京籍、非京籍、京外，还存在一个政策问题。真是难。

新东方学生多，来自五湖四海。加上新东方存在时间长，看见了这些学生的成长路径和人生轨迹。我们有一些优势来回答这些问题。

📍 离散度

安安妈妈的大女儿刚刚结束择校，顺利进入顶级公办校国际部。现在到了安安的弟弟，经过各种纠结，最终决定让安安弟弟进入一所私立国际小学。第一胎去国际部、第二胎去国际学校的情况不少见。

但这两个环境完全不同。国际部招生的门槛是中考成绩。划出一条线，低了进不去。国际学校大多没有门槛，他们要优等生、要好学苗产出好的录取结果壮门面；他们也要学习差一些的学生，只要别差得过分，收进来用学费增加收入。

优秀生和后进生之间的距离，叫离散度。国际部队伍整齐，离散度低；国际学校离散度高。

离散度是个标准。学生的成长主要是同辈刺激，同辈的中位线越高越好。对孩子来说，学霸使劲拉不见得能拉动，但后进生稍微用力就给带下去了。

选国际学校，别只看好学生、好录取，要看差的。这样能排除掉不少学校。如某个学校把自己宣传得很好，但是说到底，他们的诸多手段是为了适应不爱学的学生，这种教育理想虽值得尊重，可是把孩子放在那里被拽下来的可能性大，要慎重。

以离散度为基础来排除一些学校，我有以下经验。

商业性太强的学校不选。对于见钱就收这件事情，但凡有过消费体验，您就能明白。这类商家特别上赶着推荐，恨不得您不买就不放您走。每年都有家长问我，说某私立国际学校一天给他打好几个电话，让他去交钱，说过了这周就没有名额了，怎么办？我说，那您就过了这周再看。果然，下周又来电话了，话都一样。家长开玩笑说，这学校怎么和楼下永远写着"最后一天跳水折扣"的小店一样。

有标准、标准高，是好事。标准虚，要慎重。一位家长带着孩子去一所国际学校测试，儿子出来说，什么都不会。当天晚上就收到这所学校的电话，说孩子表现非常好，明天来缴费。这位家长在面谈的时候和我说，如果我儿子这样都算表现好，那确实不能去。

此外，新学校慎选。时间短，生源积累少。等一个录取周期过去以后，看看好生差生的分布情况再去。鼎石国际学校刚有毕业生的时候，很难说多理想。但是最近两年的情况越来越好，家长就放心一些了。

一个年级在读生少于 20 的学校慎选。某所学校一直坚持打造小而精的国际教育，家长的评价却是"根本不是小而精，是小而破"。孩子是非京籍非九类人，在回原籍和这所学校之间，选择了这所理念很好的小学校。进校以后才知道，一个年级 15 个人，没有多少人学习。更让家长担心的是，老师变更太快，感觉都不像一个学校了。

把自己代入老师的角度来看，我倒是能理解，小一点的学校不仅学生互动的学习氛围难以形成，老师也没有同辈刺激和职业规划，对自己的职业发展不利。

综合以上两点，那些大校和老校，虽然家长也有不同的看法，但比起小校和新校，更让人放心。比如某老牌国际学校，一届 300 名学生，在校生近 3000 名，存续 20 年。这个规模的长期存在至少保证了学校的教学水平底线。

我曾认为从这 70 所国际学校中把最不能接受的去掉是个简单的事，但是有些家长因为不了解所以不敏感，也有些家长受到了一些诱惑，所以还是要提醒一下。

另一个问题也需要家长关注——从私立学校转轨到公立学校。

从离散度看，参考过去几年的本科留学申请结果，公办校国际部的学生水平比较整齐，中位线最高；好的国际学校离散度加大，中位线低于国际部；差的国际学校离散度非常大，中位线很低。但是看局部，就学生个体来说，好的国际学校的学苗或者差的国际学校的好学苗想去好国际部、差国际部和好国际校有重合部，这使得转轨道的问题浮出水面。

2021年中考出分后的第三天，我陪着一位家长和孩子探访学校。中考660满分，孩子考了580分，这个成绩只能上第三梯队的国际部了。每从一个国际部出来，孩子的脸上就多一层不耐烦。最后一所学校，孩子不想进去了，我们劝了劝，结果碰到全英文外教面试，彻底击垮了孩子的自信。第四天是加试最后一天，还跑校吗？家长晚上和我商量，说孩子觉得老师冷冰冰的，明天要不就算了，不执着于公立学校了。

第四天，他们去了中考出分前就考察过的一所海淀国际学校，获得了热情对待，于是就进了这个国际学校，现在发展得还不错。某国际学校领导有一次和我们说，一些中上等的学苗在国际部得不到重视，到国际学校可能会得到更多的资源和关照。这种情况使得一些家长会反复权衡两个体系的优劣，试图找到自己孩子的最佳去处。

近两年，国际学校转国际部的情况也有所增多，主要是由于一些学生在国际学校"吃不饱"，也期待与更优秀的学生群体在一起。但是，国际学校和国际部的学术要求和文化环境有不少差异，转轨能否适应，尤其是从离散度更大、环境相对更宽松的国际学校转入竞争更激烈的国际部，还是要审慎评估。

匹配度

有一次，我和谢强校长面谈一位正在纠结择校问题的妈妈时，她执着于自己对学校评价的好坏，哪怕提到其他家长眼中的顶级校，她也摆摆手说："这个学校不好。"在一次次被否认后，我们忍不住问，她眼中"好"的标准是什么？她说："理念和价值观要和我闺女的特点对上。"

几年前我面谈过的一位家长，闺女在海淀凯文国际学校就读，8年级升9年级的时候转鼎石国际学校，进校半年托福从90到了100。孩子喜欢鼎石，说这里英文氛围更强烈。同样是海淀凯文的一名学生，8升9的时候转二十一世纪国际学校，妈妈希望孩子去，结果姑娘去试了两天觉得受不了，执意回海淀凯文。

国际学校的三类风格是客观存在的，这个好品。

类型一：国际化程度高的国际学校

国际化程度高的国际学校一般是外方做主，任何活动都要请示外方，中方说了不算数，类似外籍人员子女学校。代表学校是鼎石和乐成，鼎石校长是美国人，乐成校长是英国人。

这类学校反内卷，主张对孩子进行全面培养，不为功利的结果而战。在我们和鼎石升学老师沟通的过程中，关于疫情后学生无法做更多活动或者向外拓展，导致的被动内卷，拼命搞分数、搞标化、搞竞赛，他们怎么看？他们的回答是——很不好。

非疫情年份，很多大学招生官会走进鼎石，介绍自己的学校，孩子们会真正被理念吸引而去成为自己想要成为的人，而不是先出分再看排名最后定校。老师们并不会因为学生申请学校的名气而激动。他们认为这才是"鼎石之光"。

把账算得特别清楚，一切为结果而战，会让老师们担忧失去了"国际教育的意义和特色"。

这类国际校的录取榜单很有意思，都按大学首字母排序，连续录取的学校会黑体加粗。有的学校会加上国家 / 地区的区分。这导致什么？想找出顶级名校的录取真是困难啊。

第一个出现的学校一般都是 American University，美利坚大学，U.S. News 排名 100 位以后的学校，在公办校国际部录取榜单上绝对见不到，因为实在拿不上台面。Cornell College（康奈尔学院）和 Cornell University（康奈尔大学）连着，有家长以为打错了，来问我们，说到底有没有藤校。结果人家真是两个排名相距甚远的学校。

以人为基本单位，做到全面培养、全人培育，是洋气的国际学校坚守的原则。章静老师是我们顺义校区的总负责人，她的女儿妞妞在鼎石，6 年级升 7 年级的时候从公办校转学入读国际学校。我作为西城区公立小学生的妈妈，问她最多的问题就是，一年二十几万的学费，学了个啥，费这个劲值不值？

她认真问了问妞妞，妞妞喜欢并适应鼎石，认为"这里机会更多"。机会多就是活动多，"除了常规 KAP 课外活动以外，有绘本创作活动，有 Service Project 志愿服务项目，有文学剧场以及话剧的参演机会，还有类似各个院舍组织的乒乓球比赛。这种比赛都是自愿参与，而非公立校那种选拔性的"。

更重要的是，活动带来的对孩子好奇心的保护、自信心的鼓励、沟通能力和团队协作能力的培养以及抗挫折能力的锻炼，是无价的。

纯国际，还有一层意思，就是我们这代人成长环境中，一些习惯行为和追求变得不常规了，例如反对"为证书而战"的理念。说不上好坏，这是一种不同的、带着一丝洋味儿的理念。

在一次面谈中，一个孩子讲到自己曾和外方老师吵过一架。当初他想参加某个竞赛，学校有资源，但需要申请才能获得，且由于外教不鼓励去外面寻求帮助，让他进退两难。于是，他直接冲到办公室当面质疑，得到的答复是："如果真的喜欢，却连申请都不想做，说明只是为了证书，我们不鼓励这种行为。"

类型二：国际化程度适中的国际学校

国际化程度适中的学校往往有大量外教，管理层中外结合，以中方为主。和上一类相比，由于管理层中方为主，对于家长的诉求更能理解或接纳。这类型的学校有世青、青苗、海嘉、朝阳凯文、海淀凯文等。

世青比较典型。世青 9 年级的孩子忙得焦头烂额，课表上有 3 个品类课程，家长说孩子比国内路线的中考生还辛苦。第一个品类是 IB 课程体系 9 年级的 MYP 课程。第二个品类则是 A-Level 的初中段 9 年级课程，简称是 IG。为什么这么设计？因为 MYP 整体内容偏简单，授课方式为探究式，不利于学生对知识点的扎实掌握，尤其理科。IG 难度大，能保证知识本身的扎实程度，且与未来高年级课程衔接得更好。第三个品类是中考课程，保留了向国内升学的可能性。

一位孩子说这样的 9 年级"感觉不太酷"，但课程设计的出发点是把过于洋气高冷的 IB 体系拉平到中国家庭的认知和视角，是一种融合的探索。

世青的洋味儿并不弱，9 年级课程里，除了中文和数学以外，其他科目的老师全部是外教。外教上课除了想象中的语言难度外，还有技术难度。一位 8 升 9 转进世青的男孩，第一学期就被 3 个外教评价"tech 能力需加强"，也就是技术平台的使用能力需要提升。布置作业、提交作业、课堂讨论、调查问卷等不同场景需要不同平台，不会可不行。

青苗也比较有代表性。无论是青苗顺义校区、青苗上东校区、青苗海淀校区还是新建的青苗怀柔校区，进门就能感受到浓郁的国际气息，硬件设备洋味儿十足。但这些年的管理和教学建设上更加本土化，贴近本地家长的需求。一方面，大量引入公办校国际部管理层，用国际土壤结合公办学校特色，现青苗高中总校长王淑艳老师是原人大附中 ICC 的主任，现青苗海淀高中校长刘迎慧老师是前八一学校国际部主任。怎么让国际课程与国内学员现状结合，怎么让外教团队适应并理解中国家长需求，是她们可以给青苗带去的变化。

类型三：中式培养模式的国际学校

中式培养模式的国际学校的典型代表，包括二十一世纪国际学校、海淀外国语试验学校、康福外国语学校、王府学校、人朝分、潞河国际学校等。

二十一世纪国际学校很典型。我在 2021 年访校的时候，二十一世纪高中部门口的橱窗是当届 148 个学生每个人的申请结果，整整齐齐白纸黑字地展示在那里。这在纯国际学校是不可想象的，也是国外教育体系极力避免的。但是中西结合的教育模式让这个学校的申请结果非常好，成为这几年家长择校时的热门选择。

再说个细节。二十一世纪高中部走廊里贴的海报颇有中国特色：第一类，单词测验，每周、每月优秀学生榜单；第二类，托福 100+ 学生大红榜。还特别标注了成绩均为线下考，说明学校对标化考试的了解很深且极为重视。

二十一世纪的中式风格，给我们的感觉是和公办校国际部没有太大区别。这样的管理方式带来优秀的毕业生申请结果，基本每年都有学生被藤校、牛剑录取。

海淀还有一所这样的学校——海淀外国语实验学校。在海淀家长心中，这所学校很有分量。有一次我和谢强老师、孙亮老师和冯雨侨老师步行探校，路过海淀外国语，恰好是我女儿在幼升小的关键时期，就去问问要求和条件。一问才知道早就满员，如果不是从幼儿园进入，名额真是一票难求。我们曾经的一位学员，现在在海淀外国语读初三了，海淀区排名可以达到前 300，在 20 000+ 的基数中，考到前 2%，说明这所学校具备一定的优质生源。但不得不说,海淀外国语有口皆碑之处并不是外教云集,而是严格细致的学生管理。

康福外国语学校也是一个典型。康福外国语学校的高中部就是一个普高校园,同一层左边是教室,隔着一道门的右边是宿舍,硬件上难说洋气。校长刘煜炎博士是师范大学出身,剑桥大学博士。他坚持自己的教学方式,一直在一线教学,是少见的下基层的一把手。他在探讨中提到闭环学习"共同发现—共同研究—实践应用—加深理解",并反复完善学习模型,用小循环提升兴趣,用大循环挑战上限。他不强调课程体系,重视做题,他本人教物理,对于这一科,他的观点是:"不同课程体系之间差别不大,要出分的话,本质还是要多做题。"这是不是很有中式教育的风格?

评价国际学校的第一步是观察风格,分析学校风格和孩子性格的匹配度。在一次面谈里,谢强老师不建议一位从幼儿园一直读到9年级的国际学校学生转入公办体系,因为孩子展现出的风格非常国际。她是那个风格培养的产物,追根溯源,也许她的性格就是适合国际学校。

大家可能注意到,我并没有在每类国际学校下标明名称,因为对于一个学校风格的考察需要家长和孩子亲自去做。和公办校下属的国际部不同,国际学校都是民办私立,也就是商业机构,他们都更加直截了当地通过开放日、宣讲会、面谈等活动去展示自己。您需要带着孩子去判断。这有点像去美高访校,实地访问过后的感受,才是最真实的。

那么,课程匹配重要吗?

IB是国际文凭课程,AP是美国课程,A-Level是英国课程,但我认为这不重要。择校,就是择校,不是择课。这么说原因有二:

一是学什么课程,都可以申请世界上任何国家的大学;

二是"嫁鸡随鸡,嫁狗随狗",喜欢上了哪个国际学校,他们有啥课你就学啥课。

只有 IB 课程是 12 年一贯制，所以课程体系更排他，学生最好从头到尾一直上。AP 本质上是个考试，寄身在美国的课程和课本上，随时可以进入，高一进入最方便。A-Level 是个课程体系，9 年级以上更严整，一或两年 IGCSE，两年 A-Level。所以高一进 AP 和 A-Level 更合适，IB 课程适应起来比较难。

所谓课程匹配，更多是入学年龄匹配的问题。

一个学生不服气，说为什么他高一进国际学校不建议进 IB 校？我说，同学们有的是从小学 1 年级就在一起了，最晚的是 5 年级升 6 年级或 6 年级升 7 年级在一起，你一个半路过去的新人进到人家的圈子里不寂寞吗？他说，那公办校国际部也有 IB，我说，只有十一国际学校和人大附中 ICC 在高一设置 IB，八十中高二才有，还要选拔最优秀的学生进班，否则学下来都不容易。

总结一下，截至 2022 年，北京开设 IB 课程的国际学校有 17 所，建议在小学 1 年级或初一进。由于 IB 课程的小学段是 1 到 5 年级，中学段 6 到 10 年级，大学预科段（也就是真正的高中段）是 11 和 12 年级，所以进入 IB 国际学校的节点也可以是小学 6 年级。

这 17 所是：北京市鼎石学校、北京乐成国际学校、北京世青国际学校、北京市海淀外国语实验学校、北京市私立汇佳学校、北京海嘉国际双语学校、北京市青苗国际双语学校顺义校区、北京王府学校、北京市青苗国际双语学校海淀四季青校区、君诚国际双语学校、北京新东方国际双语学校、北京中加学校、启明星双语学校、北京市朝阳区凯文学校、北京市房山区诺德安达学校、北京市朝阳区赫德双语学校、北京德闳学校。

开设 AP 课程的国际学校 29 所，随时可以进。

这29所是：北京市二十一世纪国际学校、北京市海淀外国语实验学校、北京王府学校、北京市潞河国际教育学园、康福国际教育、北京爱迪国际学校、北京市中芯学校、北京市新英才学校、清华志清国际、北京圣保罗美国学校、北京中加学校、北京海淀凯文学校、清华附中国际学校、北京新东方国际双语学校、美国威力塔斯学校北京校区、佳莲学校、北京市力迈中美国际学校、君诚国际双语学校、北京市朝阳区北外附校双语学校、北京市建华实验学校、青苗国际双语学校海淀四季青校区、北京市新府学外国语学校、北京新黄麓学校、人大附中朝阳分校东坝校区、中央音乐学院鼎石实验学校、北京市石景山区中杉学校、探月学院、启明星双语学校、北京市朝阳区凯文学校。

开设A-Level课程的国际学校有37所，如果该学校的IGCSE课程是两年，就9年级进；如果是一年，就高一进。

这37所是：人大附中朝阳分校、北京市潞河国际教育学园、北京市海淀外国语实验学校、领科教育北京校区、北京外国语大学国际课程中心、北京哈罗英国学校、北京王府学校、北京爱迪国际学校、北京市新英才学校、北京市二十一世纪国际学校、康福国际教育、北京市新府学外国语学校、对外经济贸易大学剑桥国际学校、北京海淀凯文学校、北京市朝阳区赫德双语学校、益田翰德学校、北京市房山区诺德安达学校、北京市力迈中美国际学校、君诚国际双语学校、佳莲学校、中育贝拉国际高中、易赛思国际高中、清华志清国际、北京市朝阳区北外附校双语学校、北京市师达中学剑桥国际课程中心、北语留服国际课程中心、北京新学道临川学校、北京市实验外国语学校、北京英国学校、BACA国际艺术教育中心、北大附属实验学校国际部、人大附中北大附小联合实验学校、北京市大兴区耀华京港学校、北京师范大学亚太实验学校、建华教育双A学院、京城学校、国科大培训中心国际课程中心。

由于一些学校不只开一种课程，所以以上数字有重合。

换一个角度说，幼升小就进了国际学校的学生，最好就在本课程体系内前进。IB 就一直 IB，AP 就 AP，A-Level 就 A-Level。

5 升 6 或者 6 升 7 进国际学校，如果英语能力强，建议 IB 国际文凭体系，这类课程对英文阅读和写作要求高。如果英语能力稍弱或有所偏爱，就进 AP 美国体系或 A-Level 英国体系。

如果是 9 年级或者 10 年级进，首先选 AP 美国体系或 A-Level 英国体系。

课程匹配的本质，是入学年龄。

两个匹配都说完了，终于该为国际学校分个高低上下了吧。

在内部的工作讨论会上，我们提到很多标准，但又被我们否定。

有人提到用申请情况作为标准，可是各个学校公布的真假难辨的申请结果，再真，也只是掐尖后的结果。那些沉默的大多数的情况，随着各个国际学校生源离散度的不同，有很大差异。

有人提到用外教数量作为标准，但是大家不难看出，师资水平是远比外教数量更重要的标准。而师资水平的评价标准，到底是教师学历、教师所毕业的学校、教学经验，还是师生比，大家莫衷一是，也很难获得内部数据。外教数量，更多指向的是三类风格的差异，而非教学水平。

有人提到用学校设备设施作为标准，对于擅长"头悬梁，锥刺股"的我国同胞，这个也不能代表学校的真正实力。

所以大家能够形成共识的一个标准是：家长和学生"用脚投票"后的结果。无论这个国际学校的外包装什么样，学生们越往上走，越不想在这里学，这最说明问题。高中还剩下多少人，是评价学校最重要的标准。

流失率

高中在读人数越少的学校越要慎重选择。在国际学校中，学生人数一般呈金字塔状分布，幼小人数多，底座扎实。但初升高流失多，越升流失越多，导致高中部人数减少。

先说个流失少的例子。领科教育北京校区是一所完整 4 年制英式高中课程的国际学校，10 年级 80 人，11 年级 73 人，12 年级 78 人，续存率 90% 以上。续存率高的原因在于学校"内功"建设。学校 200 多名在读学生，中外教老师共 60 余人，师生比高。外教数量多且稳定，在一次分享中，领科北京的王弘校长提到一个数据，在领科工作满 5 年的外教续约率达 89%，这在国际学校中算是较高的比率。

对比另外一所 A-Level 英式学校，4 个年级在读人数分别是 80、78、47、39，续存率约 50%。超过一半的学生没有选择在本校入读。

续存率高的原因还有一部分是吸收了大量转学生。国际学校转学很常见，任何一个年级，只要学校有空缺就可以入读。于是会有"大鱼吃小鱼"的现象，越好的学校，越会成为转入的主要对象；越不好的学校，越难保持高留存率。

以鼎石为例，9 年级人数 134 人，10 年级 150 人。在 9 升 10 的时候，虽然有考入美高、英高的学员流失，但也有大量学生转入，整体人数不降反升。11 年级在读 130 人，留存率约 87%。

对比另外一所顺义的国际学校，9 年级 70 人，10 年级 80 人，11 年级 45 人。说明 10 年级也吃掉了一些"小鱼"，但 11 年级留存率约 56%，流失到更大的国际校或海外高中。

更为常见的情况则是，9 年级 30 人，10 年级 20 人，11 年级 10 人以内，越高越难保持，续存率低于 50% 且在读人数低于 20，难成规模。

但要区分一点，国际学校的高中段与小学段、初中段不同。小初段知识不是很难，国际学校的弱点表现不明显；高中段的难度拔上来了，课程、师资容易跟不上，一些国际学校的问题才会更明显地暴露出来。

一位男同学从河北公立小学转入某国际学校的初中部就读，9年级升10年级的时候转出至公办校国际部。高一就取得90+的托福成绩，其中口语和写作分数很高，这要归功于在国际学校初中段的英语语言环境浸泡；但是需要投入精力的阅读和听力分数较低，说明学习习惯相对松散，这又要谈到该国际学校初中段培养的缺憾。而高中才进入这所学校的女同学，则认为这个学校的高中部远不如初中部。

从以上的情况不难看出，优质学苗倾向在初升高的节点转出，导致国际学校高中留存率低。转出的学生中，有的向往本地更好的国际学校，有的甚至舍北京去外地，没有疫情的时候去美高、加高，还有人期待转入公办校国际部。我们认为，除非要去的学校有较高的门槛能使孩子进阶，否则大多数情况都是孩子继续在无门槛的学校里碰运气而已。

📖 总结

对国际学校的观察，需要冷静。一是国际学校门槛的普遍缺失，二是核心指标缺乏标准化管理，或者说看不到有效核心指标的横向对比。

而评价学校的核心指标有五个：学苗质量、课程建设、师资素质、大考成绩、申请结果。细想起来，如果有高一级的行政管理部门对国际学校进行分类管理，对不同类别的国际学校所产生的以上数据订立科学的标准、定期收集整理、适度适量公开，这个关于国际学校排名的盖子或许就可以揭开了。

在这一天没有到来的时候，本文倡导的方法是在理解离散度的基础上先排除最差的，然后在中上等国际学校里寻求匹配，最后观察这个学校在高中段的流失情况。这是主线索。在这个主线索旁边，适当参考校园环境、教学设施、师资情况、大考成绩、申请结果等因素，力争获得最优选。

外教是选择国际化学校的重要因素吗？

文 / 王梅

　　我家最近发生了一次争论，每个人的观点都不一样，互相说不通，一家人脸红脖子粗地嚷嚷起来。争论的焦点是要不要让外教给我女儿 Mia 上课。

　　这个争论的复杂性和激烈程度远超我的想象，也让我思考，外教在中国的国际教育中到底扮演什么样的角色？

　　对于外教，最常见的感受与言论是：

　　外教没有必要，都懒，也不太负责，下课就不管了。

　　来中国的外教都是在国内待不下去的，质量肯定差。

　　外教比较水，就是让孩子开心一下，实质性的东西学不到。

　　找外教就是图个语言优势，真正的知识还得中教来。

　　由于工作，我们与国际学校的老师们接触较多，也包括一些外籍专家与教师。本文是在与不同外教沟通与访谈后写成的，希望通过他们对中国国际教育与中国学生的看法，让您思考是否要让孩子选择国际教育。

　　我觉得，这些外籍教师，首先是教师，其次是外国人。选择做教师的，就没有希望学生不好的。如果有，也与国籍无关。尤其学科类教师，专业技能与学术成就，是大多数老师的底线。其次，无论什么国籍，能点燃孩子的热情并成就孩子的，就是好老师。成长于不同教育背景，就注定了中西方教师在很多维度上存在差异。但这两者本身没有优劣，只是不同。

📖 外教对国际教育是否必要

国际教育，是否意味着必须由外籍教师来教才算国际？

对这个问题的争议，以两所北京顶级国际部为例：实验中学国际部和十一学校国际部。实验中学国际部 1 位外教，最少。十一学校国际部近 80 位外教，最多。这代表了两种办学思路和两类家庭选择的倾向。

清华附中稻香湖国际学校外方校长何道明是个地道的中国通，他 26 年前来到北京，开始研究中国的本土教育制度与基础教育，原打算两年以后回美国继续自己的课题，没想到遇到一系列中国的教育改革，他非常感兴趣，于是就一直留在了中国。他认为国际教育与课程、教材、教师国籍关系不大，真正能体现国际教育精髓的是授课方式。

他说，中国教育的特征在于中高考要求高，以中高考为目标的刷题、标准答案、考试，成为中国本土教育的特色。美国教育的特点是通识（liberal）和全面（holistic）。他举例说，自己当初被大学录取的时候压根没有 AP，以此说明，美国并不是根据一次大考或仅靠几个考试成绩来决定是否录取的，而是这个人本身更全面的能力。

这种教育特征使得美国式的课堂不是刷题式的，而是更多元的评价方式与更深层的学习思考。是否能够参与研讨、是否能够深层次思考、是否能够陈述观点、是否能够产出论文，甚至是否能够发掘自身兴趣与特点，才是最重要的，而非考试分数这一项指标。

何校长讲自己教过一个中考状元，他用高一全年来改变这个孩子对学习的认识，让他彻底从"刷题—标准答案—考试"的模式中走出来。一年的训练全部都是必修课，从怎么学习到怎么上课，再到怎么去思考。这个孩子的第一次论文课拿了 C，完全无法接受，这是从来没有过的学业上的打击。给 C 的原因是什么？因为论文没有思想。

何校长说："从写 100~200 词的中考作文，到一个正式的论文，需要有思想，但没人告诉这个孩子怎么使用自己的思想。"所以，无论这个孩子多么聪明，高一都需要学会以课堂为主、假设为主与科研为主的学习方式。

孩子适应国际教育的表现

什么样的孩子适应或不适应外教？

在北京四中国际校区授课 10 年的外教 Aaron Peterson 这么回应：在考试之外也有擅长的领域，且愿意全身心投入这些领域的孩子更适应国际教育。

例如，一个擅长且乐于交朋友、能引领同伴的孩子，不会因为自己的这个特质在任何纸面考试中赢得分数，但却是难得的宝贵品质，容易被国外大学认可。因为国际教育使用更加全面的评估体系，这个体系不仅包括了传统考试，也包括了个性评估和活动评估。孩子们可以在自己擅长的领域有更多的投入，也会更容易被看到和被发现。

什么样的孩子不适合呢？他认为，只追求高分的、内驱力弱的学生，在国际教育中会倍感压力。比如，一个学生如果希望明确被告知怎么做可以得到考试高分，并习惯在安静的氛围中通过做题来稳步达到考试要求的，会在国际教育中比较迷茫。因为国际教育体系下，考试导向的练习很少，考试分数的获得也充满不确定性。国外大学的录取标准往往也是这样。

另一位国际部外教老师的答案也有相同之处。

他说："Some students may succeed in other aspects such as quizzes, tests, and homework but may have difficulty answering questions during a class discussion."（不

适应的学生，往往是在测试中表现不错，但在课堂讨论中无法回答问题。）

北京王府学校初中部副校长 Jonah Carpi Olken-Dann 是哈佛大学教育政策与管理专业硕士，对于什么样的孩子不适应国际教育，他的回复是："Students who are content to simply sit and listen without that internal desire to research and explore the world around them will not feel very comfortable in an international education setting."（一个只是被动听，而没有内在的欲望去研究和探索周边世界的学生，在国际教育的环境下会不适应。）

从外教的答案中不难看出，他们所主导的国际教育课堂是以"探索—研究—激发"为主的。

我们曾组织了一场外教模拟交流面试，14 所学校的 19 位外教与 137 位学生进行了一对一模拟面试。我们发现语言本身不是外教关注的第一位，在能够交流的前提下，外籍教师更重视学生的思考与观点，聊不下去基本是因为学生没想法，所以没得说。

我听了听，外教喜欢问但学生说不出来的，集中在以下这些问题：

你觉得新冠疫情是暂时改变了我们的世界还是产生了永久的影响？

AP 考试调整为线上了，你觉得中考会变成线上吗？

你在意别人的看法吗，你觉得我们应该在意别人的看法吗？

你认为一个好老师的标准是什么？

能给我一个独立思考的例子吗？

你觉得生活的意义是什么？

如果你能活 1000 年且有无限的乐高供应，你会用来组建什么？为什么？

我的同事观察到一个细节，大多数外教都问了一个问题："你有什么问题要问我的吗？"当天参与活动的孩子们几乎答的都是："没有。"她印象中，只有一个孩子问了"你从哪个国家来？"，应该是礼节性的提问吧。

🗺 中教与国际教育的适配

中教可以用国际教育的方式来授课吗？可以。但是，外教除了有语言优势外，还有一点更重要，就是不会轻易改变授课风格。

中教在授课方式上可以国际化，但如果家长反对，便难于坚持。我们一位托福老师因为上课把桌椅摆成圆圈，让学生通过抢答和小组讨论的方式上口语课，被家长投诉。二话不说，迅速改回传统授课模式。

外教自己当初上学时是不刷题的，因此会更加彻底地实践自己的教育理念，不会轻易被家长或校方改变。比如他们很难理解家长提出要给钱修改GPA 学分，也不会被家长求情时的眼泪所打动而改变规则，显得更加冷酷无情。

这一点，在我与王府学校教师发展中心副主任 Alex Gould 的谈话中，也被印证。作为一名在亚洲地区授课 16 年，在北京授课超过 8 年的英籍教师，他认为中国家庭在国际教育中遇到的最大障碍，也是他自己作为外教遇到最大的挑战是"我们要努力让大家知道，整个学期每一节课和每一份作业都是很重要的，而不是只有最后的考试和分数重要。这不是说考试和分数不重要，只是真正能让学习进步的事情往往在于平时的积累"。

说这句话的时候，他无奈地微笑，但依然坚持自己的标准与方式，因为这是他一直被教育的方式。

我们听到过不少学生与家长抱怨学校外教的死板，比如因为作业格式要求 PDF 而自己孩子提交的是 word 文档被打很低的分数。

外教也常认为中国家长的一些要求无理，比如随时回复家长微信，而不是使用邮件。

　　如何让外方老师适应中国家长，对于国际学校的校长来说是很大的挑战。

　　面对以上问题，那些从国外归来的、能用中英双语授课的中国老师就显得更具灵活性。

　　那么又有家长问：我的孩子能适应国际教育的课堂吗？

　　我曾问一个外教，内向的孩子能适应国际部或国际学校吗？

　　他对此感受颇深，说："One of the greatest misunderstandings I see from parents and students is that Western education means 'be outgoing'. Certainly, Western classrooms have shy students, too! (I was one of them!) A good program and a good school will teach a student to love themselves no matter what and feel good about any style of learning; this is true of both Eastern and Western style schools."（中国家长与孩子对国际教育最大的误解就是：西方教育等于"大胆外向"。西方课堂上当然也有害羞的学生，我自己就是其中之一。一个好的学校能教会孩子去爱自己，在任何一种学习模式下都可以感觉良好。这一点，无论东方学校还是西方学校，都是通用的。）

　　为了让国内学生更好地适应国际教育，常见的做法是去"融合"。分两种情况。

　　第一种，中外方校长和教师团队相互合作。

　　中方校长和外方校长在各自的领域提供专业帮助。比如，外方校长负责国际教育的实践，中方校长则负责中式传统教育中的精髓，包括主要的家校沟通。这种方法可以获得各自教育传统下的优势。

　　例如，外教认为中国学生的特点与优势的三个关键词是：勤勉坚韧、重视结果和尊师重教。关于尊师重教，一位国际部外教提到，从上课坐姿到寻求帮助，孩子们都彬彬有礼，甚至在学校的过道里遇见，还会鞠躬行礼问好。这样的礼节是受到欢迎和认可的，是中式教育的优势，也是中方校长关注和引导的。

第二种，文理分开，各自发掘优势。

文科用外教、理科用中教做双语教学，在国际部更为常见。

文科科目没有标准答案，更加注重思维与思考，这类科目由外教作为主要授课老师，在授课方式国际化的同时，也最大化地发挥出了语言优势。在与四中国际校区外教老师 Aaron 的谈话中，他提到自己喜欢收集并制作 hand-scroll（书画手轴），在课堂上就这个内容深入挖掘并展示经典作品的时候，学生会被文学艺术和历史沉淀的美好感动到流泪。拥有这样的课堂，享受无用之用，本身就是一种奢侈。

一名学生说，自己在选国际部的时候，会看各个学校授课的书单，外教的选书也帮助决定自己的择校。

理科则以中教为主，尤其数理，是中国教育传统强项与优势科目，毕竟让一个外国人教中国孩子数学，好像说不过去。

我之前面谈过一个孩子，他一直在国际学校读书，高中却坚决要回到公办校国际部，原因就是他在数学方面有极强的天赋。"就要中教，中教教数学才能弄好。"尤其涉及竞赛，金牌教练都是刷题强将，这种钻研与扎实的劲儿是中国家长希望孩子具备的。

一次，我陪一位中国数学老师去一所国际学校教研交流，这位老师做了简单的课程切片展示，包括解题思路、最优解法和练习测试等全部内容。讲完后，外方校长的问题是：如果班上的学生就是不会做，怎么办？这个问题难住了这位中国数学老师：怎么能不会做呢？我们都是这样一步一步做题过来的。不会做？那就再多做一些，做着做着就会了呀！

但也有学校坚持外教教授理科。我听过二中国际部的一次选课会，AP微积分老师是一名美国外教。他热情洋溢地邀请孩子们选择自己的课程。整个过程中，他用生活中的例子做解释，引起大家对微积分的兴趣，全程在阶梯教室里前后走动，吸引注意力，激发孩子们对数学的兴趣和思考，同时明确选课的两个要求：一个是喜欢，一个是坚持。

我听那个外教讲微积分时的感受是：如果一个理科外教认可中国的刷题，同时还拥有国外的启发式教学的特点，不断激发学生对理科的热爱，用兴趣和热爱去抵消刷题带来的挫败感，那么，外国人教理科也很好，这不正是国际教育追求的"融合"吗？所以滑稽的是，我家那场关于外教的激烈的争论里，唯一的共识竟然是"外国教师教数学更好！"

外教在中国的教学可以帮助孩子提前适应留学。

我妈在国内传统中学教书 30 多年，一点也不纠结自己国家的教育好还是其他国家的教育好。她说，如果要去别的国家留学，就按人家的来！

这样看来，既然要留学，那么中小学阶段在国内的、真正的国际教育，就是留学的预备课和基础课。

有的国际学校强调知识本身而不强调国际教育，甚至不强调用什么语言，更别提什么方式了。数学就是数学，加上英语词汇翻译一下，就是国际数学了。物理就是物理，别管 AP 还是 A-Level，学明白了，看得懂，能考过就有国际水平了。这种方式的本质还是中国教育，不利于孩子适应未来的留学环境。

关键是，我们准备让孩子在什么阶段接受这种预备和基础？

从小学一年级就开始，还是六年级、初一，或者高一？

用何道明校长的话说，选择国际教育需谨慎，没有回头路。一旦进入国际教育，再回中高考轨道就很难了。

一些国际学校的家长想转回公立，觉得在国际小学 5 年读下来孩子变得散漫又自我。妈妈们着急又无奈，纷纷发问：国际教育到底有什么好处啊？

国外和国内是两种不同的培养思路。前者是发掘发现，自我探索与成长；后者是教授知识，在做题中感悟。两者各有千秋。

我时常想，一定也有不喜欢本国教育的外国小孩，反而觉得中国的教育适合自己，上来就是硬核的知识点，有利于向学科深处走去，不需要知道从哪儿来怎么回事，知道了又能怎么样呢？

nerd——"书呆子"这个词，是国际教育里不接纳的，因此有极强的负面色彩。但这只是与美国教育不相符的思维和学习方式而已，并不意味着低人一等。如果这样的孩子在一个强调努力学习的钻研书本知识的环境里，很可能如鱼得水。

适应外教课堂需要多久

用英文日常口语交流不难，但在学术场景下就难了。

外教对于学生的语言适应非常包容和有耐心，他们认为这个适应期一般为四周到半年。一位外教说，自己最尴尬的是和高一新生开玩笑，他们都听不懂；后来学生们就学会了，等下半学期再讲笑话，大家才笑得出来。一些具体的语言问题，比如口语里的语调节奏、写作里的语法问题，如常见的时态混乱等，需要更长时间来解决。

真正的困难还是在学科学习上，包括专业词汇、深度阅读和学术写作三项。

以词汇为例，一位外教老师详细说明了难度。

词汇分为三级：

级别 1 基础词汇，如 bird、eat。

级别 2 学术词汇，如 coincidence、absurd。

级别 3 专有名词，如 fauna、interquartile range。

最大的挑战是从级别 1 到级别 2，需要学生跳出舒适区，熟练习得并应用学术词汇，才能保证基本的学科表现，例如完整阅读、写作任务，或课上用正式学术语言完成课堂展示。级别 3 则是在高年级课程，例如 AP 课程中必要的词汇，这是未来大学专业学习需要掌握的。

在我与外教的交流中，可以感受到，学生的思考能力、学术潜力与沟通意愿才是是否能够达成教学成果的关键。语言本身，反而是最容易解决的问题。

国际教育给孩子们带来了什么？

我以这位外教的回答，来给本文结尾。

不去翻译，而是先用我的理解总结一下，然后把他的原话放在后面。

国际教育不是让孩子们变得更外向，而是更加了解自己，了解自己的国家，了解自己在世界上的位置。在国外学习和工作，是给自己一个全新视角，让我们知道全世界的人都是一样的。我们都会爱，会恐惧，会吃，会睡，会庆祝。尤其是如今人们将太多的时间和精力都用于强调这个世界的不同。接受国际教育的孩子会被那些能够联结人类的美好所打动，无论这些美好来自什么国家、什么文化。（Speaking personally, I didn't really understand myself, my home country, or my place in the world until after I moved to China. Studying or working in another country allows you to take a step back and look at your life from a new angle. People who live in one country their whole life usually don't understand that all people in the world are fundamentally the same; we all love, fear, sleep, eat, celebrate. So much time and energy these days is spent on focusing on the differences between people around the world. Students who get an international education are excited by all that connects us and the beauty of being human, regardless of country or culture.）

第三章

北京国际化学校
个体解读

好的国际部或国际学校，是建立在中国教育基础上的国际教育探索，最终把孩子落在世界需要什么样的中国人才的培养道路上。

西城：北京四中国际校区深度分析

文 / 谢强

北京四中本部在皇城根毛家湾对面，国际校区在复兴门内宗帽胡同头条。有一次，我为了感受两个校区之间的距离，打车从本部到国际校区，用时 15 分钟。两个校区有一定距离，学校的样貌也不同。

四中本部的六边形教室，是我们班同学的妈妈设计的，本部的操场、篮球场，也是标准大气。国际校区则更像是蜷曲在胡同里的一个小院落，操场小了不少，第一次去时，我站在操场边对一位老师说："这个跑道也就 300 米吧。"结果旁边一个同学说："我们跑 3000 米要围操场转 15 圈，老师您算算。"但是，这并不妨碍小朋友们笑嘻嘻地围着操场一圈圈跑步，有次我看见一个曾经教过的学生在跑着，穿着黄色 T 恤，跑的时候，笑容还在脸上挂着。

和十一学校国际部、人大附中 ICC、实验中学国际部比起来，四中国际校区与本部的分离省去了更大的想象空间，两者资源互换是有限的。国际生参加的竞赛与以清北为目标的竞赛品类完全不同，所以难以借力，不过落个清净也好。所以我们说，四中国际校区不是"大 U"，是闹市里的"文理学院"。

我和母校的思想链接和情感链接是天然的，虽然毕业很久了，但我仍知道四中是怎么一回事，所以我很惊讶于四中国际校区没有异于四中这个母体。

我带过四中国际校区口语加试班，带着学生背四中校训"勤奋、严谨、民主、开拓"这八个字的英文版，心想有几个学校的校训有 democracy（民主）。在民主环境里培养出来的人，骨子里反世俗、反主流，个人风格凸显，后来我们办国际教育展，北京四中国际校区谈他们要培养的是"风标自异式"人物，近乎戳中我的泪点。

还有一次，我和一名社交能力很强、谈吐不凡的女同学在一个饭桌上吃饭，对比她的事业成功和成熟柔韧，我略显呆板和无趣，结果那天唯一没有喝酒的大师兄林志却总在"批判"她的"蜕化变质"，说只有我这样的"傻子"才是四中正根儿，让我有种欣然回家的感觉。四中公众号编辑范晓彤采访过我，也采访过很多校友，她说，林志也是这样的"傻子"。

四中人与社会格格不入者众，世俗意义的胜利并不属于我们中的多数。

那为什么还去四中，为什么还去四中国际校区？

讲个故事。一名现在在四中国际校区上高二的男生对我说，他曾经在心仪的一所国际部面试后和一帮同学在一个教室里、在没有手机的情况下被封闭了两个小时无所事事，两小时后被告知录取。他却在最后时刻疯狂奔向四中国际校区，遇到了 Scott 这个抱着大茶缸子且老婆是四川人的外教，他们的面试就像是聊天，春风迎面扑来，双方相谈甚欢。于是他选择了四中国际校区。

这不就是四中吗？

很多人都说，加试是给四中加分的。那里的老师和学生对家长和潜在的新生非常热情，一改名校给人沉闷的刻板印象。Scott 泡上一杯老枞水仙茶，与学生亦师亦友地交谈，也曾在三年前吸引了一位后来考上宾夕法尼亚大学历史专业的同学。这位同学说，四中面试老师反套路，问得很深，他答不上来的时候也反过来请老师讲，印象很深。

2019 年 12 月 31 日，我在四中本部高三学生成人仪式上发言，仪式开始时，马景林校长从我面前走过，特别客气地和我握手并点头致意，我当时还不知道他就是马校，以为是某位学生家长代表。他非常恭谦谨慎，随后他的讲话"唯有真理与你共度一生"触动了我这个年长的校友。他引用美国人类学家玛格丽特·米德的话，"永远不要怀疑一小群忠诚的、有思想的公民可以改变这个世界"，督促四中人承担应有的社会责任。

新东方主办的国际教育展，四中国际校区代表的讲话逐字稿，由我做最后的编辑。我虽删掉了学生美国归来后和他"小酌几杯"的细节，但是留下了四中师生相互尊重和谐相处的原则，留下了那名学生的原话："四中国际校区虽然看起来在我身上没有做什么，但其实已经做得足够好了。"那名学生说，当别的同学抱怨大学读不进去书或者不需要读书的时候，四中的教育让"我孤独而喜悦地享受读书的快乐"，眼里绽放出"四中教育的光芒"。

在形而上与形而下之间，四中人有这样的矛盾。对于留学申请，他们看不上刻意为申请名校做标化的突击培训、背景的提升包装，更不要提 AP 课程的课外补习，所以我这个人和我身后这个机构的存在，对于四中人来说，还真是有点"不正确"，或者至少"用不着"。虽然四中国际校区也期待优异的申请结果，但是对于刻意为之的事，他们不愿意做。于是，有些人就会说，你们既然想要好的结果，还不鼓励学生出去补习，还不更加以结果导向，还在那里犹豫什么？站在两个阵营之间，我非常清楚双方的立场和论调，就像这许多年以来，我非常清楚什么是"好处"，但又受困于什么是"正确"，这种困扰像潮湿的外墙面上蔓延开去的爬山虎，抓挠着我的内心。后来，我愿意"正确"取得胜利，这会让人如释重负。

高文成老师是我们的学术拓展主管，有天他兴冲冲地对我说，谢老师，现在看来，你母校这届其实申请的挺好的。我看了看结果，和每年一样，申请结果还是可圈可点的。可是，你看不见四中国际校区的宣传文章。以前，我听说四中归北京市教委领导，不像大学附属中学那样自由。后来我听说四中是焦点，大家比较关注，同样的事情，别的学校不会被投诉，但四中就会。这个说法，30多年前我在四中读书时就有了。而现在好像是四中国际校区根本没有专人写这方面的文章，就像新东方最火的时候没有市场部。

别的国际部很早就会对申请结果进行及时的披露和详尽的解读，其中不乏学生自己写的分析和总结，或者外请专业机构写申请故事。还有一个国际部，某一年申请得不太好，于是写了一篇非常细致的分析做一些补救，避免家长传播负面的消息。但是四中国际校区对此类宣传的态度过于克制，作为一个四中人，对这种传统，我只能选择理解。但内心里，我认为四中骨子里还是有种"酒香不怕巷子深"的"迂腐"观念。所以与他们接触时，我总是竭力推销商业宣传大法，弄得特别像卖狗皮膏药的。而四中国际校区李树明校长最喜欢对我说的是：保持低调，保证质量，保持务实，培养精英。所以这么多年来，我只为四中国际校区做过两件事：一是请俞敏洪老师来这里讲座，二是说清楚了复兴门那里不是四中佳莲校区。

在北京，公办校国际部有20多所，民办私立国际学校有70多所，中考后家长择校时，总希望把这些学校、至少是公办校国际部分出个高低上下，我和团队也努力做了几年这方面的工作，结论是粗分梯队、细看匹配。例如，公办校国际部大体可以粗略分出一二三梯队，孩子成绩对应到某个梯队里以后，要细细地观察学校和自己孩子的匹配性。对于四中国际校区是国际部第一梯队，应该没有什么疑问。那么，细品一下，四中国际校区到底有什么特点？

我谈三个维度。

📑 风格

海淀的十一学校国际部、人大附中ICC、一零一中学国际部这三家中，十一学校国际部的外教有80余个，非常具有美高特色；一零一中学国际部带有红色基因，是传统名校；人大附中 ICC 包容性强，风格比较居中。西城的有实验中学国际部和四中国际校区这两家，实验中学国际部有 1 个外教，高一学习的课程与普高一样，历年申请结果出色，是尖子生的集合地，愈发重视申请结果，也就愈发能产出好的结果；四中国际校区强调学生的能力培养，虽仅有 8 名外教，但他们平均在职 5 年以上，个人风格显著，意识形态上更加西化，配上双语授课的中方老师，追求学生的成绩和申请名校水到渠成。总的来说，四中不是左派，也不是右派，更不是极左或极右，属于中间派。

但是同为中间派，人大附中 ICC 的课程设计和教学管理偏中规中矩，而四中国际校区更为灵活。这就产生一个问题：如果孩子在初中阶段的学习是能力导向，四中国际校区就是一个顺接；如果孩子是刷题培养出来的，更接受死记硬背，依赖标准答案，到四中国际校区会更难适应一些。对于孩子的学习风格，我没有去判断好坏，事实上，我自己就是一个喜欢填鸭式教学并享受题海战术的人，所以当年我在四中读高一的时候非常痛苦，大量的自学，大量的引发式教学，身边大量优秀的同学，大量优秀的学法，使我几乎半残式地挨过高一，后来一头扎进高二的文科班才重新好了一点点。

我问一名在读的四中同学，让他用 3 个词概括四中国际校区。他说，前两个词是"伙伴"和"文化"，伙伴指同学亲、老师亲、校友亲，文化指四中特有的风格，最后一个词是"能力培养"。如上，能力培养曾经让我读书时备受煎熬，但问题是，今天这个社会，没有标准答案是不是常态？启发式教学是否比直接灌输更符合新一代的审美？

从四中本部科技实验班转到北京四中国际校区的邢同学对比本部和国际校区，说，普高的老师都是"推着学生走"，哪怕四中也不例外，而国际校区的老师大概就是"站在学生前方招手"。我当年上的四中，不少老师就是这样的，当学霸们冲向老师的时候，我已经遥遥落后，招手招得我都快看不见老师的脸了。所以我喜欢那些在后面推着我的老师。但是，即使对在前面招手的那类老师我保持中立，我仍被 Scott 老师接受采访时讲的一个故事打动：

"我曾向一个 10 年级的学生介绍了德国文学，如泽巴尔德的小说《土星环》。在移民到新西兰以后，这名同学自学德语，并花了很多时间阅读泽巴尔德。大四的时候，她获得了剑桥大学三一学院的现代语言论文奖。随后，她在牛津大学获得了第一个学位，并申请了剑桥大学的盖茨奖学金。作为她的老师，我并不一定起到了绝对的帮助作用，但我曾为她做的这一点事情被证明是非常有意义的。终究，一个人自己将决定什么赋予他们生命的意义。"

那么，我希望，孩子们自己将赋予他们自己意义。

师资和学分管理

不必怀疑品牌下的师资。大品牌店大欺客，这个客，不但指外人，也指自己人。怂人，是不会要的。以北京四中的名头，待遇无论高与低，都不会缺少优秀教师，无论是中国人还是外国人。把北京四中写上简历，无论对学生，还是对老师来说，都是金字招牌。当然，公办校国际部的教师待遇问题一直是热议的话题，如果待遇稍有提高，教师成色还会攀升，稳定性会更好。四中的语言类、人文类课程是外教撑起来的，而数理化方面有学校一以贯之的传统和底蕴，多是用四中毕业生或海外归来的中教进行双语教学。我很认可这种搭配，也认为那些特别国际的学校最终将走向这样的搭配。总的来说，四中的师资一直是学生最满意的地方。

教师建立了权威性之后，师资优势会体现在对学生的学分管理上。我观察了各个学校的学分管理，发现四中是比较严的，文科和理科都没有通融的余地。四中老师经常说，我们的 GPA 3.8 是四中的 3.8，不是其他学校的 3.8。

在我们分析研究国际部这几年，发现有国际部愿意以学分的灵活性或课内教学管理的灵活性出让一部分时间给学生做课外补习或背景提升，四中国际校区不是这样的。

📖 课程设计

我喜欢收集各个学校的外方教材，也喜欢收集各个学校外教课上的英文原著书单，我曾经花了一两千元从四中学生会买了一堆毕业生用过的英文教材，对四中的课程设计有了进一步了解。对于家长来说，老问题还是如何去评价。平铺直叙课程列表，各个国际部自卖自夸，只能让人更加迷惑。

评价四中的课程设计，我谈 3 个细节。

第一，高一时不鼓励学生考标化和 AP。

用我们高文成老师的话说："啥都留到高二。"我认为这是四中重视高一课内学习、强调"瓜熟蒂落"的必然选择。

张同学是上一届四中国际校区学生会主席，我俩曾做过一场分享，给学弟学妹的建议，他在讲座提纲上写道：

"GPA 不那么重要！高一不要冲！"

"AP 大部分人高一都不考。经常出现先报后弃。"

"托福和 SAT 高一不慌，这是能力考试。"

第二，高一时英文难度突然上升。

张同学给我画过一条向右上方直耸上去的线，说这条线代表英语课，难度从中考水平直接跨越了托福和 SAT，直达 AP 语言和 AP 文学。后来我专门研究了外教的 AP 自编教材，发现文选里有我大四时在北外的必修短篇——美国作家威廉·福克纳所著《献给艾米丽的一朵玫瑰花》，于是我对这个难度有了切实的体会。所以后来在四中国际校区高一同学的课桌上发现人手一册《华氏451》，就不再大惊小怪了。

我认为四中国际校区在努力构建文理兼备的课程，希望文理都有特点。与传统的国内数理化学习方向的窄而深相比，国际版的数理化涉及范围广，但单一领域内涉猎浅，避免题海战术，这样空出的时间可以交给英语学习，把英语的难度再拉上来一些，取得文理平衡。

这背后还有一个理念，四中国际校区要培养的是精英，不是一个只会机械操作的实验室研究员，不是一个在文科上只会死记硬背、在理科上死磕大题难题的学生。所以有人说四中文科强，有人说四中理科强，我认为都是不对的，四中毕业生，去宾夕法尼亚大学的是学历史，去加州大学伯克利分校的是学计算机，去西北大学的是学生物，去纽约大学斯特恩商学院的是学商科。

第三，AP 开课 20 余种，在国际部里是比较多的。

2018 年开 AP Capstone 课程，是中国获此资质的第一所公立学校。

这个细节代表着学校在课程设计上的追求，使所谓"文理学院"的称号不是对校园小的调侃，而是建校实践的体现。四中国际校区开课的规则是，超过 5 人选课就开班，超过 20 人就加开班。从某校理科实验班转学至四中国际校区的张同学说："对比普高一个班 44 人的拥挤教室，四中国际校区 AP 生物课只有 8 个人，人数多的课如物理、经济等也就 20 人。"

综合外教人数、师生比这样的评价数据，我更愿意把开课品类的数量当成重要指标。换个角度，跨越太平洋去选美国私立高中，那么多学校，更容易面临信息不对称的情况，我最愿意琢磨的就是对方师资可以开成的 AP 课有多少，尤其是小众课。数学除了微积分，能不能开出统计学？科学除了物理和化学，能不能开出生物、环境科学、计算机？除了宏观和微观经济学，是否还能开出心理学和人文地理？对于目标是人文学科的学生，第二外语能否开出西班牙语和法语？但四中努力地开出了所有这些课，让不同方向的学生都能得到探索的机会。

　　因为我也是一个教学管理者，所以知道小众课的老师不好找、不好养、不好培、不好留，所以四中国际校区朝这个方向的努力，我非常尊重。四中明星教师徐鹰教数学和物理，也教哲学，自己设计了一门课——哲学入门，这让我回忆起自己在四中读书时经常思考物理和哲学为什么只有一步之遥的陈年往事。

　　再谈谈四中国际校区对外部资源的态度。

　　我接触的国际部，总体分为两类。一种偏开放，一种偏传统。开放，指的是喜欢引入社会资源作为学生的课外课，同时鼓励学生使用校外培训和留学中介，只要获得好的结果，就万事大吉。偏传统的类型，就是充分内化，狠抓手里可控的资源，使优质资源全在自己这里，因为只有充分握在自己手里，才能确保优质资源。我认为，四中国际校区偏传统，而恰巧我这个四中毕业生在新东方的打法也是偏传统。

　　我管理的新东方业务握有不小的流量，如果我们的打法放开，可以成为半个中介，想合作者众。但是我担心外来者的质量难保，不愿轻易打开这扇门，怕被不良者污染。四中国际校区升学指导办公室最喜欢说的是"在我们这里，诚信不是美德，而是底线"。结合我看到四中国际校区公众号"好学长好学姐"里有篇一封学姐来函，文章提出找中介没有必要，列举了中介可能造成的问题以及校外中介和校内老师可能的思路冲突会给学生带来困扰，我终于明白了四中的想法，还是怕外面的中介把孩子耽误了。这与我在新东方防污染的心态很一致。

　　总之，越观察学校，我越抗拒对任何学校做鲁莽的价值判断。无论看法对错，四中国际校区和我在新东方秉持的这种理念，只能倒逼我们做好自己的事情，先别耽误孩子，否则只能无奈接受对方"用脚投票"。

　　这种洁癖，也还是源于四中的校训，那个三字老校训——"优、苦、严"。其中"优"，对于四中人来说，永远是第一位的。

这几年，我接触了很多人，也做了一些事，最珍惜的，是那种无形中的默契，是能彼此看到对方心底的透亮。在和四中国际校区的领导们接触时，我非常谨慎，担心对方觉得我要和他们搞勾兑做生意。我希望他们觉得我是个好人。我愿意当那个忠诚而客观的大喇叭，把四中的声音发出去，把 30 年一脉相承的声音发出去。而这个声音，必须是不依附任何人的独立判断。

最后，还是说句看似有失中立但又非常客观的话，北京四中国际校区就是北京四中，如果你成为这里的学生，无论多少年过去，你都是四中的学生。

四中给你的，永远比你给四中的更多。

西城：实验中学国际部真的国际吗？

文 / 谢强

　　有次假期，和我好朋友的儿子——一个海淀区排名前100的小朋友，讨论要不要去实验中学国际部。刚好和他聊之前，和一个实验中学国际部正在读高一的学生的爸爸聊了一个小时。又刚好，这两个相差一岁的孩子毕业于同一所初中。于是，我就把那个小学长在实验中学国际部这一年的感受简单讲给了正在择校的小学弟，觉得他俩会有跨越时空的会心一笑吧。

　　这两场面谈结束以后，我内心有点不平静。在这篇文章中，我将结合最近几年遇到的实验中学国际部的学生，谈谈对实验中学国际部的一些思考。

　　实验中学国际部的是北京门槛最高的国际部，拥有最好的学苗，申请结果也是最好的。

　　截止到2022年4月12日，实验中学国际部本届共有161个毕业生。其中16人进入藤校；30人进入美国前10的大学；51人进入美国前15的大学；79人进入美国前20的大学，即一半的人进入美国前20的大学；124人进美国前30的大学，占80%。

　　大部分北京留学家庭对孩子的期待是"保三争二"，保住美国前30，冲进前20，以上的数据明确告知家长，进入实验中学国际部就基本意味着目标的实现。所以这两年孩子学习好、家长名校情结重的家庭，我都毫不犹豫地建议上实验中学国际部。

然而我对实验中学国际部的担心，也正在于此。

高一进来的时候，学校手握一把好牌，120个学生都是北京市内四区的佼佼者。

高二时再从本部补进一些人。120人中，西城83人，中考不低于633分；海淀21人，中考不低于630分；东城7人，中考不低于638分；朝阳9人，中考不低于644分。

绝大多数学生，是作为各个初中的学尖才能进入实验中学国际部。我曾经在高一报到当天蹲守过实验中学国际部门口，大部分孩子进来都是昂首阔步，伸出胜利手势与校名合影。但是在实验中学国际部就读过程中，他们要面对一步步的分化，那么您和孩子都做好这样的准备了吗？

想到1992年我从北京四中毕业的时候，我们班考上清北的是谁我记不住，但是谁没考上大学或者只考进大专的，我直到现在还记得他们的姓名和样子。因为这样的人太少了。年龄大了以后，我常难过地想，这是不是某种别样的残酷？

我们先把实验中学国际部做得怎么样放一放，对于这场注定是最激烈的竞争，那些把孩子欢天喜地地送进实验中学国际部的大人们做得怎么样？

实验中学国际部在本届录取尘埃落定后骄傲地发布成绩单，说自己哈耶普斯麻、藤校、藤校+美国前10、藤校+美国前20的数量和比例在全国范围内保持绝对第一，被牛津大学、剑桥大学录取的学生数量在北京第一，此言不虚。

然而与此同时，一个学生和我说，大家真的都好厉害，我永远都想不到我能跟那么多普林斯顿大学的学长在一所学校。我说，没啥，咱不和别人比。孩子说，我千万别成为您认识的实验学生里申请学校最差的，我起码得混个中游。

其实我和这名同学认识一段时间了。他是个非常温和、包容、淡定、善解人意的好孩子。我说，你身上的优点比普林斯顿大学这类名校的头衔更可贵。

这时候我想的是：普林斯顿大学又怎么了？我们这一辈子，被这样的标签定义的还少吗？而我不希望我的学生被定义。

所以有时候实验中学国际部的一些家长表现得很焦虑的时候，尤其说"能不着急吗？谁谁谁刚高一托福就考了116！"的时候，我会表现出对家长的愤怒。

小时候，我妈说得最多的一句话是"人比人得死，货比货得扔"。当咱们的孩子，那些至少是中考630+的学生走进实验中学国际部的时候，别忘了我们的孩子都是最好的学生。

我把这些学生分成三类。

一是在留学的方向下，有的孩子从很早就打下了英语基础，有的长期课外班加剑桥五级考试，有的小时候总是去美国、英国夏令营或冬令营甚至在英语国家学习生活过一段时间，得到了足够的语言环境浸泡，还有的最晚在小升初后就启动了托福学习，都已经至少经过两三次考试了。我把这类同学叫作英语优势生。

二是数理化优势生。我看这几年中考，数学和道法是两个分化点，总分高的学生多半数学都不差，而且留学最终想学的专业多是进退自如的STEM理工科，这批人男生偏多，多数是数理化强，但英语中规中矩，需要较长时间打磨。

三是勤奋生。这类学生的各科学习成绩都优秀，但并无特别突出的优势，中考是对九年制义务教育成果的交付，那么勤奋努力的孩子从这样的考试难度中成功突围，并不意味着在高手云集的高中一样顺利。这部分同学不但会面对托福等英语的困境，还会面临各科学分GPA的挑战。

我当年就是第三类人。有一次和一组家庭面谈时，我突然回忆起一个细节。当初我是从四中初中保送到高中的，保送的条件是初中排名前 10。我初中学习还可以，但我不聪明，除了有点能说会道之外便没什么亮点了，我就是勤奋，总熬夜学习。到了高一我还当了班长，就像我初中三年一样，但是，没过俩月，在和高中同学较量了几下之后，班级排名稳居后三分之一，我仓促辞去了班长职务，高二转去了文科班。

把实验中学国际部这三类学生弄在一起，一股脑地，都和一进高一托福就 110 分以上的学生比，那除了抑郁、难过、慌乱、自卑，还能剩下什么呢？

何况，周一到周五的每门课又可能面临一片被优等生完胜的战场，连学科的自信也保不住了。

一个家长对我说，他孩子以前至少还有点玩游戏的信心，结果进实验一看，连这个东西，同学的玩法都更高级，只有发出"我怎么啥也不如别人"的感慨。

对这样的好孩子们，我特别理解，因为我小时候有着类似的经历。有的家长不太理解，无法接受，只会跟着更加着急，甚至加剧孩子的焦虑。这样不行。

我不完全确定，实验中学国际部给了这样的学生什么引领。但是我不得不说，一个名校，如当年我的母校四中，不会主动去做什么，就是要孩子自己去熬、自己去调整。父母能做的，就是给予鼓励，让孩子与自己暂时的落后和解，然后给他充分的时间去后来居上，不能被一个闷棍彻底打死。而这个后来，可能很靠后。

实验中学国际部在学情分析这个事情上总是客观的。

关于托福，他们会给家长讲，学生的最高分出在什么时段。实验 40% 的学生是在高二升高三的暑假获得托福最高分，75% 的学生是在高三上学期的 9 月和 10 月出最高分，97% 的同学是在早申后的 11 月和 12 月拿到最高分。所以学校的结论是：大部分同学是高二升高三的暑假 8 月和高三上的 9 月——

12 月出托福最高分。

换一个角度，实验中学国际部也不缺数据。2019 届毕业生 203 人，110+ 的 40 人；2020 届 174 人，110+ 的 38 人；2021 届 185 人，110+ 的 41 人；2022 届 163 人，110+ 的 52 人；2023 届 162 人，110+ 的 58 人。即使这个数据从 20% 逐年增加到 35%，也只能说，到了高三毕业的时候，实验中学国际部最好的结果，也就只有三分之一的学生能得到 110+ 的托福分数。

那么，即使你的同桌考到 115 分，但你才高一，急什么呢？怕什么呢？

第一，反正到最后，110+ 的也就是每三个人才有一个；第二，反正几乎所有人都是在高三上学期才拿到托福最高分；第三，虽然三分之一的人拿到 110+，但是进美国前 20 的同学有一半呢！你是不是也抓紧时间搞搞托福之外的事？

家长能帮着做的事，就是不要着急。我刚回北京任教的时候，就提出一把衡量学生标准化考试成绩的"尺子"：高一上学期 80+，高一下学期 90+（为了暑假启动 SAT 或 ACT 学习），高二上学期 100+（为了申美国夏校），高三上学期 110+（夏校学习让口语和写作能力呈现高速增长）。

其实实验中学国际部的中位线数据，和我七年前带着一些太原、天津、大连地区的标化经验回到两眼一抹黑的北京时所持的尺子，并没有根本区别。不说语言天赋和提前量，这就是高中阶段，孩子们英语学习的普遍规律。

有的家长着急，说想快点出成绩。可语言学习这个东西不能临阵磨枪，要靠循序渐进，能力每天提一点，慢慢到位，这样才稳，何况孩子未来要出去最少喝四年"洋墨水"。高一就 110+ 的，是人家倒推三年、六年，甚至九年循序渐进学习的结果，如果您的孩子是中考后才启动托福的，对比以上这个四段式的循序渐进，速度已经不慢了。

我说了不少"标化焦虑"问题，根本上来讲，我是期待无论学校还是家长，对这些优秀的学生可以有区别地对待，学校先分层，关键是分层背后有尊重，有疏导，有方案；家长面对孩子的局部劣势或是全面劣势，要有心理准备，有平常心。维护住孩子的热情与干劲，以防他放弃，更不要出什么心理问题。

健康的心态，是孩子一辈子面对逆境时都更需要的。

说到这，我必须说说我的舅舅。作家王小波写过一个短篇，叫《我的舅舅》，非常有趣。我小舅是当年去东北的知青，生病锯掉一条腿残疾了。我小时候，他经常坐马路边给人修补皮鞋。我高考时压力大，同学们强手如林，还有不少后来居上的。我小舅对我说，考不好就考不好，不许想不开！考不上大学的话，就跟着舅舅学修鞋，会一门手艺，饿不死。他说的时候，我爸妈就跟在旁边笑，我当时的感觉是他们同意我小舅说的，我就更释然。

我舅舅那些话，我记了一辈子，其实不只是高考时我默念着他的话，后来我每次遇到特别大的困难时，都想着他说的那些话。先活下来，再熬过去。

我和很多实验中学国际部的家长说起过这个故事，希望他们像当时我的小舅。

这两年，我特别关注实验中学国际部的所谓中等生或自认为差的学生，想我们新东方不要去争夺那些天才们的"荣光"，使劲给自己脸上贴金。而是可以真的帮助到实验中学国际部里"沉默的大多数"。不只是标化和学习，也能帮他们把紧张和焦虑的心态调一调。这三年，我不让同事们打高分榜、大红榜，因为想着很多努力着的孩子还没有到站。

我特别高兴地看到，实验中学国际部的早申分享会越开越晚，2019 年是 1 月 6 日，2020 年是 1 月 5 日，2021 年是 3 月 20 日，2022 年是 4 月 10 日。4 月 10 日，基本所有录取都结束了。这时候的分享，更像是一场毕业的总结，孩子都可以把心放下来，更加平静地去看待别人和自己。

围绕实验中学国际部有不少贴标签的行为，我并不是很在意。唯一的希望，是学校把每一个当初招来的孩子都照顾好，把每一个焦虑的家长都疏导好，尤其要使用海量的经验，助力他们找到帮助自己孩子的办法。

其他那些议论的是是非非，要依赖家长的独立判断，以及对孩子特点与学校特点是否匹配的思考。

举个例子，有些人诟病实验中学国际部只有 1 个外教，使用接近普高的课程内容，不那么国际化。

很有趣的是，当初我在北外时，本科 4 年也只经历过 1 个外教，我还记得他叫 Anderson，一个个子不高的英国人，教了我们两年写作，这位外教对我个人最大的帮助，就是每次我在作文里用难词的时候，他就把那个词用一个叉叉掉，然后写上一个特别短的、我上初中就认识的单词。他使我懂得了英文写作的本质是内容和逻辑。而其他众多中国老师对我英语水平的提升，具有和 Anderson 一样的价值和意义。

国际教育不等于外教众多。美国的教育 90% 是面向普通大众的，属于精英教育的甚至不到 10%。前段时间在美国的几个朋友告诉我，去美国上高中，私校就去寄宿制前 10，公校就去好学校的快快班。还有在纽约工作的一个同学说，他们镇上优秀的快快班正在讨论限制数学分层，取消 AP 数学课程，数学最高只能学到微积分预科，这令她十分崩溃。

那么，如果我们使用的外教就是来自美国绝大多数的正常的学校，带着美国的国情和学情来到中国教一门课，而这边是我们的中产家庭对于孩子上美国名校的殷殷期待，希望最好的学生必须上最有竞争力的课程。这两者真的可以对应上吗？

师资问题的本质是水平和离散度，老师整体水平要高。例如，老师都是哪个大学毕业的，是什么学历，在哪个和实验中学国际部水平匹配的中学教过课？这个出处有时比国籍重要。

我的同事王梅曾经采访过清华附中稻香湖国际学校的外方校长何道明，他在中国工作了 26 年，说着一口地道的北京话。他认为，国际教育最重要的体现不是教师的国籍，而是教课的方式，这个方式包含课程的分层、给学生选择权、对学生个体的观察与关注、引发式教学手段、重视研讨与协作等。

几年前我问我一位初中同学的儿子，他曾在实验中学国际部出演《茶馆》男主秦二爷，后来考进范德堡大学。我问他实验中学国际部到底国际不国际？他说，当然国际了，学校就是按照国外名校录取的标准来培养他们的！确实，我看他现在也挺好的。每次我俩聊天，他都比我更滔滔不绝，比同龄的孩子有着更丰富的思想、更热切的表达，也有更热闹的校园生活带来更多的体验。他说，有段时间，一边骑车上学一边背《茶馆》台词，当时没觉得怎么样，后来觉得那些话说得太有道理了，太深刻了。最后一幕撒纸钱那场，是他和另外两个国际部老师演的，那一刻直接把我看哭。

当然外教少是有弊病的。如果学生在高中阶段没有足够的外教在身边，是否会适应国外本科和研究生阶段的学习？

在这个问题上，我认为实验中学国际部只是在实施他们对国际教育的理解。这些学生，只要在高中完成好学业并被国外优秀大学的标准所接纳，未来在适应留学生活方面，我不是很担心。而且，如果在我们中国的国情里难于长出真正的国际教育，大不了就把实验中学国际部的课程当成与中国国情相结合的融合式课程，那就让孩子在大学阶段再去体验真正的国际教育吧。

写到这里，我甚至在想，有中国教育，有美国教育，有英国教育，到底什么是国际教育呢？真的有国际教育吗？

最后，我很想和实验中学国际部的同学们说：你们化学实验室里有一些桶，桶上面有个标签，叫"实验废物"。无论你自认为学习有多差，你都不必如此自嘲。凡是进了实验中学国际部的，都是宝贝，值得我们所有大人珍惜的"实验宝贝"。

朝阳：八十中学国际部的融合探索

文 / 谢强

📍 朝阳大形势

2022 年，朝阳区有 10 415 人参加中考，是北京市除海淀外参加中考人数最多的一个区。朝阳区除了有著名的"朝阳群众"，还有充足的留学意向人群。在这个区，部分家庭财力充足，视野宽广，于是想送孩子出国留学；还有相当多的非京籍学生，因为政策原因不想回原籍高考，所以他们想走国际学校或国际部的路线，最终出国留学。以民办私立的人朝分初中部来说，一届学生 400 人，已经有 90 人进入初三 JEP[①] 项目，也就是从初三就提前走国际路线了，目测还有 30 个同学在高一冲击国际部，这样，人朝分一届初中生有近 30% 走留学道路。

我周末和节假日的留学家庭面谈，朝阳区的家庭一直是主力。

这批家庭有两种留学路径。

"洋务派"从根本上避开小升初和中考。从小学就把孩子送进民办私立

---

① 全称为 Junior Enrich Project，是北京市人大附中朝阳分校开设的 1.0 项目和 0.5 项目。参加 1.0 项目的学生从初三上学期进入国际课程的学习，参加 0.5 项目的学生从初三下学期进入国际课程的学习，两者均可以不用参加中考，直升本校的高中国际部。

国际学校。以朝阳区常营地区为例。我去参观青苗学校的常营校区，中方行政校长用手一指，说正北边有爱迪、朝阳凯文和赫德三家国际学校。后来我想了想，往西北方向，近的有青苗自己的上东校区，中等距离的有来广营的世青，远距离的有崔各庄的哈罗国际学校；往西南方向，有国贸百子湾的乐成；往东北说说，有顺义的鼎石等一系列国际学校。这应该是朝阳区最基本的国际学校地形图，北京东部地区的家长可选择的空间很大。

"保守派"在体制内寻找解决方案。朝阳区有公办的八十中学国际部和北京中学国际部，另外，还有个人字系的人大附中朝阳分校，即人朝分，属于民办私立，但感觉又像公办校国际部。

这三家，是保守派家长的本区根据地。那 10 415 位参加中考的学生，具有留学意向的，150 人归八十中学，40 人归北京中学，150 人归人朝分，这 340 个学位还有对外区、京外或境外的小部分生源，对本区的也就 300 吧。海淀、西城、东城，受教委锁区政策所限，三区招收朝阳学生 132 人。300 加 132，等于 432，这是整个北京所有国际部对朝阳区学生招生的人数上限了，这仅是 10 415 人的零头。可以断言，朝阳学生通过中考进入国际部的总趋势将更加内卷。进不去的，如果还想出国，就要流向国际学校了。

国际部和国际学校最大的区别是：国际部有中考门槛，生源整齐，学生学习水平离散度小；国际学校没有中考门槛，学生学习水平离散度大。所以国际部仍是留学家庭的最优选。可是朝阳区国际部的招生名额那么少，怎么办？

有两个可行的思路。

一是在目标城区买房，比如变成海淀学籍，避开朝阳区国际部招生名额偏少的尴尬局面。

二是初二后提前进。这三家国际部都开出了上完初二就选拔进入初三的 1.0 项目，又叫融合或直升课程。融合课程是给高中国际课程打基础，不是中考导向。学校用这种方式选拔好学苗，学生用这种方式避开中考，各取所需。但我一直倾向用中考的磨炼夯实学生九年义务教育的全科成果，而且如果中考成绩好，还有望进入更好的国际部。

还有更好的国际部吗

这就要进入本文的敏感区了。

我们先简化问题。朝阳区这三家，人朝分属民办，风格洋气，使用 A-Level 英国课程体系；北京中学是教改新锐，以前叫出国班，后来才正式建立国际部，有录取的年份尚短；八十中学是朝阳区的传统学校，中美 AP 课程、中英 A-level 课程、IB 国际文凭课程三线齐发，所以我们把八十中学国际部当作朝阳区的典型来讨论。

这里夹带点私货。我妈退休之前是朝阳中学老教师，现在叫陈经纶中学总校，在东大桥。我小时候总帮我妈判卷子、登成绩，听我妈唠叨她们的区统考成绩总是位列八十中学以后。所以，八十中学是朝阳区非常优秀的学校，是我从小的认知。

那还有比八十中学更好的国际部吗？

下面我们从东城、西城、海淀、朝阳四个区选出代表学校来比一下。实验中学国际部是大家近乎公认的西城第一，十一学校国际部是海淀第一，二中国际部是东城第一。从进入国际部的门槛和留学申请结果来看，八十中学国际部不如实验和十一，实验和十一也确实是朝阳区优秀学生会优先选择的学校。但要注意的是，实验给朝阳的名额是 9 个，十一给朝阳的名额是 31 个，加在一起仅接受 40 名朝阳学生，能去成的，必定是最优秀的那一小拨学生。

这么少的名额，要不要冲一把，还是稳稳地留在八十中或本区其他学校？这是很多初三学生家长的纠结。初三学生直升班出现以后，家长的纠结提前到了初二。初一融合班出现以后，家长的纠结甚至提前到了小学六年级。

📫 对八十中国际部的感性认识

我喜欢八十中学国际部，有很多原因。

一是我在新东方的同事——前途出国北京分公司总经理司明霞老师，她儿子在八十中学国际部学习，我称呼他为刘同学。刘同学喜欢八十中学国际部，他曾在美国学习了两年时间，因为疫情回国，他觉得八十中学国际部的老师们比所在的美国学校好，课程难度也高于美国，他有更多的收获，我也看见了他这两年扎实的进步。

二是我冒充刘同学的家长参加了八十中学国际部不少线上和线下的家长会，每次会后都给我带来不少压力。八十中学国际部每场家长会的第一部分，肯定是展示托福和 ACT 等标化考试的成绩排名，督促学生每三个月考一次托福，督促学生参加校内组织的 ACT 考试，督促他们高一高二都参加 AP 考试。所以八十中学的国际部学生来新东方参加标化培训，我们省心，因为学校的督促和压力使孩子们必须要定时定点出分，于是他们在课外班的学习就更为走心。

三是除了学分和标化管理严格，八十中学国际部还引入很多竞赛和学术拓展资源给学生。有一次家长会，我看见一个竞赛机构在介绍背景提升方案，给了家长很全面的留学认知。对有益的社会资源持开放态度，我觉得这是对的。所以，后来我看见八十中学国际部请优秀家长代表给学生讲解本行业、帮助学生思考专业方向时，一点也不意外。

四是我欣赏八十中学国际部李晓君校长的个人风格。分管国际部的李校几乎是这个圈层资历最老的管理者，当年国际部的定义还是外国学生部的时候，她就做这件事了，当时也在做这个的，还有现北京四中国际校区校长李树明，他俩算是国际教育界的元老级人物了。八十中于 2006 年成立中英项目，2011 年成立中美项目，2017 年引入 IB，2021 年引入 GAC，便于学生在本校考 ACT，李校都是这些项目的参与者。

我有一次和李晓君校长聊天，发现她对 IB 课程体系的师训表现出强烈的兴趣，这和我对 IB 内容的痴迷完全一致。那次我知道她也是英语专业毕业，对语言教学和用二语讲授学科充满热情。她管理国际部的目标感很强，紧紧抓住留学申请三要素——学分、标化、学术拓展。同时想尽办法吸引优秀学苗，不断推高留学申请的录取结果。

她是山西太原人，我历任新东方四个分校的校长，太原是我最爱的地方，山西人淳朴厚道，我把山西人当半个老乡。

尽管如此，我在新东方国际教育北京学校担任校长这七年，从来没有和八十中国际部有过任何商业合作，而且近来我们还有个别老师转投八十中学国际部，说起来令人伤心，但这没有影响我对八十中学国际部的亲近感，也相信自己和李校都是执着于教育的同道中人。

五是通过不少在新东方学习的八十中学国际部的学生，我知道了一些八十中学国际部的老师。孩子们是爱他们的。比如八十中有一位经济学女老师，她个性活泼，又认真负责，八十中学的男生们都非常喜欢学习她讲授的经济学课。还有一位我见过的在家长会上发言的年级主任，同学们都说他特别认真负责，家长们说他有求必应。

六是八十中学国际部招生多元化，给了更多孩子机会。这个国际部不仅接收京籍，还不排斥非京籍、京外和境外返回的学生，给了更多学生发展的机会和改变的希望。

📖 对八十中学国际部的理性认识

从 2022 年八十中 151 位毕业生的录取结果来看：美国排名前 30 的大学，有 1 个约翰斯·霍普金斯大学（美国第 9）、1 个西北大学（美国第 9）、1 个圣路易斯华盛顿大学（美国第 14）、1 个康奈尔大学（美国第 17）、1 个埃默里大学（美国第 21）、6 个弗吉尼亚大学（美国第 25）、1 个南加州大学（美国第 27）、1 个维克森林大学（美国第 28）、7 个纽约大学（美国第 28）、1 个北卡罗来纳大学（美国第 28）；英国前 5，有 1 个剑桥大学、2 个帝国理工学院、1 个伦敦政治经济学院、10 个伦敦大学学院；另外，加拿大排名第 1 的多伦多大学 20 个，中国香港地区排名第 1 的香港大学 9 个。

再对比上一届的录取结果。美国排名前 30 的大学录取中，有 1 个哥伦比亚大学（美国第 2）、1 个范德堡大学（美国第 14）、1 个圣路易斯华盛顿大学（美国第 14）、2 个加州大学洛杉矶分校（美国第 20）、1 个埃默里大学（美国第 21）、2 个南加州大学（美国第 27）、2 个北卡罗来纳大学（美国第 28）、10 个纽约大学（美国第 28）；英国前 5，有 1 个牛津大学、5 个帝国理工学院、2 个伦敦政治经济学院、16 个伦敦大学学院；其他，28 个多伦多大学，2 个香港大学。

对比两年录取情况，八十中学国际部对美国的圣路易斯华盛顿大学、埃默里大学、南加州大学、北卡罗来纳大学、纽约大学已经产生了校友效应，英国的牛剑均有录取，帝国理工学院保持稳定，圈内人也都明白，每年都有伦敦政治经济学院的本科录取实属不易。港大的录取也从 2021 年的 2 个增加到 9 个。连续两年，超过一半的学生进入美国前 30 和英国前 5 的大学。

从这个录取结果能得出什么结论？

首先，英美名校的录取均衡，与八十中学国际部全课程体系有关。八十中学国际部这届是 4 个 AP 班，2 个 A-Level 班。AP 班主申美国的大学，

A-Level 班主申英国的大学。同时，高二有 IB 国际文凭课程班。三线课程都有的国际部，除了八十中学国际部，只有海淀一届招生 240 人的十一学校国际部和招生 300 人的人大附中 ICC。以 150 人的招生量撑起三种课程体系，给学生提供了多种选择，能看出八十中学国际部对课程探索的热情，以及八十中在朝阳的责任。

2021 年底，我邀请李晓君校长宣讲时，希望她讲讲三线课程探索和对标化的重视，结果她讲的都是对学生全面成长的培养。后来我想了想，还是自己觉悟低了。不过，在我看来，三线齐发是八十中学国际部在朝阳最该坚守的东西，这是它的第一特色。

从学的角度来看，如果学生英语底子好，同时文理能力兼备，应让他挑战 IB 课程，经受学术锻炼；如果学生偏科，有明显的优势课程，就更适合 A-Level 体系，匹配英国大学录取特点；如果学生申请美国的大学，AP 是最对应的课程。

从教的角度来看，老师们在一个学校研究三种课程体系下的学科发展差异，真是幸运的事情。记得李校曾对我说，很希望北京的国际部能搞些大教研，成立大教研组，共同研究和探讨多种课程体系的发展，这样老师可以得到真正的发展，规避小国际部的教研瓶颈。

对这个全课程，我非常认可。

其次，这两年的八十中学国际部不断有学生被美国藤校和英国牛剑录取，这也是八十中学国际部持续吸引优秀学苗的结果。这对下届同学是激励，当然也是压力。

八十中学国际部 2019 届毕业生，美国方面最好的录取是莱斯大学，现美国排名第 17；2020 届是范德堡大学，现美国排名第 14；2021 届是哥伦比亚大学，现美国排名第 2，同时出现了牛津大学的录取；2022 届是约翰斯·霍普金斯大学，现美国排名第 9，同时出现了剑桥大学的录取。八十中学国际部优等生所申请大学的排名得到持续提升。

2022 年，八十中学国际部的高一，据了解，直升上来的班共计 25 人，高一托福平均分 104，托福 110+ 的有 6 个，初三时就已经考了一到三门 AP，还多是 5 分。我见了一个八十中学国际部的同学，面谈从头到尾闷闷不乐，原因是高一下学期托福 80 多分。我说，这分还可以啊，不应该这么痛苦。可见孩子的压力有多大。

其实，优等生大战还在延续。和一零一中学国际部的英才学院相似，2022 年，八十中学国际部国际部的管理层非常强调荣誉学院，这也是一个给优等生增加资源的项目。另外，2022 年这一届 9 年级已经有五个班，包括当初从 7 年级上来的两个融合班，初三 1.0 项目的两个直升班，还有一个 0.5 项目的半年班，平均每个班 25 人，即使算上流失，离 150 人的高一招生目标也就有一两个班三五十人的差距了。有的家长说，从初中上来的人跑票越少，中考分数的门槛就设定的越高。

八十中学国际部真正的好日子快来了。所以，这篇文章不是八十中学国际部的广告宣传文，因为他们不愁招生。

第三，培养过程的目标感和针对性。

我看不见八十中学国际部所谓差生的录取结果，但是根据近两年我对八十中学国际部家长会的观察，对于这个国际部为申请结果奋力一击的目标感，我是有切身体会的。这个过程我看得见，所谓种瓜得瓜，种豆得豆，结果是可预见的。

一个小例子。当有的国际部不要学生在高一报名 AP 考试时，八十中学国际部要求学生高一必须报，一班和二班的同学甚至要报考三门 AP，我觉得很好。有的 AP，如宏微观经济，物理 1 和 2，微积分 AB 或 BC，不用等到高二。而且，高一能解决一点是一点，别把压力都压在高二。例如有位被康奈尔大学录取的学生，在 GPA 全 A 的情况下有 6 门 AP 成绩加持，这是学术能力强的重要背书。

另一个小例子。在 SAT 或 ACT 所谓 optional（可选择）时，八十中学国际部家长会强调高二学生必须把 7 月中学国际部 ACT 考试当成决定性战役，把 2 月那场当成预备战役，规划和考场都给你准备好了。他们用这个办法督促学生去挑战难度更高的考试，为未来申请名校获得更多筹码。

据说家长希望学校引入 ACT 考试时，学校第一时间解决了；疫情造成托福线下考困难，家长又提出希望把托福考场引入校内，学校第一时间找到了 ETS，又给解决了。

八十中学国际部吸引优等生的战略和刺激优等生的课程设置是同步的。和十一学校国际部和人大附中 ICC 的 A-Level 课程相比，高一学生进校无铺垫直接进入 AS 数理化生经的学习，没有 IGCSE，没有 PRE 预备。我个人认为，两个方面军，无论是初三 1.0 融合过的，还是经过中考数理化洗礼的，都是能直接进入 AS 的学习的。而且，当其他学校高二下学期才准备 AS 大考时，八十中学国际部在高二上就完成了几个科目的大考。这种打法有两个好处：一是成绩不理想便于补考，二是把大考提早解决就可以专注竞赛等学术拓展活动。

课程建设这个东西，懂和不懂，专业还是不专业，是有差异的。八十中学国际部的 A-Level 课程开的门类少，就是数学、物理、化学、生物、经济学，没那么多可选。原因是牛剑在官网上明确指出，他们更认可"数理化生经"五门核心课程，其他科目的含金量低于以上五科。所以八十中学国际部给学生们筛选好了，集中精力办大事，把范围缩小，把质量搞上来，在内卷时代，把 A 提升到 A* 更重要。

A-Level 开得精，AP 开得多。美国大学委员会提出的 AP 报考建议中，说想学生物专业的同学最好选择生物、化学、微积分 AB、微积分 BC、计算机科学 A（CSA）、计算机科学原理（CSP）。当我有点惊讶于申请生物专业还需要 AP 计算机时，发现这两门计算机相关课程出现在了八十中学国际部高二的选修课列表。在北京公办校国际部中，八十中学国际部以 20 门 AP 课程数量位居第一梯队。

📍 朝阳区大背景下的国际教育路径

新东方国际教育展上，李晓君校长代表八十中学国际部发言，谈到八十中学国际部与北京近 100% 的外籍人员子女学校和外国使馆为邻，与众多的世界名企共居朝阳。

但是另一方面，面对国际教育路径，朝阳家长上国际部西进海淀、西城，上国际学校东奔顺义，朝阳本区似乎不是本区优秀学生的首选。西城重点国际部之一的四中国际校区就对朝阳优等生非常欢迎。他们每年招生 100 人，其中朝阳区有 25 个名额。四中国际校区前学术校长王成毅曾对我说，他非常喜欢朝阳的学生，因为朝阳的学生群体比较活，对新事物的接受能力强，家长群体素质和普遍认知比较高，家长层面的内卷度并不像东城、西城、海淀那么高。在同等分段上看，从朝阳区初中过来的孩子可塑性强，有点像四中初中的培养方式，学生普遍自信、心态好、组织活动靠谱，很少有说得多做得少的情况，大家都实干。还有就是朝阳区的英语口语能力通常较好，孩子敢于表达。

还有一个特殊的现象是，我们做择校业务，有机会看到很多同学的简历。海淀学生的简历多是强调学习本身，朝阳学生的简历更加注重课外活动和全面发展，读起来更有趣一些。

以上就是朝阳区国际教育和留学培养的大背景。

在这个大背景下，我和我的同事们都看到朝阳区的教育系统采用了或至少是包容了更加灵活的国际教育发展策略。

国际部的发展受制于两个要素：国家政策和教师待遇。前者一旦变动，生源质量就会随之产生变化。融合和直升课程项目的探索，入口多元化的坚持，政策灵活使得八十中吸纳优秀生源成为可能。这样发展下去，八十中国际部和朝阳区其他国际部都有望进入北京的第一梯队，这与 CBD 和大朝阳的开放形象相匹配。

作为国际教育的观察者和参与者，我心里有一个完美的国际部或者国际学校的形象。它应包含五种要素：

1. 随着学校发展，招生门槛形成，学生水平相对整齐，便于展开教学；

2. AP/A-Level/IB 多种课程体系并存，解决学生留学目标多元化和学习过程中的流动性问题；

3. 年级学生总量不低于 100 人，这意味着三种主流课程至少各自形成两个班，每班 15~20 人，尖子班和标准班，容纳分层教学，鼓励定期的层级流动；

4. 外教和中教数量均衡，外教偏文科教学，中教使用双语教数理化生经，让语言和思想成熟度不同的学生都可以获得符合自己特点的发展；

5. 管理风格包含中国要素，对手机、作风、课堂纪律和住宿纪律等严格管理，不排斥排名等刺激竞争的管理手段，培养学生逆商。

截至 2022 年，北京有 24 所公办校国际部和 70 多所民办私立国际学校，13 所外籍人员子女学校不计，当家长挑得眼花缭乱的时候，我常根据以上标准帮他们判断好坏。我认为好的国际部或国际学校，是建立在中国教育基础上的国际教育探索，最终把孩子落在世界需要什么样的中国人才的培养道路上。

反例有很多。

有的国际化学校把孩子培养的斗争性十足，常备批判性思维，可是他们的批判缺乏充分的知识储备作为基础，批判的理性不足，论点不见得站得住脚。

有的国际化学校不重视学生对文科知识的背记，不注意理科题目的大量练习，纯粹按照西方的模式给孩子大量自由和随意性，可是若干年后等孩子走上工作岗位，又发现外国企业需要的大多是数理化扎实、吃苦耐劳、忍辱负重的亚裔科技人才。

有的国际化学校过于国际，一些性格内向、特点并不突出的中等生找不到自己的定位，在热闹的氛围中受到的抑制可能比得到的鼓励更多。

从这个意义上说，我真正期待的，不是国际教育，而是融合教育，是符合我们的特点和目标、把中国教育的优点和国际教育的优点融合在一起的东西。

我认为八十中学国际部是在探索这样的道路。

当然不止八十中学国际部一个学校在探索这样的道路。

我从小在西城长大，深知北京隔区如隔山，所以我小时候连东城最好的学校都说不清楚。北京东、西、海、朝四个城区的教育还是有区别的。我曾经见到过从小在朝阳学习的学生去了海淀上公立高中的国际部，经历了漫长的适应期，我还记得那个女同学流着眼泪和我说："怎么中考分都是一样的，海淀的同学却比我优秀那么多？"我不停地安慰她说："不是海淀同学比你优秀，你们只是不一样而已。"

所以，我不反对跨区，但我也希望教育均衡，就是每个区都有优秀的资源，让孩子不至于因为资源的优劣"背井离乡"。

从这个意义上说，我欣赏朝阳区大力发展本区的国际教育，继续采取灵活政策，让本区高质量的国际教育资源和名额越来越多，这是缓解朝阳群众留学焦虑最好的办法。

海淀：十一学校国际部的美高特色

文 / 高文成

每当家长问我"在十一学校国际部读书，需要注意什么"的问题时，我总会讲一个学生的故事。

2017 年，一位新进入国际部的学生妈妈带着孩子找我咨询托福学习的问题。和学生接触时，我感受到他对托福的抵触：经常不回复学习顾问老师的单词打卡，拖延阅读和听力老师的作业，排好的口语课临时取消。这让我特别担心他的学习效果。三次面谈中，他也表现得很沉默，多数时候都是我说得多，他说得少。一个月后，因为学习效果不明显，我便主动向家长提出终止课程，让学生尝试其他方法。之后我也逐渐和这位学生断了联系。

两年后，我受十一学校国际部的学生邀请去学校观看音乐剧《怪物史瑞克》，我一眼就认出舞台上"贫嘴驴"的扮演者，他正是之前那名学生。他在舞台上精彩的表演和之前面谈时唯唯诺诺的样子判若两人。我感叹道，十一学校国际部有一股能让学生变得更好的力量。

🗺 天花板级别课程设置

十一学校国际部每年招收 230 名学生，其中 AP 项目 100 人，A-Level 项目 70 人，IB 项目 60 人。为了有效提高课程效果，十一学校国际部完美融合了国家必修课程和国际课程。前者由中教授课，后者由中外教协同教授。十一学校国际部的学生告诉我，学校为了更好地平衡他们的时间，高一年级的国家必修课（简称"CNCC"）节奏快于外方课程，既为学生的能力与知识打基础，又让学生在进入项目课程的学习前做好充分准备。这种差异化的课程设置既满足了课程要求，也减轻了学生的学习负担。

十一学校国际部课程的另一大特点是"个性化"。在核心课程上，学校充分尊重了学生的个体化差异，对课程进行分组、分层教学。高一对英语、数学、物理、化学等课程组进行分层，难度从高到低依次为 AP 层、荣誉层、普通层。高二则按英语、数学、社科、科学等专业组进行分层选课，基础好的学生能选择大学难度课程。进入高三后，部分学生甚至可以选择大学难度的进阶课程。普通层、荣誉层、AP 层和进阶层的"立体式"课程在国际部课程设置中极为少见。一位被芝加哥大学录取的学生告诉我，他在高二选择了进阶微积分（课程难度高于 AP 微积分 BC），老师要求学生使用编程语言完成作业，对学生是不小的挑战。但他熬过去之后发现，这种要求让他在顶尖的数学类学术拓展项目中游刃有余。

十一学校国际部的老师告诉我，根据不同国际课程特点，学校为 A-Level 项目学生开设 21 门课程，为 AP 项目学生开设 36 门课程，为 IBDP 项目学生开设 18 门课程，具体开课情况如下。

中英合作剑桥国际高中课程（A-Level，简称 AL）开设的 21 门课程：IGCSE 英语、AS/AL 英语语言文学、西班牙语、德语、法语、AS/AL 数学、AS/AL 进阶数学、AS/AL 物理、应用物理、AS/AL 化学、AS/AL 生物、AS/AL 计算机科学、AS/AL 商学、AS/AL 经济学、AS/AL 心理学、AS/AL 环球视野、AS/AL 环境管理、AS/AL 艺术与设计、AS/AL 音乐理论、戏剧表演、吉他演奏。

中美合作国际高中课程（AP）开设的 36 门课程：AP 英语语言与写作、AP 英语文学与写作、西班牙语、德语、法语、日语、AP 微积分 AB/BC、AP 统计学、线性代数 / 离散数学 / 概率论、高阶微积分、AP 计算机原理 /A、AP 物理 1/2/C、高阶物理、AP 化学、高阶化学、普通生物学、AP 生物学、海洋科学 / 人体生理与解剖、AP 经济学、高阶经济学、商学、AP 学术研讨、AP 心理学、世界文化、高阶心理学、媒体素养、人文通识课程、AP 艺术–2D 设计与绘画、AP 艺术–3D 设计、AP 音乐理论、数字音乐、乐团演奏、吉他演奏、戏剧、摄影、合唱。

国际文凭组织高中课程项目（IBDP）开设的 18 门课程：IB 中文 A：语言与文学（SL/HL）、IB 英语 A：语言与文学（SL/HL）、IB 英语 B（HL）、IB 数学：分析与方法（SL/HL）、IB 数学：应用与解释（SL/HL）、IB 物理（SL/HL）、IB 化学（SL/HL）、IB 生物（SL/HL）、IB 计算机科学（SL/HL）、IB 经济学（SL/HL）、IB 商业管理（SL/HL）、IB 心理学（SL/HL）、IB 音乐（SL/HL）、IB 视觉艺术（SL/HL）、IB 电影（SL/HL）、创造、活动与服务（CAS）、知识论（TOK）、拓展性论文（EE）。

因为丰富的课程，学生在选课时有很大选择空间，既可以探索新学科，又可以挑战熟悉领域的高难度课程。另一位被芝加哥大学录取的同学提到，初中时他们班所有人的目标都是中考考个好成绩。而进入十一学校国际部后，每个人会有不同的专业追求，但大家很难第一时间就认清，因此一个丰富的选课池就很关键。

一位被布朗大学录取的同学也提到，十一学校国际部的丰富课程让他的申请有了更多的可能性。他在 Jazz Band 课上提高了自己的圆号演奏水平，他在德语课上提高了语言的多样化表达技巧。这些经历后来都写进了布朗大学的申请材料。

好的师资是为了激发学生的求知欲

丰富的课程设置需要强大的教师团队。十一学校国际部拥有外籍教师70多人，中方教师45人。很多家长会把外教数量多解读为孩子的英语口语会更好，但实际结果并不是。当我询问一位十一国际部的学生时，他告诉我："这很正常，外教是老师，不是口语陪练。"

在如此强大的教师团队面前，学生是否适应教师的风格会对GPA产生一定的影响。高一时，数学、物理、化学、英语等学科会由两位教师同时授课，中教负责学业考试内容，外教负责外方课程内容。很多外教在上课时，习惯用打印的阅读材料，英语阅读的水平直接影响学生预习或复习进度。学生对外教的评分也需要适应。之前就有学生因为作业格式问题，而被外教打了低分。引用某高三知名毕业生的一段话："十一的外教知识渊博，教学出色。仅仅只是课上的45分钟，不足以让外教们充分发挥，大家可以在课外多和外教们沟通。这对于适应外教们的授课风格有极大的好处。"

这么多的老师意味着什么？我认为是一种沟通的氛围。学生的想法能够被老师听到并被回应。学生被这种顺畅沟通的氛围包围，在这种环境中成长。

IB项目的学生告诉我，她的数学课是小班化教学，所以她可以随心所欲地问各种"低级问题"，老师也能够逐一回复。这种回应不仅不会让她不好意思，反而会刺激她深层次的思考，并继续提问。她最终被剑桥大学数学系录取。

一位高二的学生告诉我，想要在十一学校国际部学得好，你得学会主动找老师。课上可以提问，课下也可以提问。很多拓展知识都是在课下被问出来的。学校很有名的经济学老师会在课下给学生推荐政治、经济、统计、哲学方面的书籍，并和学生一起讨论。

新东方定制口试班的李海伦老师告诉我，十一学校国际部在面试时会根据学生的回答不断追问。比如遇到"为什么选择十一学校国际部"时，你若回答"我喜欢十一的课程"，那面试官会追问"哪门课程吸引你"；你若回答"物理课"，面试官会问"物理课有何特别之处"；你若回答"物理课的老师很优秀"，面试官会继续追问"外教的优秀如何体现"；等等。这种面试方式会给一部分学生带来压迫感，但这恰恰是十一学校国际部强大教师团队的核心：学生是在和老师的沟通中进步，"老师讲课，学生听课"的模式不是学习的全部。

从十一学校国际部的加试开始，学校一直向家长和学生传递"互动"的声音。当有学生向我抱怨校内学习内容有压力时，我都会问一句："这个情况你和老师沟通过吗？"也许，在十一学校国际部的最佳成长之路，便是多向老师提问或求助。

学习好不是标配，兴趣探索是常态

文章开篇里提到的那位学生不一定拥有完美的成绩，但是他在音乐剧上的表现深深震撼了我。什么样的环境让一个没有任何表演经验，甚至和导演都不认识的同学，投入如此大的热情在当年的音乐节表演上？

答案是社团。

十一学校国际部的公众号"启航远翥"上有 41 篇 2020—2021 届毕业生的成长故事。在这些故事中，学生们分享了他们在十一学校国际部的学习经历，"课程"被提到了 110 次，而"社团"被提到 221 次。

社团是学生自发组织的活动团体。申请国外大学时学生需要提交具体的活动经历，所以社团成为学生校园生活很重要的一部分。学生可以加入一个社团，认识来自不同年级的、志同道合的伙伴；也可以接手一个社团，尝试在社团基础上，努力创新，实现自己的想法；也可以创建一个社团，体验当一名创始人的挑战与收获。

这些社团占据了学生下午四点十分之后的时间。在十一学校国际部里，一共有 173 个学生社团，包括体育类、艺术类、学术类、公益类、文化类、活动类、科技类等。

体育类社团包括体育舞蹈队、学校游泳队和女排队等；艺术类社团包括爱乐乐团、方圆电视台和歌剧社等；学术类包括 USAD 社团、松子商社和方圆经济社等；公益类社团包括荧光公益社团、教育公益社和繁星公益社等；文化类社团包括 BNDS 校园文化研究所、拜占庭 CREW 和创意传媒社等；活动类社团包括模型玩具协会、围棋社和推理社等；科技类社团包括寰桐阁、机器人社和科幻社等。

这些社团为学生提供 828 个管理岗位。学校的大型综合活动如狂欢节、红窗汇、外国文化日等，为学生提供展现创造力和领导力的平台，全校打通的学科竞赛和科创平台为学生提供了发展兴趣和提升学术素养的丰富机会。

有的学生在机器人社团，学会了机器人搭建和硬件编程，最终被康奈尔大学录取；有的同学在生物合成社，体验了生物实验的流程和合成生物学的乐趣，最终被芝加哥大学录取；有的同学在公益社中，了解到教育发展的不均衡性并尝试解决，最终被布朗大学录取；还有同学参加太空设计社，学习了工程原理和商业策划，最终被范德堡大学录取。

在社团里，学生是主角，学生的兴趣在社团里被点燃。一位被芝加哥大学录取的学生告诉我，她在社团里发现一个高中生可以身穿实验服在高端实验室做研究，可以通过编程操控复杂的机器人，可以通过数学建模预判疾病的扩散，等等，这让她对这些活动跃跃欲试。她参与的互助社是为了帮助学习上有困难的学生。高年级同学帮助低年级同学，让新同学迅速入门感兴趣的领域，这也帮着一届又一届的同学建立了联系，无形中有了传承的力量。一位被圣母大学录取的学生告诉我，她发起的社团需要给同学们在学习上带来帮助。为了避免被同学们问住，她需要更加专心地备课，这也促进了她学术水平的提高。

家长眼中的学习更多是在课堂上，而学生眼里社团和课程同等重要。GPA 量化了学习成绩，社团活动提供了更多机会。大家可以主动选择，灵活参与。

被康奈尔大学录取的学生说，参加完社团才体会到了贪多嚼不烂的道理，明白了做事要分主次，要学会做减法。这是社团最大的魅力。

2022 年早申请结果刚刚公布时，我通过各方信息了解到十一学校国际部的录取结果：1 人被录取到耶鲁大学、1 人被录取到斯坦福大学、2 人被录取到芝加哥大学、1 人被录取到杜克大学、1 人被录取到约翰斯·霍普金斯大学、11 人被录取到圣路易斯华盛顿大学、2 人被录取到康奈尔大学、1 人被录取到布朗大学……在早申中录取的这一小撮人中，有初中就取得托福 110+ 的早规划同学，也有托福 120 分的学霸，更有在顶尖学科竞赛中摘金夺银的学术型人才。值得关注的是全美排名第 14 的圣路易斯华盛顿大学，早申录取人数由去年的 8 人增加至 11 人。录取人数的增加体现了大学对十一学校国际部学生学术专业能力的肯定。申请结果的背后有学生升学咨询中心的支持。咨询老师们会协助学生申请文书的构思、帮助递交材料、举办大学招生说明会。被西北大学录取的学生提起咨询老师时充满了感激。老师不仅鼓励她申请自己心仪的大学，更在申请文书、模拟面试等方面给予细致指导。

十一学校国际部以课程为中心，为学生提供了丰富的资源、机会与成长空间，培养了他们探索世界和求知的欲望。学生们因为十一学校国际部而变得更好。

海淀：人大附中 ICC 的智能方程式

文 / 高文成

提到人大附中，脑海里首先浮现出的是穿着红白相间校服的同学。每年国际部择校时，我总会听到一种声音：我只想去人大附中 ICC，就想穿那身校服。

人大附中 ICC 有这么一条规定：学生周一到周四必须穿校服，周五可以便装。可这身校服穿上了就好像脱不下来似的。周五甚至周六日，很多学生也会继续穿校服；去香港参加 SAT 考试时，红白校服也一路相陪伴；甚至在美国和英国的大学宿舍和健身房，也能见到人大附中 ICC 的这身校服。

这种归属感每个学校都有，但可能因为人大附中 ICC 人多，这种对母校的情感被放大了。

人大附中 ICC 是我们对人大附中中外合作办学项目的简称。从招生规模看，人大附中 ICC 是北京规模最大的公办校国际部，每届招收 300 人。其中美国大学先修课程 AP 项目和英国高中课程 A-Level 项目分别招生 120 人，国际文凭课程 IB 项目招生 60 人。开设顺序最早是 A-Level，之后引进 AP，最后开设 IB，目前拥有 13 届毕业生。

在一次新东方国际教育展上，人大附中 ICC 的副主任赵玥老师做了一场题为"凝心聚力育英才"的讲座。讲座展示的课程建设、教师团队和课堂生活让我看见了不一样的人大附中 ICC。好奇心驱使我和赵主任预约一场近距离访校。在赵主任的安排下，新东方国际教育北京学校校长谢强老师、国际教育部助理总监王梅老师和我走进人大附中，与分管 ICC 的高江涛校长有了一次两个小时的长谈。

高校长是人大附中物理特级教师，主管全校教学。他是人大附中早培班的缔造者，后来参与设计人大附中美国分校的课程。后者每年都有优秀的理科学生被麻省理工学院录取。2020 年 9 月，他开始主管人大附中 ICC，次年 5 月起兼任 ICC 主任，亲自主抓日常工作。

在面谈中，他提到最多的便是优秀的师资、丰富的课程。高校长早年给实验班和早培班学生上物理课。他认为老师的使命是激发孩子们对科学的兴趣，培养他们独立思考、乐于探究的意识和能力，这要求教师在教学中将知识融会贯通。这也成为学校挑选优秀师资进入 ICC 教学的标准。

人大附中 ICC 的教师团队由外教和中教（含海归教师）组成，其中以中教为主导，约占 70%。数学和科学全部由清华、北大等国内名校的毕业生和人大附中普高优秀教师任教，人文社科类学科则聘请毕业于哈佛大学、斯坦福大学、耶鲁大学和哥伦比亚大学等世界名校的海归教师。这种教师结构提高了学生的学习效果，实现学科的扬长避短。

为了帮学校留住优秀老师，高校长可谓用心良苦。2015 年，学校为留住一位生物领域的高端人才，把价值几十万的生物高端实验室全权交给他设计和管理。近一年的时间里，高校长打通了普高和 ICC 的师资，让更优秀的普高教师参与到 ICC 的日常教学，带班数量变为"3 个 ICC 班，1 个普高班"。

李永乐老师，人大附中物理竞赛金牌教练，学生眼中的"国家级网红物理老师"，他录制了 200 多段科普短视频，在网络上有超过 1 亿的播放量。2017 年，我认识的一位学生因为酷爱李老师的物理课，最终请他向美国大学写了推荐信。学生最终被全美排名 29 的北卡罗来纳大学教堂山分校天体物理系录取。李老师在网上走红时，我也关注了他的科普视频，他能用通俗易懂的语言将时事背后的科学道理讲清楚。上过李老师物理课的学生说，李老师讲课穿插着满满的梗和故事，善于带动学生情绪。他会用最精确简练的语言解答硬核学术知识。李老师讲课的板书量很多，40分钟的课下来经常是4~5面黑板容量的板书。

和渊老师，清华大学生命科学学院博士毕业，师从施一公院士和颜宁院士。在校内除了教授生物课外，也会开设人工智能和跨学科课程。她坚信最好的人培养最优秀的人，以博士身份加入人大附中的教师团队。她希望培养既有专业深度，又有思维广度的"T型人才"。在和渊老师的课上，学生的描述是：讲课频率超级快，全程高能。干货考点和硬核学术会用图表和具体案例分析讲解。我有次和一位学生面谈时，他兴奋地告诉我，他们下学期的生物老师可牛了，我问有多牛，他说"照片出现在教科书里的那种牛"。他提到的便是和渊老师。

类似这样的老师在ICC还有很多。武迪老师，清华大学博士，麻省理工学院交换生，ICC副主任，教授ICC和早培班学生计算机课程。前两年临危受命接任一个IB班，这个班的学生在5月的IB大考中，全员取得最高分7分。

白瑜洁，斯坦福大学硕士，经济和商学老师，IB协调员。学生特别喜欢跟她一起做案例分析以及实地考察。有一阵她带学生做了"年轻人的奶茶消费习惯和消费模式"的商业分析，那段时间我经常在新中关购物中心看到有穿红白相间校服的孩子拿着问卷采访捧着奶茶的年轻人。

郝兆源，人民大学文学院硕士，教授IB文学和A-Level/AP语文。他第一天上课便被学生认出，因为他是2016年央视"中华好诗词"MVP和最具人气选手。学生们喜欢他风趣幽默的授课风格，也为他渊博的知识和信手拈来、旁征博引的课堂状态折服。他还开设诗词赏析、古典诗歌创作等研修课。2022年，他带的班早申已有8名同学被国外知名大学录取，包括芝加哥大学、康奈尔大学、牛津大学等名校。

当这些老师都能走进 ICC 课堂时，ICC 便获得了人大附最大的支持。同时，随着国际课程进入中国高中超过 20 年，国际课程也从原本的国外课程，走到了建立学校特长和办学风格的课程融合阶段。这也需要强大的教师团队提供学术性的课程方案。

每年择校时都有人大附中初中部的家长问我，孩子之后想出国是去 ICC 还是留在普高？我的答案都是"ICC"。

和普高相比，人大附中 ICC 的课程更有利于学生适应国外大学的环境。选课走班制、过程性评价、中外融合课程等给予了国际部学生更大的学习自主性和灵活性。

这两年人大附中 ICC 借鉴了人大附中早培班的课程理念，探索了一套新的 ICC 融合课程。人大附中早培班的核心是素质教育，激发孩子创造力，提供个性化课程。这和国际教育的课程目标不谋而合。

在赵玥老师的朋友圈，我看到来自 2020 届毕业生琚博韬的一段文字，该学生目前在杜克大学就读。回忆 ICC 高中生活时，他说：

"人大附中这个平台有很多资源，很多机会。我站在这么高的平台上，要抬头看看身边的世界。否则你站得再高，如果只看脚下，其实也就那么大一点儿地儿。我建议学弟学妹们不要光想着高中三年是为了以后大学，你要看高中三年能给你带来什么样的人生体验。人大附中有很多优秀的社团以及优秀的同伴，多跟他们聊一聊，不要老把身边的人当作竞争对手，这是没有意义的零和博弈。要看身边同学能给你什么样的启发，我们能不能一块儿创立一个什么新的社团，做一些什么新奇的事情，在自己感兴趣的领域多做探索。"

当我对人大附中 ICC 课程的认识还停留在"完整开设英国高中课程 A-Level、美国大学先修课程 AP、国际文凭课程 IB"时，学校已经打破课程项目隔阂，探索出了一条"有课、有科研、有比赛、有论文"的素质教育之路。

从人大附中 ICC 毕业，并被杜克大学工程系录取的一位学生告诉我，高一他最大的不适应不是考试分数，而是没有方向。"初中就是盯考试分数，进入 ICC 后只盯着分数就不够了，还得会选择特长甚至是大学申请方向，但却没人告诉我咋选"。

为了解决类似问题，人大附中 ICC 从课程改革入手。赵主任分享了一位学生探索经济专业的过程。学生在高一参加了人大附中 ICC 举办的"名家讲坛"与社会实践系列活动。他被中国投资有限责任公司副总经理祁斌老师的讲座吸引。在听完祁斌老师题为"大国博弈与中国经济金融发展"的讲座后，他萌生了对金融经济的兴趣。为了验证这种兴趣，他参加了校内的 JA 经济社，并在北京市高中经济学人创业大赛中，获创业者一等奖。这次比赛经历坚定了他学习金融经济的决心，于是他将校内的主修学科定为经济，并选择"金融理论与实务"作为研修课，并在结课时完成一篇经济学论文。

人大附中 ICC 每年招收 300 位学生，这位探索经济学之路的学生只是300 人中的一个缩影。这背后是人大附中 ICC 为学生开辟的一条专业探索之路，其中融合课程是核心。"名家讲坛"系列讲座引导学生的兴趣，校内学术社团为学生提供尝试机会，项目必修课奠定学科基础，研修课帮学生完成个性化成果。

研修课最初是人大附中早培的特色课程。每周半天时间，或举办专题讲座，或进行科学实验，或走出校门到科研院所参观学习。研修课程对不同学科有不同要求，比如，语文研修重在扩大阅读量，生物研修重在观察、记录，物理研修重在高中综合实验。在参考了早培班的研修课方案后，人大附中ICC 在 2021 年全面推行研修课。

每周四下午，全体 ICC 学生参加研修课。研修课覆盖 7 个学科：数学、科学、工程技术、语言文学、人文、艺术、体育，共计 30 多门课程。热门的研修课包括国际竞赛、英语经典阅读欣赏、基因编辑技术和创业、宇宙射线探测、和人工智能一起玩赛车、故宫建筑文化研究等课题研究课。一位高二在读的 ICC 学生告诉我，研修课为他们搭建了一个展示自己潜力的平台。通过研修课，他体验了合作学习的乐趣。和刷题考试相比，这是一种新的学习方式，是一种全面且个性化的课程。

如今，面对家长们问到"人大附中 ICC 喜欢什么样的学生"的问题时，我有了新的认识。人大附中 ICC 除了招收成绩好、中考分高的学生外，也会选择有优秀学术基础和良好学习习惯的学生。"哪怕目前成绩没那么优秀，如果发现他有非常强烈的求知欲和好奇心，我们也欢迎他加入人大附中 ICC"，这是新东方国际教育展上人大附中 ICC 的招生老师向家长们传递的声音。

在人大附中 ICC 这套课程体系面前，听从家长的安排未必是最好的方式，能做出自己的选择反而更有意义。我有幸目睹了一些 ICC 学生高中的三年成长。好奇心驱使学生在海量的学术资源面前做选择，求知欲让学生围绕在优秀教师身边，持续挖掘自己的特长。

他们中有人最终被藤校或牛剑录取；也有人选择了适合自己的其他大学，享受着学术和兴趣结合带来的快乐。一位被纽约大学录取的 ICC 学生告诉我，ICC 充满了多样性，有整天跑自习室的学霸，也有各种社团活动达人，你可以天天和学霸为伍，也可以选择读书俱乐部。因为这种多样性，大家的成长有更多可能。这个世界之所以美丽，是因为它没有放弃任何一种色彩。他很享受现在的大学生活，是因为他认识到了每个人都有不同的成长轨迹。

与高校长面谈结束时，我们问起了高校长的微信名。高校长的微信名叫"智能方程"，源于爱因斯坦的"质能方程"。他认为只要给孩子充分的探索机会，就能释放学生足够的学术潜力和社会影响力。优秀师资和融合课程成了他们帮助学生释放潜力的助推器。

海淀：一零一中学国际部的英才学院

文 / 王梅

一零一中学国际部创办至今，可以说打造了公立校国际部的办学楷模。稳坐京城第一梯队国际部，打造了一个小而精、高师生比、多国出口好的优质团队。

海淀区这所小而美、入口整齐、出口优异的国际部，从 2019 年开始就如同一匹黑马，成为京城最火的学校之一。以 2021 年招生为例，5 月 14 日招生简章一发出，文章点击量不到 24 小时就超过 1 万，报名链接和公益邀请赛参与人数达到近 3000。家长们关注的疫情和国际形势是否降低了留学热情这一点，从一零一中学国际部的报考热度看，似乎并未受到太多影响。

在不断自我挑战、自我迭代这件事情上，一零一中学国际部从不止步，每年招生季都会成为家长最关注的学校之一。从原有 60 人的规模到如今 120 人，个性关注和录取结果没有因为扩张受到影响，反而在办学成果上呈现非常明显的上升趋势。2020 年推出英才班，2022 年进一步推进对优等生的吸引策略，英才班从 20 人增加到 40 人。IB 方向 20 人，AP 方向 20 人。

2022 年，为满足北京地区家长和学生需求，新增两个特色项目：剑桥科研培训生项目和音乐特长培养项目。主要满足越来越多的英美双申和目标为英国大学的家庭，以及有艺术特长的学员。

总结起来，一零一中学国际部这几年最重要的变化有三点。

🗺️ 三个变化

变化一：IPAC 课程班（英才班）扩大，新开 AP 方向

一零一中学国际部英才班又叫 IPAC 课程班，全称为 International Program Accelerate Curriculum，也叫国际英才班，目前已经连续两年招生，名额 20 人，IB 体系，生源极佳，在读家庭口碑很好。由于一零一中学国际部在英才班招生上，一直秉承宁缺毋滥的原则，不符合条件不予录取，因此实际入读的学生每年在 15 人左右。高一有升班制，会有从其他班型转入英才班的机会。

国际英才班值得选择的理由有三个：第一，顶尖学苗小班个性化培养；第二，学术资源充分，教学成果突出；第三，户籍 / 国籍政策灵活友好。

2022 年英才班招生名额扩大为 40 人，两个班，除 IB 体系外新开 AP 方向，也就是 IB 方向一个班，招生 20 人；AP 方向一个班，招生 20 人。所以招生简章上，IPAC-APG11 就是英才班 AP 方向，IPAC-IBG11 就是英才班 IB 方向。

那么 G11 代表什么呢？在课程安排上，国际英才班两个方向的高一课程主要为大通识内容，全部为融合课程，结合国内课程、IB、AP 及特色课程。高一结束以后升入高二的时候，分流为 AP 和 IB 课程。因此 G11 代表 11 年级 / 高二。

增开 AP 英才班对很多家长和学生来说，是极大的利好。一来扩大英才班招生范围，二来满足那些实在不希望选择 IB 课程体系的优秀学生。关于英才班 AP 方向，还有两大"特权"。在进校学科评估后，高一选择 3~4 门 AP 课程，为未来相关科研竞赛和活动项目做准备。同时，还可以单修 IB 课程，提升自身学术能力。

目前英才班学生学术成果丰硕，在读学生已在竞赛、科研、实验等方面屡获佳绩，目前已有成果包括但不限于入围国际科学与工程大奖赛（Intel ISEF）

全球赛、丘成桐中学科学奖计算机全球总决赛、丘成桐中学科学奖经济全球总决赛，获得康莱德创新挑战赛中国金奖、美国高中数学建模竞赛（HiMCM）全球 6%、英国化学奥赛全球金奖等。此外，学生在心理学、环境科学、模拟政协、脑科学、智慧校园等项目中成果斐然，部分学生的研究论文已被国内外核心期刊收录。

需要特别注意的是，国际英才班没有户籍/国籍等过多限制，但会单招单考。

变化二：英才学院资源全面开放

一零一中学国际部打造的英才学院是尖端学术资源高地，是在北京大学、同济大学、中国人工智能学会、北京理工大学、中国科学院大学、中科院以及中国军事科学院创新学院等高校及科研机构的支持下，由国内最高水平的专家和院士领衔，在英才学院创建实验室，并亲自指导学生。

英才学院内所有的资源，国际部学生都可以和本部学生一起共享，甚至更有优势。例如，一零一中学国际部英才班的学生可以免试直接选择英才学院课程，且所有内容 100% 可选。如果有需求，也可以为学生量身定制资源。

从 2022 年开始，国际部 AP 班的所有学生，通过选拔后全面开放英才学院的资源。国际部会发布招募公告，公告中会有具体选拔标准。对应的导师和教授会安排笔面试（根据具体需要），主要以学生的学科表现为选拔依据，但学生的综合素质、团队表现等也是重要参考项。

另外，AP 班级生源整齐，开放英才学员资源意味着学生在学术表现上有更多提升空间，对个人能力提升和申请都极其有利。这是一零一中学国际部在 AP 班的重要投入，如果觉得英才班条件较高，可以选择 AP 班，未来升班进入英才班。或不升班，但申请同等资源。

变化三：新增艺术特长培养项目

对有艺术特长，尤其是音乐特长的学生来说，报考一零一中学国际部可以优先选择艺术特长培养项目。音乐特长培养项目也是单招单考，有单独的要求。如果孩子擅长中国乐器、管弦乐器等乐器，或有作曲、音乐理论 / 教育方向等相关领域的特长与活动，都可以报考。

具体的方向及招生名额为：

音乐学（音乐理论、音乐教育方向）8 人

音乐表演（西洋管弦乐器）14 人

音乐表演（中国乐器演奏）4 人

音乐表演（钢琴）2 人

作曲与作曲技术理论（作曲）2 人

艺术特长培养项目的资源非常丰富，四方联动打造，分别是：一零一金帆乐团、一零一民乐团、美国康州地区联合教育服务局（ACES）和一零一中学国际部。未来申请目标既可以是顶级音乐类院校，也可以申请美国综合性大学的艺术学院以及美国的文理学院等。

需要特别注意的是，艺术特长项目并没有 120 人之外的单独招生名额，学生和国际英才班以及 AP 班是统一编班的，对学生水平的要求并不低。也就是说，是符合招生条件且有艺术特长的学生，才能入读。入读后，有定制的课程，且每周学校有额外的资源投入，例如专业素养课程。

一零一中学国际部在招生和升学方面，也有鲜明的特点。

📍 招生特点

根据一零一中学国际部历年招生情况看，会有笔试和面试两轮。笔试的形式就是英语公益邀请大赛，内容为阅读和写作，难度高于中考低于托福。在笔试通过后，学生会接到复试通知，也就是面试。面试后，学校给出签约答复。

📍 升学特点

2021—2022 申请季，国内整体早申录取率持续走低，早申录取名额较多的学校（例如芝加哥大学、康奈尔大学）出现录取率腰斩的情况，甚至有学校在中国（港澳台除外）出现 0 录取（哥伦比亚大学）或是录取人数降至个位数（美国 TOP10 文理学院）的情况。北京一零一中学国际部 2022 届早申数据继续稳中有升，在 ED1[①] 批次中，收获了芝加哥大学、约翰斯·霍普金斯大学、康奈尔大学、圣路易斯华盛顿大学、莱斯大学、弗吉尼亚大学、塔夫茨大学、纽约大学等知名综合性大学，以及汉密尔顿学院、史密斯学院等顶级文理学院录取，ED1 命中率高达 30%。

ED2 批次中，一零一中学国际部命中率再次达到 30%，总共已经有将近一半的学生提前上岸。收获的 ED2 录取有约翰斯·霍普金斯大学、哈维穆德学院（有"小加州理工"之称）、科尔盖特大学、贝茨学院、罗切斯特大学、波士顿学院、威廉玛丽学院等知名院校。

美国高位 EA 录取表现亮眼，收获北卡罗来纳大学教堂山分校、弗吉尼亚大学、里士满大学等学校。加拿大录取结果表现稳定，收获麦吉尔大学、多

---

① 美国大学（特别是排名靠前的学校）一般提供早申请，主要有两种形式：提前决定（Early Decision，简称 ED）和提前行动（Early Action，简称 EA）。当学生申请一所学校的 ED 时，即承诺该学校是第一选择，所以同时期不能再有第二个 ED 申请，但在第一轮 ED（也就是 ED1）被拒后，可以发起第二次 ED，即 ED2。除了早申之外，美国大学都有的录取形式是 RD，全称为 Regular Decision，即常规申请。相对 ED 而言，RD 对学生约束较小，但同时竞争激烈，要求更高，录取率也比 ED 更低，适合那些较晚开始准备留学申请的学生。

伦多大学、英属哥伦比亚大学等加拿大 TOP5 学校的录取通知书；英国方向收获帝国理工学院、伦敦大学学院等 G5 学校的录取通知书。

RD 轮次，2021—2022 年更是创造了哈佛大学本科录取的创校历史，这位同学初高中六年都是在一零一中学就读，初中在本校，高中在国际部，再次说明一零一中学在办学上的强大。

高奖学金 / 助学金也是一零一中学国际部每年的特色。在 2021—2022 申请季，一零一中学国际部总共收到美国大学奖学金 / 助学金 450 万美元。

办学特点

一零一中学国际部取得的优秀成果，来源于三个办学特点。

特点一：综合培养，个性关怀，以人为本

回看 2018—2020 连续三年的招生节奏与条件，一零一中学国际部 2021 年比以往更加关注学生的综合能力，不是仅仅针对中考线的成绩（初三期末考试、一模、二模等）好就行，也不是语言成绩（托福、雅思等）单方面突出就可以，而是更多地用未来申请国外名校的标准对标录取的学生，考量学生的全面能力和整体素养。

以学校加试时候的几个细节为例，从进校到国际部主楼门口，在读的孩子们列出了 30 余个社团海报，例如经典社团阿卡贝拉，这是顶级美高私立学校学生的最爱；学术科研社团环境科研社，正好可以利用学校地处圆明园的得天独厚资源；还有小语种瑞典语社团，说明学校资源和孩子们兴趣的多元化。面试桌上放置了"校宠"小羊驼玩偶，据说两只真羊驼还在面试期间来国际部"视察工作"。这些赢得孩子好感的小"心机"，也减轻了不少陪伴孩子前来的家长的焦虑。

真留心学话2

2021 年经历过面试的孩子们都反馈，面试的氛围很好，更像朋友间的聊天对话，不像赛场。这种温暖和关怀的氛围，也是一零一中学国际部的独特气质。和小而美的美国文理学院类似，每个学生在这里都能得到高度关注，感受到家的幸福感。

特点二：全球视野，文理兼修，学术严谨

从招生简章可以看到，一零一中学国际部全面与美国康州地区联合教育服务局合作，打通更多高规格、高级别、高水平的国际资源。仅从外教招聘、选拔与培训这一项看，将会由对方教育局全面支持与配合，在资质和水平上更稳妥。同时，更多顶级国际资源，如维克森林生物医学研究项目等，同时对独家合作方一零一中学国际部开放，科研项目丰富，共同培养文理兼修的国际人才。

校内中教 60 多人，外教近 30 人。学历硕博以上占比 92%，海归居多，全部拥有双语教学能力。中教中拥有十年以上国际部教学经验的教师占比 30% 以上，责任心强。外教队伍稳定，流动性小，亲和度高，一人多能，不仅承担学科课程，还负责学生日常全英文语言交流、体育锻炼活动、综合素养提升活动、节日活动等，与外教接触机会多是一零一中学国际部学生的优势。

在国际课程融合与学术探索成果方面，不仅有 IB 和 AP 双课程加持，更有优质课程内容和优秀申请结果做支持。AP 门类全科覆盖，分类分层灵活多样，满足学生多方向、多元化个性发展需求。国际部开设 20 多门 AP 课，包括 AP 微积分 AB/BC、AP 物理 1/2/C、AP 化学、AP 宏观 / 微观经济学、AP 心理学、AP 生物、AP 统计学、AP 环境科学、AP 计算机原理、AP 计算机科学、AP 艺术工作室、AP 英语等。

课程之外，社团类型的丰富性也是家长们的关注点。一零一中学除本部

100 余个社团外，国际部学生独立开设 40 余个社团，涵盖了学术、体艺、公益、传媒、商业、语言文化、兴趣活动等多个领域，为学生的主动学习、深度学习、无边界学习提供支持，同时还为学生提供了广阔的平台，最大限度地让他们发现自己的兴趣所在，找到成就自我的途径，做一个终身学习者。代表性社团有：iGEM 生物社、Ideas 新媒体中心、模拟法庭、天文社、飞盘社、国际象棋社团、传统文化、Geek Club 计算机、游戏设计、武术、瑞典语等。

一零一中学国际部在学术资源方面，不断自我挑战和自我迭代，持续向外探索优质国际资源，赋能学生；同时向内针对不同学生的需求和实际情况因材施教，保留流动的机会，让每个孩子在自己的优势区始终保持竞争优势和自信，这也是学校个性化关注程度大幅提升的体现。

特点三：多国"出口"，世界资源，以终为始

从一零一中学国际部历年升学结果，会发现全面开花的特点，美国、英国、加拿大、澳大利亚等国录取结果都非常出彩。以英国 G5 大学为例，一零一中学国际部在 2021 申请季实现了 100% 录取率，印证了英国方向出口的实力。

重视升学还体现在，学校从整体课程建设和学生个体关怀两方面入手。高一开始，学校就会开设升学规划课（CC 课，College Counseling），并计入学分。该课程会给同学们介绍英美加的各个大学、标化备考建议、申请过程以及学长学姐们的申请经验。每位同学会被分配对应的升学指导老师，对同学们申请和备考的每一个阶段进行精准的指导。

被莱斯大学（全美排名第 17）录取的高三学长说："我们学校的升学指导老师也是出了名的负责，高三申请季每个同学的选校都是在跟家长和同学们三方会谈后确定的，在提交申请时老师都会陪着同学们检查每一个细节，做到万无一失。平时对学习或申请有问题时也可以随时找老师约谈。"

在之前的访谈中，我们问程丽校长，一零一中学国际部到底在寻找什么

样的人？她回答，和学校理念最匹配的人。一零一中学国际部整个团队都有自己坚持的东西。无论孩子多么优秀或家庭意愿多么强烈，如果理念不一致，无论多么努力，结果或许都不如意，那就违背了一零一中学国际部希望孩子们幸福的初心。

本着真正对选择国际路线的家庭负责的心态，一零一中学国际部在招生时会认真考虑彼此是否合适。我们也建议家长要认真考虑适配性。一定要深入了解各个学校的办学愿景与理念，不负孩子未来三年的美好时光。

下面补充一些一零一中学国际部2021年招生的关键数据。

2021年一零一中学国际部计划招生120人，实际招生满额，再次说明学校受欢迎程度和热度极高。其中AP项目计划招生100人，实际招生105人；国际英才班计划招生20人，实际招生15人。英才班门槛较高，对托福有要求，并期待学生在某一方面有极度突出的特长，尤其是学科领域。在英才班招生上，学校坚持宁缺毋滥的原则，计划招生20人，实际招生15人，不够条件或者没有通过笔试和面试的学生，没有入选资格。

2021各区招生名额、加试分数线及对应区排名为：

海淀：85人　　606分　　5006名　　30.54%

西城：10人　　626分　　1220名　　26.32%

东城：5人　　 626分　　1904名　　21.25%

朝阳：15人　　626分　　1690名　　20.74%

其他：丰台1人、石景山1人、昌平2人、经济开发区1人

AP班招生共四轮。第一轮5月16日，第二轮6月6日，第三轮6月26日，第四轮7月4日。分成AP-A班和AP班。招生主要形式为英语公益邀请赛初试（笔试）加上面试复赛两个环节，通过的同学获得报考资格。

英才班单独招生单独考试，共三轮。第一轮时间在 6 月 3 日—6 月 11 日；第二轮时间在：6 月 26 人—6 月 30 日；第三轮时间在 7 月 6 日—7 月 15 日。英才班整体考试难度更高、维度更全。

结语

说起一零一中学国际部，无论是毕业生还是在读学员，满意度都超高。在校期间让孩子们备受"折磨"的 ELA（English Language Art）课程、全英政策（All English Policy）、毕业演讲（Senior Speech）等，都成为大家顺利入读世界名校的法宝。这里还有让孩子们超级留恋的"结对子"（tutor-tutee program）、团队感（sense of community）、学术氛围（academic atmosphere）等学校独有的氛围感。

这所具备了贯通本部资源、校园环境、全英氛围、国际融合、学术资源、生源整齐的六边形全能配置国际部，每年都是众多学子的梦校。同时，还因为总体人数不多，每位同学都可以得到关注，而成为最受家长们欢迎的学校之一。

祝所有期待进入一零一中学国际部的家庭，能够圆梦这座坐落在圆明园的美丽校园，从这里走向世界顶级名校。

海淀：首师大附中国际部的低调与传统

文 / 王梅

首师大附中国际部的在读家长们对学校最大的着急，是这个学校怎么从来不夸夸自己，看着铺天盖地的国际教育宣传势头，首师大附中国际部的老师们似乎从来没有感受到这些风声和浪潮，埋头向内钻研教学，用心管理好每个学生。

说到学校"从不夸自己"，在校的孩子们倒是非常理解。成功获得纽约大学青睐的首师大附中国际部学生会主席叶同学说："我们学校教我们的，就是不刻意去做那些想得到别人赞扬的事情。低调，但内心积极，做事上进。"

这倒是让我想起有一次访校，进到首师大附中国际部二层教学区，正好看到一位同学拿着学校的必读书目《人鼠之间》，和老师讨论 26 页第三段的一个长难句。我突发奇想，邀请这位同学聊几句，问问在读感受。聊起来才发现，这是一位托福高二就取得 114 分的小学霸。我正想老师怎么没主动让我采访采访这位同学，给学校做做宣传呢，这位同学就说："您就别采访我了，高一 110+ 的学弟学妹更多呢，我得继续努力。"

就是这样一所不太会夸自己的学校，却是京城国际化教育历程里，最早开启 AP 课程的一所，是一所以稳妥为主要特点的公办校国际部。

首都师范大学附属中学始建于 1914 年，蔡元培、朱光潜等学术大家曾担任过校长或校董。继承着优异的办学基因，2008 年首师大附中中美高中课程合作项目创立，这是经北京市教委批准、教育部备案的首个在优质公立高中开设的美国大学 AP 课程项目，距今已有 13 年办学经验，10 届毕业成果。

以 2020 年为例，12 年级共 59 名学生累计取得 305 枚 Offer，其中 28 人次取得高达 86.88 万美元的奖学金。除去申请艺术类院校和加拿大、欧洲院校的同学，参考 U.S.News 美国大学及文理学院排名，56.4% 的同学收到了美国 TOP30 的综合性大学和文理学院的录取，96.4% 的同学收到了美国 TOP40 的综合性大学和文理学院录取。美国之外，其他国家的录取结果为：加拿大顶级名校斩获 21 枚 offer，包括多伦多大学、麦吉尔大学等；英国顶级名校共斩获 9 枚 offer，包括帝国理工学院、伦敦国王学院等。艺术类方向，同学们也获得了包括插画专业美国排名第 1 的纽约视觉艺术学院、戏剧学院全美排名第 3 的纽约大学帝势艺术学院、芝加哥艺术学院等世界名校的青睐。

在办学成果上，首师大附中国际部有三个关键点。

第一个是充分重视和利用 AP 课程，助力学生的专业申请和未来就业。学校开设了丰富的 AP 课程，注重学生学科素养的培养，学生优秀的 AP 成绩也为学生申请好的学校及专业打下了基础。如物理、化学学科，先后有学生申请到牛津大学、康奈尔大学、西北大学、约翰斯·霍普金斯大学、斯沃斯莫尔学院等顶级英美院校的物理、化学专业；又如计算机学科，学生申请到卡内基梅隆大学、莱斯大学、圣路易斯华盛顿大学、帝国理工学院等名校的计算机专业；再如生物类学科，学生申请到加州大学洛杉矶分校、加州大学伯克利分校等；工程类学科，有学生申请到加州大学伯克利分校、佐治亚理工大学、卡内基梅隆大学等；再如文科类学科，有学生申请到了纽约大学斯特恩商学院、范德堡大学的心理学专业、埃默里大学社会学专业等。艺术类学生同样申请到了顶尖的艺术学校。首师大附中国际部对于学生学科素养的培养使学生受益匪浅，早期毕业生现在已经在脸书等国外知名企业，或者清华大学等国内知名学府就业。

　　第二个是本校资源。首师大附中国际部学生之所以被名校青睐，还有一项优势来源于首师大附中本校资源的全面打通。本校的尖端课题与项目研究资源（包括数学、物理方向、信息工程等方向）全部向国际部学生开放。例如，2020 年被康奈尔大学录取的 Q 同学很好地利用了学校提供的中科院实验室的研究项目。2019 年申请到牛津大学的 C 同学，也利用了本部普高的学术拓展资源准备英国大学申请。此外，学校的专业社团如管乐团、舞蹈团、信息社、天文社等也为那些对艺术、计算机、科技、天文等学科有兴趣的同学提供了专业学习和开展活动的机会，也为学生申请到顶尖名校提供了强有力的活动保障。例如，2021 年申请到西北大学音乐学院的 W 同学，2022 年申请到莱斯大学计算机专业的 W 同学，圣路易斯华盛顿大学计算机与数学专业的 L 同学，申请到约翰斯·霍普金斯大学物理专业的 Y 同学，他们都在学校大型专业社团中锻炼了领导力，提升了专业实力。

　　第三个是强调利用英语文学课程培养学生的英语基础和人文素养。首师大附中国际部贯彻三年外教文学课，培养了学生良好的语言基础和思辨能力，在挑战高难度的文学经典过程中不断提升学生的人文素养。例如，学生在高二的时候会阅读《奥德赛》，这本书难度相对大，而且是史诗类书籍，对于十几岁的孩子们，理解起来有困难。但是外教老师会带着孩子们一步步去理解，包括每个诗的韵脚，每个句子的逻辑及每一种修辞手法的运用，让大家对这本书有更深入的认知。对于布置的论文作业，外教老师也不会告诉孩子们具体怎么写，而是引导大家进行自我纠察和完善。每位同学的每一版 essay（论文），外教老师都会仔细阅读，每一个语法错误都逃不过他的法眼，每个同学的文章都至少改三遍以上，改到没错为止。其实，不布置这么难的书，不就不用这么费劲了吗？不布置英语论文任务，不就不用逐字逐句地批改了吗？但这不是首师大附中国际部的选择。要想培养高质量的学生，就必须高要求。

关于第三点，录取到范德堡大学心理学专业的 M 同学最有感触。在一次访谈中，她特意提到在首师大附中国际部，自己对学校贯穿三年的外教文学课感情很深。这个课程高一相对简单，主要是读书和分享，然后对书里的修辞和写作进行分析同时解读逻辑。随着课程的深入和更多高难度文学作品的引入，老师会更加关注学生在写作分析、修辞方式和思想层面的理解，这同时还帮助她在 SAT 的阅读和写作中获益。提到老师布置的印象最深的一本书，她也选择了《奥德赛》，并且认为老师讲解的时候很细致，让她获益颇深："老师带着我们一步步去理解，包括每个诗的韵脚、每个句子的逻辑及每一种修辞手法的运用，我一下就对这本书有了超出我自身年龄段的认知。"

除了语言本身，这门课带给 M 同学的还有人文素养与思考深度的变化。除了校内布置的书目外，她会开始读经典，去感受语言用法和文艺色彩。例如简·奥斯汀的书和拜伦的诗集，通过英语语言，感受跨时代文人的生活环境和特定思想，从语言的使用中，体会与现代不一样的氛围和痕迹。她还养成了在书店逛一圈，随便看见一本小说，看封面觉得很有意思就去读的习惯。如果遇到科普类的书目，就会读完中文之后再读一遍英文的原版。有了中文的了解，读英文的时候就能入门更快，同时也可以理解到同样的内容英文应该怎么表达。提到最想推荐的两本书，M 同学推荐的第一本是《自控力》，这本书与自己喜欢的心理学专业相关；第二本是《缠绕的意念》，这本书可以培养自己的立体思维和做实验的严谨性。

作为京城稳妥型的国际部，首师大附中国际部稳的不仅是成果，更是过程，师范类院校下的办学品质一直被坚守和传承。

首师大附中国际部刘主任介绍，学校的理念是 not just for college but for life，是着眼孩子们的一生进行办学。和首师大附中国际部学生会主席叶同学聊的时候，他说自己选择首师大附中国际部，是因为家里三代人都毕业于首师大附中，从奶奶到爸爸到自己，都真心热爱着这个学校。

叶同学的奶奶 1958 年毕业，就读的时候学校还叫四十二中，但一件事情从来没有变过，那就是这是一所"以学生为本的学校"。奶奶说，首师大附中一开始就是一所旨在培养中国第一批教师的学校，老师对学生的教导不仅仅浮于表面，而是入木三分，注重全方位培养。奶奶的很多同学就业后都选择了当老师，一些回到了首师大附中，代代相传，造就了学校教学上的优质基因。奶奶现在都还记得，自己当年的地理老师在上海，百年校庆的时候赶回北京参加。60 多年后，仍然记得自己学生的名字和个性，这就是首师大附中教师的品质传承。

说到有人评价首师大附中国际部"有点死板"，老人家第一个不赞成。她说，首师大附中在很早就有开放的眼光和中西结合的传统。奶奶现在还可以清晰回忆起自己曾经用 cosplay（表演）的方式学习《牛虻》《钢铁是怎样炼成的》等外国文学作品。

所以每当我们想用"传统""死板"这样的词语来概括首师大附中的时候，好像并不那么符合这个学校真正的基因。这所既不冒进也不教条的学校，用"稳妥"形容更贴切。

在国际课程如何融合落地、国际教育如何均衡发展上，首师大附中国际部特别坚持三点。

打实数理基础

作为首个开设 AP 项目的公立校国际部，首师大附中国际部交出的 AP 教学成果得到了家长和同学们的一致认可。尤其是在数学和物理方面，5 分率（也就是满分率）非常高。我们来看一组数据，不考虑 2020 年疫情期间的特殊情况，以 2019 年为例，首师大附中国际部 AP 微积分 BC 课程的学生平均分 4.9，近五年满分率 90%；AP 物理 C 平均分 4.5，优秀率 92%。其他科目上表现也同样优秀，AP宏观经济学平均分4.7、AP微积分AB平均分4.6、AP微观经济学平均分4.5（优秀率93%）。这与校内教师的扎实教学有关。在一次我们主办的择校展上，来自首师大附中国际部的AP物理授课老师何老师对于普高物理和AP物理之间的连接与区别，以及中国国际化学校学生如何更好适应和习得国际课程的讲解，让现场家长们受益匪浅，这也印证了首师大附中国际部的学术研究高度和深度。

这里还要补充一点，随着国际形势的变化，家长们对于未来留学国家的选择视角更广，部分家长担心AP课程是不是只能申请美国？不是的，任何课程体系都可以申请世界任何一个国家。以首师大附中国际部陈同学为例，他入校前就确定了留学目的地——加拿大。在2020年申请季中，他取得6所加拿大名校的录取通知书且全部有奖学金的辉煌成绩。这6所学校及奖学金金额分别为：麦吉尔大学（3000加元奖学金）、英属哥伦比亚大学（2000加元奖学金）、多伦多大学（7500加元奖学金）、滑铁卢大学（2000加元奖学金）、女王大学（4000加元奖学金）、麦克马斯特大学（4000加元奖学金）。申请成功的原因除了托福105分、SAT 1470分的基本标准化成绩外，还有重要的两点：一个是高含金量的GPA，同时他还有3门AP满分，这是扎实的学习成果证明；另一个是首师大附中国际部升学指导中心中外团队的共同选校及申请策略。尤其是升学指导中心柏老师提出的美加双申方案，冲击6所加拿大名校的同时，也用美国作为了突发可能的备案，她说："无论最初想去的国家多么明确，也不知道想法的变化会在哪一天发生。万一有新的触发点和突发情况，我们老师们要做好准备。"显然，这种策略是明智且有效的，陈同学也同时收获了3所美国名校的录取通知，分别是加州大学戴维斯分校、普渡大学和凯斯西储大学，拥有了更多的选择权利。

坚持规则意识

在我和首师大附中国际部同学们沟通的过程中，发现了一个有意思的现象，每位同学对于准时出勤都非常在意，往往聊着聊着就特别着急地说："老师我要走了，不能迟到，迟到要影响 GPA 的。"连已经申请结束的高三学生也一样，按照课表守时出勤，认真完成学业。当我们问学校，为什么在一个可以随便采访学生的开放氛围下，对于迟到的管理却这么严格、显得不近人情时，学校说，因为要为孩子的一生建立规则意识，这也是我们中国教育的精髓，不能丢失，要完美融合。

和"不能迟到"一样看似无情的规定，首师大附中国际部还有一个，就是"一学期只能请十天假"。面对一些同学们的不理解，首师大附中国际部柏老师说，这个规定的核心出发点是为了同学们在尊重授课教师、理解过程公平性的前提下，学会自主规划时间。当请假时间有限制的时候，同学们需要提前确认本学期的时间安排，在锻炼统筹能力、时间管理能力的同时，也提升效率。首师大附中国际部学生会副主席唐同学对这一点深有体会，疫情期间，她在首师大附中养成的良好时间管理习惯及自律意识发挥了很大作用，严格制定自己的日程，学习效率丝毫不受影响，最后该同学成功被纽约大学录取。

这种看似不近人情的规则，不但没有让师生间疏远，反而有了严格但有爱的集体感。学生之间通过学校采取的学苑制（HOUSE），去除了年级概念，同一 HOUSE 内的 10—12 年级同学完全平等，一起去做一件有意义或有意思的事情，共同努力，这是包容的爱。

被纽约大学斯特恩商学院录取的于同学说，在一个 HOUSE 里，没有真正的谁教谁怎么做，大家是真心交流互相帮助。在这里，她感受到了强烈的团队荣誉感。

2020届申请到范德堡大学（美国排名第 15 位）的 Megan 同学提到学苑制，用了"归属感"这个词。相信这些就读过程中的感受、习得、收获和成长，是不能仅仅依靠分数和结果来衡量的。首师大附中国际部的老师们，也会琢磨怎么打造一个师生平等、开放多元的环境。例如，平时孩子们统一穿校服，但每学期有几次 Dress Down（可以随便穿衣，不用穿校服）的机会，老师们和同学们都按照每次的不同主题穿着，大家特别重视和珍惜这种机会，想尽办法把自己最想呈现的那一面充分展示出来。

尊重学生的个性和选择

首师大附中国际部的入口和出口离散度都较低，也就意味着学生水平整齐。

学校守住官宣分数线严格把控招生，在入口分数线上，降分录取的情况不多见。有了好的生源基础，加上十年国际课程体系打磨，出口情况有了基本保证。在最终出口方面，学校有一个重要理念：申请学生所爱的专业，入读学生匹配的院校。学校鼓励孩子从自己的志向和兴趣出发，按照"先选专业，后选学校"的原则进行申请，而非盲目崇拜排名或为了录取结果好看而违背学生意愿。例如，被纽约大学艺术学院录取的 W 同学，标化和活动成绩优异，在访校后根据自己的爱好确定了戏剧导演专业，又因热爱大城市氛围选择了纽约大学，而其他综合排名较高（但专业排名较低）的大学，例如布朗大学、西北大学等都被放在了常规申请阶段。由于早申成功被梦校纽大帝势艺术学院录取，这些综合排名靠前的学校就自然被放弃了。这种情况在首师大附中国际部不在少数。

很多时候，我们都希望这所低调办学的学校，多做出一些解释和说明，恨不得替她讲、替她说、替她辩护。但她就像一位有着自己信仰的教师，一心向学，不闻窗外事。学生人数多了少了都可以，好好对待每一个就行；分数高一点低一点都没事，守住底线就好。

认认真真做好教学，外界的那些纷扰好像怎么也落不进安静的教室。踏踏实实做好教育，卷来卷去怎么也卷不到这位安静的"大家闺秀"。

所以，只有主动去走近，感受到优秀基因传承带来的踏实感的那一刻，或许才会发自内心被打动。

东城： 二中国际部的长线学术培养

文 / 王梅

地处东城区的二中国际部是北京在学术上最接近顶级美国高中的一所公办校国际部，包括办学理念、教学风格、学术资源等各方面，在读学生都能够实现"AP 自由""学术自信"和"个人最优成果"。

招生入口与录取出口的透明与底气

以录取结果为例，这两年录取形势严峻，但二中国际部在每一届 60 人左右的基数下，能够斩获藤校哥伦比亚大学、康奈尔大学，以及莱斯大学（天体物理专业）、纽约大学斯特恩商学院等顶级名校或世界顶尖专业录取，在2021—2022 申请季中，更是将两枚牛津大学无条件录取收入囊中。英国的大学，尤其牛剑，极度重视申请者的学术能力与潜质，二中国际部斩获的两枚无条件录取，分别是材料专业和历史专业，再次说明这所办学十一年的国际部潜心学术，一心为培养学生的学术能力与学术自信为己任。

另外有一点值得说明，各个国际部在公布录取结果的时候计算方式均有不同。但二中国际部的公布做到 100% 透明，没有任何"水分"，每位学生的照片都在国际部大楼一层入口处陈列，如实公布所有孩子最终录取结果。每一届每一位孩子的情况，都清清楚楚，透明公开的背后是办学底气和学校理念：追求孩子的唯一性。

招生入口方面，以 2021 年二中国际部各区的加试分数线、区排名与名额为例，分别为：

海淀：分数 610　区排名 4329　名额 0

西城：分数 622　区排名 2405　名额 3

东城：分数 620　区排名 1734　名额 53

朝阳：分数 627　区排名 1587　名额 4

二中国际部每一届都有非京籍招生名额，是北京非京籍非九类人家庭的首选。尤其对于海淀家长来说，不需要因为名额是 0 就放弃。招生重要时间节点为一模左右，且极其重视面试，除常规题目外，还会有以家庭为单位的交谈，关注留学意愿和孩子的主动性。

在 2021 年招生季中，二中国际部是为数不多坚守招生底线的学校，没有为了招满而做动作或大幅度降分录取，最大化保证了生源整齐和学习氛围。另外，二中国际部毕业生拥有美方合作高中的毕业证，且不需要额外的费用，这点对于海外大学申请有加持作用。

高中三年学术培养成就十年学业自信

二中国际部送出去的孩子，受到美国大学认可度极高，无论孩子在哈佛大学、斯坦福大学、加州大学伯克利分校等多么以学业"变态"闻名的本科院校，都能够在大一保持几乎全 A 的水平，这是对高中三年国际部培育的极大认可。

以 2020—2021 为例，2020 年早申是疫情后第一个申请季，标化的选择性提交政策（TEST OPTIONAL）有最明显的影响。那年大量同学由于无法托福刷分，也无法出境参加 SAT 考试，而没有足够的标化成绩作为申请依据，但二中国际部申请结果仍旧表现优异。例如，申到康奈尔大学的同学成绩为GPA 4.0/托福109/SAT 1460，申到莱斯大学的同学成绩为GPA 4.0/托福110/SAT 1470，申到纽约大学斯特恩商学院的同学成绩为GPA 3.95/托福110/无SAT。这些孩子的共性都是超高的GPA，可见美国大学对二中国际部GPA的高度认可。英美大学对二中国际部学生的青睐，来源于这所学校一直在努力建设的"魔鬼式"课程体系、学术配置以及强大的中外教队伍。

二中国际课程体系

在课程建设上，二中国际部下了很大功夫。课程结合了中美双方优势，既保留了二中重点校的优势课程，如语文、历史、地理及各类学校本部的课程和社团等，又引进了美国合作学校的课程提升学生的学术能力、实现学生个性发展的全外教、沉浸式的外方课程，例如三年的文学课、AP课程、英文戏剧、艺术、社会学等。

中国（港澳台除外）能够参加笔考的AP考试，二中国际部基本都开设了。不仅如此，在每年的AP考试中，二中国际部的各科平均分均高于全球平均水平，且通过率都达到90%以上。这个通过率不仅仅是某一个年级的学生，而是全国际部三个年级学生的综合通过率，这也可以说明学校生源的优秀整齐和办学实力的强大。

三个年级的具体课程设置为：

高一5门课程
5门必修：英语文学1、2（美国本土9、10年级教材），数学，物理，化学

课程特点
1.全外教授课

2. 外教负责批改作业及课下管理

3. 每门课均有中教老师答疑并布置单独作业

4. 每门课每周 5 课时，保证课程质量及学习效果

高二 6 门课程

3 门必修：AP 微积分 AB/BC（选一）、英语文学、历史

3 门必选：AP 物理 2、AP 物理 C、AP 化学、AP 微观经济学、社会学、心理学、戏剧、艺术等（学生按照兴趣特长及规划选择 3 门）

备注：所有课程全英文授课，数学、艺术、经济等部分课程由中教授课，其他课程外教授课。

高三 3~4 门课程

2 门必修：英语文学、AP 微积分

1~2 门必选：计算机 CS、写作、AP 环境科学、生物、个人财商课等

高三下学期留学预备课程

通用技术课程：摄影、艺术欣赏、厨艺、3D 打印等

留学预备课程：大学选课、境外安全、西方社交礼仪、保险银行处理等

博物馆课程

二中国际部从高一起开设 AP 课程（3 门），其他外方课程为荣誉课程，高中三年预计完成 7~10 门 AP 课程。这样的规划对未来大学的申请有重要帮助，大多数学校只接受学生在高一的时候有条件地选择 1~2 门 AP。

"AP 自由"最大的好处是，数量丰富保证规划合理，美英 / 文理 / 艺术等课程全面、均可选，学生可以通过选课，发挥优势科目，突出个人特长和

规划，规避弱势科目。例如：

冯同学（英国剑桥大学/美国西北大学）选课为：AP 物理、AP 英语文学、AP 微积分、离散数学等；

张同学（哥伦比亚大学）选课为：AP 统计、社会学、英文戏剧、AP 化学等；

高同学（莱斯大学）选课为：AP 经济、AP 物理、AP 环境科学等；

邵同学（约翰斯·霍普金斯大学）选课为：AP 微积分、社会学、意大利语、世界文明等；

李同学（伦敦艺术学院）选课为：AP 统计、艺术、戏剧、心理学等。

二中国际部学生除了参加中国（港澳台除外）学生普遍参与的数学、物理、化学、经济的 AP 考试外，还有相当一部分学生报考了文科类的 AP 考试，例如 AP 英语语言、AP 英语文学、AP 心理学。这类考试取得高分的关键因素在于二中国际部特色的英语文学课，这个课程的难度完全与美国高中同步，是非常出名的"魔鬼课程"。二中国际部不主张使用严苛的语言关卡对学生进行筛选，不少学生在高一进校后，在"使用英语学习他国的语言文学"这件事情上遇到了很大的困难。有时候不光学生，家长也跟着受挫。但是二中国际部还是很坚持这种课程，因为放长远看，把这种"痛苦"放在高中阶段完成，是给未来 4 年本科、3 年研究生的学习，打下了扎实的阅读能力、学术写作及学术环境适应根基。

学校在社团和国际赛事方面也积累了很多的经验和资源，备战特点是教师辅导和学生教练相结合，部分学科类竞赛会有专业学科教师进行辅导。学生可以自行组建竞赛社团进行备赛，也可以向学校申请配备辅导老师。例如 2021NAQT 学术超级碗 2021 中国总决赛，二中国际部获得总冠军，这支队伍里包括了已经在康奈尔大学读大一的崔同学和斩获牛津大学无条件录取的丁同学（GPA 满分 4.0/ 高二 8 门 AP 全 5 分满分 /ACT 35）、龙同学（GPA3.98/ 高二 5 门 AP 全 5 分满分 / 托福 116），学校在赛事方面的支持和团体获奖，为他们入读藤校 / 牛剑提供了极大助力。

美高办学体系下的外教管理体制

二中国际部成立于 2011 年，是北京市教委批准的中美高中课程合作项目，公办性质，合作方为美国瑞福蒙特中学（Rivermont Collegiate）。学生入学后，即成为美国本土高中国际生，三年学业成绩合格，可获得美国瑞福蒙特中学颁发的毕业证书。国际部在读学生 197 名，双语教师及班主任 15 名，外教 14 名。外教平均教龄五年，最长教龄十年。

外教团队的教学和评价不仅受二中教学部门的管理，同时还受美方合作学校的监督，所以二中整体的学术氛围非常严谨。在新东方学习的二中同学都非常在意自己的 GPA，不仅重视每一次的作业和考试，连课堂表现都不敢懈怠。同时，因为外教多，师生间、老师间也都会互相影响，在磨合中学习，让孩子们高中就可以了解不同国家的人和文化，这种小范围的国际化也能帮助孩子们更好地衔接未来的留学生活。

就学生总数而言，外教的体量不算小，拥有这么一支稳定的外教队伍，既是孩子们的幸福，也是孩子们的挑战。进入国际部的那一天起，就等于进入了美高的环境，要习惯不同外教的授课习惯、作业规则甚至发音习惯。有的老师语速快，有的老师语速慢；有的老师在意语法，有的老师在意格式。孩子们特别害怕，尤其不同课程外教的 deadline（最终期限）叠加的时候，弦始终是绷紧的。三年下来，倒逼孩子们做好时间管理和效率提升。

外教多带来的质疑和挑战就是：水不水，怎么管？在二中国际部，除了教师入口筛选严格外，对外教的各方面要求和管理细则都与中教一模一样。

每个学期组织外教做三次学生学习状态报告，根据不同阶段，出具学业报告，做个性化预警面谈。外教如果需要在课堂上播放超过 10 分钟的视频，需要报备审核。如非必要，则在课下作为作业进行布置。

这么严格的管理，外教还愿意留下来吗？事实上，严谨的学术氛围和学生的学业成就，能够满足老师们的教育情怀，是留住他们的法宝。

📑 学术课程之外，同等重视学生的长线发展

在我们了解的二中国际部学长学姐的故事中，印象最深刻的是 J 同学，他目前已经就读于美国顶级名校——加州大学伯克利分校。当初，因为学校坚持给高三下学期已经结束申请的孩子们安排课程，他就总找校长和老师们抗议，说高三了，为什么学校还不停课？说自己认识的哪个学校的哪个同学去毕业旅行了，哪个同学又去考驾照了，为什么我们学校还要坚持上课？

"首先，实际上，高三上学期我们会调整，预留出每天两节课的时间专门让孩子们去做升学申请的相关工作。但是到了下学期，我们还是坚持开设后留学时代的预备课程，用整套课程帮助孩子们顺利过渡到大一课程。"

后来，这位同学大一寒假回国的第一件事情就是到学校来找班主任说，任何学弟学妹要求高三停课，我就去做他们的工作！大一上半年，他在加州大学伯克利分校承受了很大的压力，也看到了中国留学生的痛苦，有看心理医生的，有考前晕倒叫救护车的。这时候回想起来二中国际部完整的课程体系带给他的快速适应能力和学术自信，心里只有感谢。

这样的故事不少。疫情期间一个孩子拎着大大的旅行箱就来学校了，说从美国回来刚隔离完就回来找老师。这个当年普普通通的女孩子，通过 AP 兑换学分外加每年多修课程，实现了三年从美国大学毕业，并顺利申请到了约翰斯·霍普金斯和纽约大学的研究生。

二中国际部毕业生这种后劲和潜力给国际部老师们很多的信心，正是高中阶段的培养，让孩子们走得很远。

做好国际教育，要有三个尊重

北京二中老校长钮小桦曾经讲过："做国际教育，不是大学录取要什么就做什么，那是办班，不是办学，踏踏实实做好教育的过程，是根本。"北京二中国际部办学十余年，说到国际教育对学校和家庭的要求，学校基于三个尊重：

1. 尊重孩子的成长规律
2. 尊重知识的传授体系
3. 尊重孩子的个体差异

即使是在战争年代，留学也从来没有中断过。无论发生什么情况，开放性都不会受到影响。中国家长的眼界越来越开放，留学只为镀金的年代已经过去。留学成了很多高知家庭的理智选择，通过这种选择来寻求孩子人格的独立性和未来人才的多样化。

同时，选择国际教育的家长也要理解并且包容孩子的成长规律。高中三年，孩子的知识储备、抗压能力等各方面都不同，也都需要成长，家长们要给他们一点时间和空间。

一位获得英国 G5 名校伦敦大学学院青睐的男同学，就是一个数学和物理不太好的人文偏科生。如果坚持传统教育路线，可能会被淹没在几十人的班级里。但是在二中国际部的小班化教学培养过程中，老师们全面激发了孩子的自主性和求知欲，通过合理选课和个性培养，一步步帮助这位男同学实现英国名校梦。

被看到、被相信、被鼓励、被引导，这是国际教育体系中孩子们的幸运。

海淀：北大附中道尔顿学院自由还是不自由？

文 / 王梅、高文成

北大附中道尔顿学院即北大附中国际部，道尔顿学院是北大附中国际部这个学院的正式名字，英文名为 Dalton Academy。

在北大附中，根据不同书院分成独立单元，北大附中的书院是学生社区、行政实体、自治组织，是公共生活群体、传统赛事主体和文化传承载体。现设立格物书院、致知书院、诚意书院、正心书院、明德书院、至善书院、弘毅书院和新民书院。

书院的划分借鉴了欧美 House 制和中国古代书院制度。之所以划分书院，出发点在于培养和锻炼学生关注并解决身边公共事务的热忱与能力。作为学生行政组织，书院内各项事务均由学生自主管理，以此培养学生主动参与、沟通协商、承担责任、民主监督、自我管理等公民意识和能力。可以说，道尔顿学院的学生，是在中西融合的国际氛围和北大背书的专业学术中，用创新的方式学习，最终成长为走向世界名校的中国学子。

作为海淀区最精品的国际部之一，道尔顿学院每年招收 80 名京籍学生。这个招生规模保证了老师们能够关注到每一位学生的成长。道尔顿学院所有的课程、活动、师资的设计都是为了支持不同学生在多元方向和各自专业领域进行探索，同时，能够让学生经过三年的学习生活之后，衔接纯英文环境和不同文化的海外大学。

道尔顿学院的毕业生收到的来自美国、英国和其他国家综合类大学、文理学院和艺术院校的录取通知书包括：

美国大学（综合类大学及文理学院）：芝加哥大学、约翰斯·霍普金斯大学、布朗大学、康奈尔大学、范德堡大学、圣母大学、加州大学伯克利分校、弗吉尼亚大学、纽约大学、北卡罗来纳大学教堂山分校、维克森林大学、韦尔斯利学院、巴纳德学院

英国大学：牛津大学、帝国理工学院、爱丁堡大学、曼彻斯特大学

艺术院校：罗德岛设计学院、新大学学院、纽约视觉艺术学院、萨凡纳艺术设计学院、艺术中心设计学院、加州艺术学院

其他大学：多伦多大学、悉尼大学、早稻田大学

在众多世界名校申请结果的背后，北大附中道尔顿学院的 3 大特色更为醒目——自研课程、独立科研和领航计划。

自研课程：灵活

道尔顿学院课程没有直接引入 AP、IB 或者 A-Level 课程，而是采用自主研发课程。当家长们还在对自研课程的认可度持怀疑态度时，大学录取结果已经为自研课程做了背书。道尔顿学院的这套自主研发课程给了学生更多空间，既可以根据中国初中学校所教授的内容做好衔接，同时还能够根据国外大学青睐的能力，在自主研发的课程中做更精准和更有侧重性的培养和锻炼。比如独家开发的特色课程——独立研究性学习和写作工作坊，就分别培养和锻炼学生的研究和写作能力，为学生的申请增色不少。

此外，学校课程采用"必修 + 选修"的模式，总分达到一定要求就能获得毕业文凭。必修和选修的课程比例也是学校根据十年教学经验不断调整的。

高一 7 门必修课是希望学生能够在高一阶段尽可能多地去探索不同专业领域，高二必修减少到 5 门，高三只有 1 门，是因为学生经过逐年探索后，逐渐明确感兴趣的专业，有能力选择更适合自己的课程。

2021 届被布朗大学应用数学系录取的王同学提到，在道尔顿学院，每次选课他都会问自己：我要什么，如何在有限的时间里做最适合自己的事情？

养成这样习惯后，他不会在选课面前患得患失，这使他进入布朗大学之后，立刻适应了大学更多样的课程设置。

难度上，学校采用分层选课。在通识课程的基础上，北大附中道尔顿学院接受学生在不同科目有不同特长，对于自己不擅长或者未来必然不从事的专业 / 科目，了解即可，不需要深度学习。比如不擅长理工科的同学，可以用较短的时间完成规定学分的学习就可以。在三年的时间里，不同学生选择不同的课程，完成 144 学分即可毕业。这种课程设置结合了 AP 课程的灵活和 A-Level 课程偏科的两大优势，让学生在跨领域学习的基础上，找到自己的兴趣专长并深入探索。

以物理学科为例，通过入学考试，所有学生可以分成三类：待优生、中等生和优等生。待优生可以选择只学一个学期的物理必修课，然后在高中阶段彻底和物理学科告别，或者继续学习物理 2 这样的选修课来拓宽视野。中等生需要完成两个学期的物理必修课，之后可以根据自己的兴趣选择学习物理 2、进阶物理、数学物理方法等课程。优等生从高一到高三都可以学习荣誉课程，如果荣誉课程成绩优秀，还有机会参加学院的精品 8 人课程——光学实验课。光学实验课由道尔顿学院物理学科首席马博士和中科院物理所一起合作研发，直接把中科院的光学设备搬到高中教室，让道尔顿学院的学生可以直接上手调设备、做科研。学生最后的科研项目将以国际会议的标准来进行要求，以全英文海报形式来呈现。

🗺 独立科研项目：深度

独立研究性学习（Independent Research Program, 简称 IRP）是道尔顿学院的特色课程，也是高二全体学生的必修课。老师通过一年的时间，手把手带着学生从查阅文献、阅读文献、文献综述、研究计划开始，到最后的数据分析和论文写作，最终帮助每位考生各完成一篇全英文的科研论文。

写作过程对标大学论文写作标准，最终形成的论文不但要经过学院评选，还会发表在对应领域的学术期刊当中。IRP 十佳论文以及学院已获批的中国专利列表都展示出道尔顿学院学生在理工科研究上的不俗表现。

通过这样的课程，不仅帮助学生学会基本的科研方法，更能帮助学生对高一学科课程衍生出来的兴趣进行深度和专业的探索，最终产出优秀的科研成果。被布朗大学录取的王同学之所以在大一便能独立开展"人工智能设备使用现状"这样的科研项目，得益于 IRP 项目让他熟悉了从查阅文献到论文写作的整个过程。

一些学生也会直接将自己的 IRP 英文论文投稿到英文期刊，以第一作者的身份进行发表。比如 21 届的毕业生杨同学，她的第一篇论文是她高二的IRP 获得十佳的论文，第二篇是在第一篇论文上的拓展，而第三篇是在另一门高三生物选修课上的期末大作业，这三篇论文都被国外英文期刊收录、发表。最终，她也是凭借这样突出的科研成绩被录取到美国约翰斯·霍普金斯大学学习生物，这是全美生物专业排名第一的学校。

学生还可以将工程相关的 IRP 论文成果转化为专利，之前有同学一共获得 9 项专利的批准。在道尔顿学院，IRP 被认为是很多学生科研的启蒙，是帮助他们坚定自己专业方向的基石，相应的科研成果也协助他们敲开世界名校的大门。IRP 课程的成功正是因为采用自主研发课程体系，才有机会根据学生的特点研发出这样的一门研究型的课程。

全面培养、重点探索、论文研究三大要点组成了北大附中道尔顿学院的课程体系。在认可度上，从历年录取结果就可以看出其含金量。每年藤校、牛剑录取均在 10 人左右，这些学生的 GPA 基本在 4.4~4.7（满分 4.5），超出满分的学生除了常规课程外，还选择了生物、化学、物理、数学、英语 ELA 等荣誉课程。道尔顿学院类似大学教学的学术培养模式，不仅为学生打开了名校录取的通道，更是为学生将来大学的学术生涯奠定了非常扎实的基础。

领航计划：个性化

2021 年开始，北大附中道尔顿学院开启了领航计划（尖端生培养计划）的首届招生，招收 10 名左右的学生，对每位学生进行重点个性化、一对一的培养。

领航计划的学生能够去北京大学选课，与北大本科生一起上课，真正体验中国顶尖学府的学术魅力。学生结课后，将获得北京大学官方成绩单，作为学生大学申请时学术水平证明的重要支撑。同时，领航计划还为同学们对接高端实验室，学生通过进入大学顶尖实验室实习，接触尖端硬件和软件资源，能够充分感受实验的魅力，坚定未来方向的选择，这也标志着北大附中道尔顿学院在国际教育之路上向前迈进的重大一步。

为了衔接大学课程，学生在大学选课前，道尔顿学院的老师会提前帮学生讨论相关学习资料。

选择了现代医学与健康文化课程的同学对教授的博学惊叹不已："教授给我们传授数不尽的干货，将历史、医学、生物和政治等多种学科联系在一起。他用幽默的语言科普了许多鲜为人知的故事，让我们更深刻地理解每一条枯燥的知识点。"

另一位学习中东地区的国家关系课程的同学除了夸赞教授外，也提到了和大学生一起上课的经历："当我还在犹豫怎么形容伊斯兰国家时，有学姐就已经整理出宗教、政治相关的内容。通过她，我也能修正或补充笔记。"此外，大家在完成作业时，也不会有不适。"课程作业大多以论文评分，但我们在领航计划的课程里掌握了学术写作的方法，所以在面对平时课程的作业时，并不会感到无从下手。"

在我眼里，领航计划通过北大附中长久以来的课程改革经验，引领高中生探索兴趣和发展学术的新模式，能够极大地丰富学生的学习体验。

在道尔顿学院，学生虽然自由，但也需要遵守一些规则。不同学习空间有不同的功能，学生到了什么地方，就必须做什么事，不用老师提醒，自己就能知道。比起"有天花板的地方不能打游戏"，"学生只能在这里吃东西"这一条规则似乎更能让人明白道尔顿学院对学习空间和学习活动的管理。

所有两层的教学区域中，只有用餐区稍显凌乱一些。因为这是唯一能吃东西的地方。换句话说，一旦离开这个区域，学生会自动意识到自己该学习了。学生离开用餐区，可以去开放活动区，这里用于需要讨论交流的小组作业，人来人往和你一言我一语的课业讨论保证没有人在这个地方能睡得着。离开开放活动区，就是教室。教室里的桌子都是围成一圈，没有人可以找到"最后一排靠窗的"座位，也没有人能逃得了课堂发言和老师提问。

如果需要安安静静地独立完成作业，可以去开放的自习室或者图书馆，这两个地方都不允许说话。自习室需要预约，预约成功就必须出席，而且谁预约谁值日，负责使用教室后的清洁打扫。

教学区中唯一可以讨论与学习无关事情的地方，是各个书院的活动室。同学们在这里策划比赛，进行书院自治会的各项管理议程，如果学生愿意的话，甚至还可以在书院活动室里开个小卖部。只不过，这一切活动也都有老师监督。如果老师发现活动室卫生太差，或者有学生做了学校规定里禁止的事情，老师有权利关闭活动室一段时间作为惩戒。

总结下来，学生只要进入教学楼就会非常清楚自己该去哪儿，该做什么。在学院的每一个地方都有规定，这些规定确确实实没有明确地对人、对思维做任何的限制，但又实实在在地起到了约束学生行为的作用。学生们一起制定规则，遵守公约，在规定的区域内，按照自己的规划做自己应该做的事情。

道尔顿学院共有教师 35 人，其中外教 18 人，具有较高的外教比例。外教教授英文通识、经济、数学、历史、生物、世界文化与文明、艺术等学科。

道尔顿学院在选拔老师的时候，无论中教外教，不仅看重老师的学术背景，更关注老师在本专业领域课堂之外的作品和表现。比如，教文学的老师是否出版过自己的文集？教艺术的老师自己在做什么样的艺术品或展览？

全人教育是国际教育中不可或缺的重要组成部分，学院还鼓励学有所长的同学在校内申请开设课程，由学生本人亲自担任授课教师。将自己的兴趣及特长分享给更多的学生。不同于普通的课堂展示或小组汇报，道尔顿学院每年只开放 6 个申请名额。申请成为老师的学生需要提交课程设计方案、教学内容大纲，还包括自己制作的课程内容简介视频。提交的方案计划在经过学校严格的审查筛选过后，才能真正落地开课。曾开设此类课程的同学最终也的确被相当好的大学录取。

为了让所有进入北大附中道尔顿学院的学生都能够适应这种"自由"和"合作"的课程模式，学院采用了"双导师制"。在班主任之外，额外安排导师为学生提供个性化支持。导师是通过学生和老师的双向选择而确定的，这是建立良好沟通、实现个性支持的第一步。

在道尔顿学院，导师所指导的学生人数少，保持在 18 人左右，这样的师生比的设置就是为了让导师比班主任更好地关注到每一位学生的情况，这是个性支持的第二步。

导师和学生保证每月至少 2 次、和家长每学期至少 1 次的面对面沟通，这样的沟通频率是个性支持的第三步。

此外，导师除了关注学生的学业成绩之外，也会密切关注学生的选课、亲子关系、心理健康、校园生活和人际关系等不同方面，并且将学生的这些情况做好记录，梳理总结，建立档案，和升学指导老师、家长一起协作，全方位支持学生的成长。

当任课老师发现学生有异常情况，学院将及时和导师、家长一起约谈，通过 At Risk 预警机制来帮助学生度过艰难时期，不让一个学生掉队。

在道尔顿学院这样的精品项目中，每一个学生都值得个性化支持。

⊙ 第四章

留学申请
三要素分析

留学申请的三要素为在校成绩、标准化考试成绩、奖项与活动。三者中，在校成绩是"定海神针"，标准化考试成绩是淘汰筛选器，奖项与活动是加分项。

标准化考试学习规划与分数标准

文 / 谢强

标准化考试作为留学申请的三大要素之一，其学习规划与分数标准一直是家长和学生关心的问题。比如，考出什么样的成绩还需要继续考？考出什么样的成绩就可以放孩子一马？我就用这篇文章，按照初中和高中两个不同的学习阶段来谈谈这个话题。

初中

案例 1：

我们同事的儿子，初三，就读于北京师达中学，他这届海淀区初三大约 20 000 人，孩子初三上学期期末考试区排 180 名，一模区排 300 名。初二升初三的暑假末，2021 年 8 月 24 日，托福首考 97 分（阅读 27 分，听力 26 分，口语 21 分，写作 23 分）。

分析：英语中等生，全科优等生，学习勤奋。需要艰苦刷题的阅读和听力部分达到高分，分别为 27 分和 26 分，需要天赋的口语和写作成绩尚可。小升初后进入托福学习时，英语能力中等，对英语兴趣一般，见我还哭呢，认为是我逼他学托福，非常讨厌我。不敢直接进备考班，所以进预备班，从能力进，到考试出。初一上、初一下、初二上、初二下，四级预备，用与托福相关的有趣语料吸引，打好英语听说读写的基础，初二升初三的暑假进行考前集训刷题，刷完就考。

案例 2：

我们另一个同事的儿子，初三，北京四中初中部，年级排名前 20%。小学前三年在芳草地国际学校，后三年乐成国际学校。初三上学期，2021 年 12 月 19 日，托福首考 96 分（阅读 24 分，听力 27 分，口语 24 分，写作 21 分）。

分析：英语优等生，全科中上。小学在国际学校六年打下扎实听力口语基础，所以听力能达到 27 分、口语能越过 23 分。相比之下，读写的训练强度还不够，否则可以取得更好成绩。初二升初三的暑假进入考前集训班刷题，刷题后考试。

案例 3：

我们还有一个同事的女儿，现在在加拿大排名前 10 的顶级私立学校读书。当初在史家胡同小学读了 6 年，7 到 9 年级在乐成国际学校。从小英语极好，因为在国际学校感觉"吃不饱"，9 年级升 10 年级去了加拿大顶级私立学校。8 年级升 9 年级的暑假，也是初二升初三的暑假，2020 年 8 月 9 日，托福出现最高分 107 分（阅读 28 分，听力 30 分，口语 26 分，写作 23 分）。值得一提的是，截止到 2020 年 12 月 28 日，即初三上学期，该同学拼分达到 116 分（阅读 30 分，听力 30 分，口语 29 分，写作 27 分）。

分析：她是具有语言天赋的女生，又经历了国际学校的语言环境浸泡，但是不爱做题，不爱考试，尤其厌恶阅读和听力刷题，我至今记得她痛苦的表情。拼分比单次成绩高出近 10 分，说明听说读写能力均达到了一定水平，但考试发挥不稳定，这是不习惯考试的反映。对此，解决方案是长期一对一，重点攻阅读和听力，夯实单词和语法基础。

以上三个案例具有典型性，是我衡量成绩的尺子。

案例 4：

我们的一个学生，小学在普通小学，初中进海淀某国际学校。9 年级即初三上学期，2021 年 12 月 18 日，托福首考 90 分（阅读 19 分，听力 24 分，口语 25 分，写作 22 分）。同案例 2，英语听说能力好于读写能力，经历过一定程度的语言浸泡。托福首考口语就过 23 分，说明有一定语言天赋。但是阅读刷题不够。9 年级即初三下学期，2022 年 3 月 6 日，托福二考 99 分（阅读 24 分，听力 25 分，口语 26，写作 24 分）。

分析：一个寒假涨 10 分，说明学习能力强。成绩处在 90 分的高位，一般情况下，平均半年才能涨 10 分。该学生寒假刷题到位，所以阅读涨 5 分。口语二战达到 26 分，英语天赋明显。

接下来的暑假努力刷题，主攻阅读和听力，均可达到 28 分，口语和写作稳定在 25+。暑假结束时趁热打铁考，三战大概率 105+。如未达到，说明暑假没有安心做题。主要备战方法是调高考试动机，盯住刷题。

总结一下，不难看出，以上四个学生都是初中生中的优秀者，要么整体学习能力强，要么英语单项突出。这批同学在初三均达到 90+，这是很好的成绩。对于语言能力更好或者天赋更佳的学生，可以冲击 100 分甚至 110 分，但这不是多数初中生可以达到的。

反过来说，如果有初中生达到 110 分左右的高度，多是因为长期的语言积累或者有超好的语言天赋。机构不应拿过来给自己吹牛，家长更不应该拿过来对比并打压自己的孩子，孩子如果没有达到你想要的分数，要么你没有长期培养他的语言，要么你没有这样的基因遗传给他，这都是你的错，不是孩子的错。

初中生努力学习托福，初三时达到 110+ 是天才，达到 100+ 是卓越，达到 90+ 是优秀，达到 80+ 是良好，达到 70+ 是及格。

高中

初中没有学习过托福的同学，中考后的暑假必须要学了，以下是中等生应达到的分数。注意是中等生，不要拿优秀生吹牛。

高一上学期 12 月：80+

高一下学期 6 月：90+

高二上学期 12 月：100+

高三上学期 9 月：110+

原则上，半年为一个准备周期，争取每半年到位。

高一上学期 12 月如未达标，高一寒假刷题，寒假后的 3 月考到 80+。

高一下学期 6 月如未达标，高一暑假刷题，暑假后的 9 月考到 90+，然后启动学习 ACT 或 SAT。

高二上学期 12 月如未达标，高二寒假刷题，寒假后的 3 月考到 100+，赶上申请美国夏校末班车。

高三上学期 9 月如未达标，一直考到 11 月早申请前甚至 12 月常规申请前考到 110+。别忘了，北京最好的国际部——实验中学国际部，75% 以上的同学也是在这个时间段获得了托福历史最高分。

初中学过或者考过托福的同学，进入高中时的首考成绩落入以上轨迹，可以安然接受，不必焦虑，走下去就好。

初中学过或者考过托福的同学，进入高中时的首考成绩高于以上轨迹，每个节点目标可以上调 5~10 分。

总结一下，托福只有 120 分。一开始考 80 分的同学和一开始考 110 分的同学，如果前者特别努力，最后可能以 115 分收盘；如果后者也特别努力，最后可能以 116 分收盘。为什么不是满分？因为总得丢点分吧，所以也就一样了。你看，人家龟兔赛跑那个龟，没一开始被吓死，跑起来就好了。

托福进入 90 分以后，就算进入了高位。可能出现瓶颈，长期停留在 90 分到 100 分之间。这时要坚持刷题和刷题总结，也可以备考 SAT 或 ACT 换换脑子，刺激大脑，让其保持兴奋状态。

托福进入 100 分左右时，不再那么容易冲 110 分了。要冲 110 分，既要保持阅读和听力逼近满分 30 分，又要保证口语和写作均超过 25 分。后者比前者更难，因为除了语言形式，即口语的语音语调和写作的词汇语法，语言内容和思维的成熟度也很重要。年龄越大，内容的成熟度和完整性越高，越小越难。所以 100+ 以后，慢一点，先冲 105+，很多同学最后也就停在了 107 分、108 分附近。这个成绩是可以接受的。美国大学录取更看全面表现和全科成绩，实在冲不上去，可以把重点转移到别的考查点上，别使劲跟托福较劲。

总的来说，语言学习要循序渐进，不是死记硬背，临阵突击很难提分，所以也不鼓励临阵突击。托福成绩是语言能力的客观反映，要持续稳定地前进。大人们被现实社会搞得急功近利，这毛病别转移到孩子考托福这里。

一些家长总担心孩子分数上不去是学习方法有问题。对此，我不否认任何人对任何事情的方法都有持续改善的必要。但托福最主要的问题还是学习时间够不够、学习效率高不高。

托福的学习时间可以被学校的学科学习夺走，被活动和竞赛夺走。这些都是好事，有助于孩子的全面成长和全科成长。尤其是国际学校或国际部用英文学习各个学科，是对托福相关能力最重要的培养。

永远不要为了托福减少孩子为日校应付出的努力。

学习效率差也不行。有的孩子一坐那里就几个小时，看似在学习，但门锁着不让家长看，门开着也不让家长进，旁边的手机或平板电脑挂着社交软件，或者看着表面乖乖的，但灵魂却在游荡。这都与学习方法无关，是最难解决的问题。好的机构就是要努力解决这些问题。

总之我们每天焦头烂额，尽力和小朋友们斗智斗勇。

有好学苗来，我们就是捡了大便宜。但是您不许凡尔赛啊，怕别的家长想揍您。

AP/IB/A-Level 三种国际课程选择

文 / 王梅

　　进入国际教育路线，家长们面对的最大难题不是语言或具体的学习问题，而是信息差。带上"国际"两个字，一切都变得好像神秘起来，简单的事情也变得比较复杂。最典型的，就是国际课程。

　　我们先说一般意义的课程。学习课程的目的就是获得对应的能力与分数，根据学生的成绩与表现，通过评估升入对应的学校。比如国内学初中课程就是对标中考，学高中课程就是对标高考，根据不同成绩进对应的高中或大学。比如，高考成绩特别好的学生就去清北，高考成绩优秀的学生就选择 985 或 211 大学。加上"国际"两个字，事情就变复杂了吗？其实没有。国际课程，就是本国以外的世界各国的课程。学习本国以外的课程，就是在学习国际课程。学习国际课程的主要目标，是升入本国以外的大学。

　　有一次，我和在加拿大读书一个学生通话，他当初在加拿大安大略省读公立高中，后来升入加拿大顶级名校不列颠哥伦比亚大学（University of British Columbia，简称 UBC）的经济专业。和美国一样，加拿大的高中学制是 4 年，9—12 年级。我特意问了这位同学，他当时高中阶段学的什么课程体系，用什么成绩申到的 UBC。他想了半天没理解这个问题，回答说："就是学校开设的课程啊，用成绩申请大学就行。我同学申请美国、加拿大都有，还有什么体系的区别吗？"

真留心学话2

选择国际课程的时候，理论上最简单的原则就是，想去哪个国家，就读哪个国家对应的课程，符合对方大学的要求。例如，英国的高中课程叫作A-Level，如果目标是去英国读大学，最直接的方式就是学习A-Level课程，根据不同学业表现和专业目标，升入英国的对应大学。

类比一下，如果一个外国人想来中国读清华大学或北京大学，那么最好是在当地学我们的普高课程，然后参考高考，用出色的高考成绩，加上中文水平测试和其他一些学校的硬性要求，来获得清北的录取。这样最公平，且成绩不用解释，可参考性高。

当然，每个国家的大学几乎都招收国际生。比如申请美国大学的，除了美国本土、中国的学生以外，还有英国、日本、韩国、印度等各个国家地区。其实，任何一个课程体系都可以申请任何一个国家，只是这个时候，越被各国熟知和认可的课程体系越有优势。比如IB是全世界认可的课程，解释成本就很低，因为具备了国际化的标准，成绩单上的数字能够在世界范围对标学业表现。

主流国际课程

家长和学生在选择国际化学校的时候，要遵循三步走的原则：

第一步，先选方向轨道，到底公立体系还是私立体系；

第二步，再选学校风格，想去洋气的还是中式的，想去自由快乐的还是功利严格的；

第三步，在前两个大方向确定后，选择国际课程。

这是最理想的三部曲，且顺序不能颠倒。

前两者确定以后，第三步的选择难度和空间并不大。一来，任何一个体系都可以申请任何一个国家的学校，选哪个都有出路，只要学得好、成绩好。二来，全世界最认可的主流三大课程是 IB、AP、A-Level。北京地区主流也是这三大课程，它们的特点非常突出，各位家长对号入座就可以。

IB 课程

IB 课程，全称 International Baccalaureate，指的是国际预科证书课程，其成绩可以说全球通用。当初我家女儿选学校的时候，我给家里人普及国际课程，我妈没听完就说，选那个 IB 啊，万一不知道未来去哪儿留学，这个不是最合适吗？

IB 最初设计的理念就是打破壁垒，让全世界在学习这件事情上有相对的统一的标准，方便随时举家转换工作国家或地区的家庭，如外交官，随地选择任一学校即可入读。受到世界范围内的广泛认可，是 IB 最大的优势。

但选择 IB 课程要注意两点。

第一是孩子要全面、全科发展，最好不偏科。IB 在升学的时候，有 6 个门类的学科主课，分别为语言与文学、第二语言、个人与社会学、实验科学、数学、艺术，每个门类基本都要选一门。如果不选艺术这组，可以从社科或者科学组里加选 1 科。这 6 门课程里面，3 门可以选择标准难度（Standard Level，简称 SL），3 门可以选择高难度（Higher Level，简称 HL），一定程度平衡了强弱项和兴趣点。

IB 满分 45 分，每门课满分是 7 分，6 门课满分是 42 分，加上 3 个特色课程，共计 3 个奖励分：知识论（Theory of Knowledge，简称 TOK）、社会实践活动（Creativity, Activity and Service，简称 CAS）和拓展性论文（Extended Essay，简称 EE），总共 45 分。CAS 本身不算分，但是不完成拿不到最终文凭，所以很重要。

第二是语言要求高，授课方式和评估方式都依赖大量的全英文阅读和全英文写作。由于这种对语言的高要求,IB课程最晚的进入时间不要超过8年级,越低龄进入适应得越好。这就要说到IB最大的两个优点。一是IB课程12年一贯制,1—5年级学习PYP(Primary Years Programme),6—10年级学习MYP(Middle Years Programme),11—12年级学习DP(Diploma Programme)课程,整体非常完整。任何一个年级,如果想转学,也可以很快衔接和适应。二是由于对阅读写作和思维方式的要求很高,IB学生在未来大学入读后的适应性是很好的,毕竟在中学阶段就按照这么全面严格的标准进行学习。

AP 课程

AP课程,全称Advanced Placement,指的是美国大学先修课,学术难度等于大一水平。AP课程是由美国大学理事会(College Board)创办的美国大学先修课程,帮助学生在高中阶段提前学习大学难度的课程并参加同等水平的考试。AP课程本质上并不是一个课程体系,而是一种考试。有点像考证书,报名参加考试且通过,就取得了对应的证书。这就是AP课程最大的特点,非常灵活,可以根据孩子的情况和未来的专业,选择对应的科目准备考试。备考周期也不长,知识储备到了,准备3~6个月就行。

AP科目共38门,覆盖面广且选项多,光物理一科就有4门考试。难度和国内高中差不多,尤其理工科,所以很多国际部会在高一就鼓励甚至要求学生考1~2门AP。高二难度就更对标了,校内学习之外,课后多做题,考3门不会有很大的困难。科目上,也不一定擅长什么就只选什么,感兴趣的都可以选,比如心理学和艺术史。中国(港澳台除外)可以考试的科目就有19门,申请的时候3门以上就有竞争力,所以无论是数量还是备考周期,都非常友好。

灵活是AP的优势,但毕竟是大一先修课,难度大于美国高中生的学习内容,所以高中生有AP成绩是很大的学术加分项。这就是为什么很多申请顶级名校的孩子,动不动就6门AP的原因,主要用来强调自己的学术能力。AP 每个科目满分都是 5 分，4 分以上就可以用于申请。AP 还可以直接兑换大一的学分，这是不少孩子三年就能从美国大学毕业，提前就业或者进入研究生阶段的原因。此外，还能通过兑换学分省学分的学费，有的同学甚至能省将近 3 万美元。

A-Level 课程

A-Level 课程全称 General Certificate of Education Advanced Level，是英国中学课程体系，最对标英国大学。

英国高中四年，前两年学习 GCSE 课程，英国以外的地区叫 IGCSE，I 代表 International，高三学习 AS 课程，高四学习 A2 课程。前两年夯实学习能力，后两年用考试成绩决定申请结果。

英国的大学和中国的大学很相似，要求学生明确专业入读，且只看学术表现。英国高中课程的设置是在后两年就让学生明确专业方向，选择 3~4 门课程进行深度学习，对准未来升学方向专攻，所有选课和竞赛都围绕对应专业。但是选了就要学精，所以具体科目的难度可不低，每一门要想取得最高分，都需要付出极大的努力。

A-Level 也更适合专业方向明确的孩子，可以把时间都投入在自己喜欢且擅长的事情上。人大附中 ICC 一位 AP 项目的学生，目标美国，在高一下学期选择转入 A-Level 项目，就是因为希望更加聚焦。部分家长还比较关注：如果孩子偏科该怎么选国际课程呢？A-Level 就是对这类孩子很友好的课程体系，孩子可以通过选课规避自己的弱项。

课程体系本身不是升学的局限，学生可以根据自身需求和特点进行选择。特别不好选或者多国联申的时候，就选 AP，毕竟灵活。特别坚定想去英国的，就选 A-Level，最对口。8 年级及以下，在低龄阶段就进入国际路线的孩子，就选 IB，只有它是 12 年一贯制，另外两个都是 9 年级以上的事儿了。

🗺 北京地区校情及国际课程分布

提到具体择校，北京地区开设的国际课程种类非常丰富。首先说公办校国际部的国际课程分布。

截至目前，北京地区公办校国际部共 24 所，一些国际部开设多种国际课程。其中，23 所国际部开设 AP 课程，为绝对主导。4 所国际部开设 IB 课程，分别是十一学校国际部、人大附中 ICC、一零一中学国际部英才班和八十中学国际部。5 所国际部开设 A-Level 课程，分别是十一学校国际部、人大附中 ICC、八十中学国际部、三十五中国际部和将于 2022 年 9 月开始招生的大兴区第一中学国际部。

公办校国际部中，北大附中道尔顿学院的课程不属于以上三大课程体系，而是自主研发课程，该课程和 IB 课程有点像。多年录取结果证明，这个体系教学含金量同样高，办学成果受到藤校、牛剑等顶级名校认可，每年均有10 个左右的顶级名校录取。

师大二附国际部除了 AP 课程外，还有 GAC 课程体系。GAC 课程的目标是通过美国高考 ACT，理论上是学完 GAC 课程后参加 ACT 考试，升入美国大学。但实际上，GAC 课程与 ACT 考试的内容紧密度一般，只是获得了方便的校内考试条件。越来越多的国际部和国际学校为了方便学生参加 ACT 考试而引进了 GAC 课程，但并不真正在长期教学中实践，还是以三大主流国际课程为主，进行教学。

实验中学国际部只开设 AP 课程，而且是唯一一所在高二才开始相关教学的学校。整个高一课程全部和普高保持一致。这种安排一方面是为了在高一打好扎实的学科基础，高二的托福水平也差不多达到了能够理解国际课程的程度，正好顺接进入 AP 课程。因此，高一寒假后，实验中学国际部的一些家长和我们面谈的时候，都还不知道 AP 是什么，没有相关准备。另一方面，实验中学国际部还有个特点，高二会有普高班学生转入国际部，每年这些转过来的学生会组成 1~2 个班，每班 40 人。这样的课程安排也可以保证大家进度一致。

进入高中后，公办校国际部仍旧需要学习国内课程，因此完整课表上的课程是：国内课程＋国际课程＋本校特色课程（如升学指导课）＋选修课／课后课／学术项目等。

接下来我们再谈谈私立国际校的国际课程分布。

比起公立校国际部，在私立国际学校开设的国际课程品类丰富很多。除了三大主流课程外，私立国际学校还开设有加拿大课程 BC、OSSD，澳大利亚课程 WACE、HSC 和中国香港课程 DSE 等课程。

加拿大 BC 课程

加拿大 BC 课程，全称加拿大不列颠哥伦比亚省（British Columbia）课程，简称 BC 省课程，主要对标加拿大和美国大学，被称为"第四大国际课程"。不列颠哥伦比亚省的中小学一共 12 年，其中 1—7 年级为小学阶段，8—10 年级为初中阶段，11—12 年级为高中阶段。一般国际学校从 10 年级开始设置加拿大高中课程，按照 10/11/12 年级对应高一／高二／高三。毕业生需要修满学分，并通过省考，即可获得不列颠哥伦比亚省教育部颁发的国际学校文凭 Dogwood Diploma，用以申请大学。

开设学校：北京外国语大学附属外国语学校、北京市第八中学怡海分校国际部等。

加拿大 OSSD 课程

加拿大 OSSD 课程，全称加拿大安大略省 Ontario Secondary School Diploma 高中课程，由加拿大安大略省设立，开设年段为 9—12 年级，是安大略省全部中学采用的教育体系。最大的特点是没有大考，总成绩由 70% 平时成绩外加 30% 期末成绩组成，获得足够学分即可申请大学。

开设学校：北京王府学校、北京中加学校、北京外国语大学附属外国语学校、北京市新府学外国语学校、中育贝拉国际高中、清华志清中学等。

澳大利亚 WACE 课程

全称 Western Australia Certificate of Education，是西澳州的教育体系和考试，开设年段为 10—12 年级，完成课程后可以参加澳大利亚的大学录取考试 TEE（Tertiary Entrance Exam），大考成绩和平时成绩共同用于申请。在中国完成该课程的学生，可以直接在国内参加澳大利亚大学录取考试。

开设学校：北京爱迪国际学校、北京外国语学校附属外国语学校、北京市朝阳区北外同文外国语学校、北语留服国际课程中心、北大附属实验学校国际部等。

澳大利亚 HSC 课程

澳大利亚 HSC 课程，全称 Higher School Certificate，是澳大利亚新南威尔士州的高中课程。学生在 11—12 年级完成对应学分，便有资格参加考试，类似于中国的高考。最终成绩是平时成绩和大考成绩各占一半。HSC 课程申请澳大利亚大学的优势是，不受澳大利亚大学海外招生比例的限制，入学更有保障。

开设学校：北京市中关村外国语学校等。

中国香港 DSE 课程

香港 DSE 课程的全称是 Hong Kong Diploma of Secondary Education Examination，是香港地区高中生升本科的课程与考试。通过参加香港考评局主办的公开考试，考取香港当地的大学。学制 3 年，最大的特点是中文答题。

开设学校: 北京爱迪国际学校、中育贝拉国际高中、力迈中美国际学校等。

三大主流外，其他课程体系要不要选

一位在澳大利亚高中就读的学生和我说，他和身边认识的同学们分别在上三种课程，一种是本地课程体系 WACE，还有一种是他自己上的 A-Level 课程，最后更大部分的同学选择了 IB 课程。他目前已经申请到了美国、英国和中国香港地区的顶级名校。关于澳大利亚本地课程，他和同学们的看法是:如果不是奔着英国、美国、加拿大的顶级名校，或者医学这种顶尖专业的话，WACE 也挺好的。但 IB 和 A-Level 肯定更好，上大学后也会更轻松一点。

另外一位在加拿大本地读 OSSD 的学生也是同样的看法。最明显的是，进入大一以后，他必须要完成对应的先修课，而他高中选择 IB 或 AP 课程的同学则直接用成绩兑换先修课学分，可以尽早进入专业课，未来会更早毕业。他觉得 OSSD 课程难度不算太大。

对比来看，以上课程的世界认可度不如三大主流课程。在申请英美顶级名校的时候需要额外的学术加持。但申请课程所对应国家或地区的大学是可以的，适合学习程度一般，留学国家 / 地区目标较为明确或准备移民的家庭。

进入国际课程的年级

落到每个具体的家庭，课程选择的复杂性体现在以下问题上:

高中段可以根据申请目的国选择课程，那么小初段呢?

没想好去哪个国家，应该怎么选?

选好了，但是不适应，能转吗?

想去的学校，课程特点和孩子特点不匹配，怎么办？

这就需要结合实际情况，考虑各种变通的可能性。先按年龄段来说，不同时间进入国际路线的选择，主要分为小学段进入和初高段进入。

小学段进入

小学段进入国际课程，等于是激进派，直接选择了国际教育路线。

从课程体系角度说，可选的不多，基本都是 IB 体系或者学校自己的课程。国际学校在 1—9 年级的义务制教育阶段，课程还是以我国教材及教学大纲为主，国际课程更多以融合的形式在教学中体现。教学内容基本是双语学习的概念，基本的课程框架是：国内课程 + 语言浸泡 + 项目式学习 + 课外拓展。

部分学校引入 IPC（International Primary Curriculum）课程，即国际小学课程。IPC 课程是 IB 课程团队出来的一群人，基于 IB 课程的小学段进行研发革新，创建的小学段课程体系。目前北京在小学段使用这个课程的学校有：清华附中国际学校（现更名为北京市朝阳区青森学校）、北京市鼎石学校、北京市大兴区耀华京港学校、北京市新府学外国语学校。

课程体系需要成为小学家长择校的因素吗？没必要。

这里我分享一个案例。安安妈妈的大女儿一路公立小学到公立初中，最后进了十一学校国际部学 AP 课程，算是公立路线的典型。小儿子却在小学就进入国际路线，择校的时候完全没有考虑体系。她反复和我说的是两点：第一，参加了很多学校的开放日，现在这个学校和自己的教育理念吻合；第二，朋友家孩子在那儿读，说老师负责，强烈推荐。

入读以后最大的好感来自极高的个体关注度。晚上 9 点多了，数学老师还给她儿子打语音电话，非得把题给弄明白了。其他方面，她觉得是否住宿、家校距离和学校管理也是考虑因素，问来问去，就是没有课程体系。

那需要通过高中段开设的课程体系来选择小学吗？没有必要。

安安妈妈说的这个学校，高中部还没有开始招生，但是并没有影响她的选择。"未来的事儿还不一定呢，说不定中学就出去读了呢！"

确实，除了直接出国读中学外，孩子在6—8年级转学的情况，在国际学校之间也比较常见。如果要考虑课程体系，那就还是从长远目标看，比如确定英国，那么12年英式完整体系最好，或至少高中部开设了A-Level课程。

我的观点始终是，课程不是家长关注的核心，学习才是。小学进入国际路线，享受语言优势和全面发展空间，但要额外关注数学和语文。鼎石国际学校一位家长发给我他家孩子3年级的数学作业，全英文，对语言要求高，但从知识点上看，要求并不高。尤其国际学校数学不强调计算和做题练习，要想学扎实，还是需要家长多用心。

语文教学，每个学校不同。从小学就开始进入偏洋气国际学校的孩子，尤其3年级以前就进入的，中文学习家长也要重视。一个妈妈带着女儿来和我们面谈，小姑娘从1年级开始就在外籍人员子女学校就读，现在自己想转入公办校国际部。妈妈担心她的中文，她自己却不担心，觉得自己中文挺好的。但是，一个小时的面谈中，小姑娘说话夹带英文是常态，尤其遇到比较关键或非口语话的正式词汇，她要么使用英语，要么使用明显带着翻译腔的中文。如果未来回国就业，中文的思维和表达确实是问题。所以，如果小学进偏洋气的国际路线，要强调母语培养。

在偏传统的国际学校，语文学习就不用太担心。一位小学生妈妈在孩子3年级升4年级的时候从"海淀六小强"之一转入海淀一所国际学校，转学的契机就是因为家长觉得传统体系的语文教学太死板，反而国际学校的语文教学更符合她的期待。恰好这个妈妈和孩子爸爸分别是中文和传媒方向硕士毕业，尤其孩子爸爸在北大教书，发现孩子的语文老师每次判作业就喜欢四字成语，只要符合这个规则就是高分，导致孩子生搬硬套。爸爸没忍住，有一次指导孩子做语文作业，结果没及格，孩子也崩溃了。一家人一商量，转到国际路线，选择灵活且有启发的教学方式。

所以，学习本身更值得关注。没有哪个课程是完美的，家长不能偷懒。

初高段进入

初高段进入国际课程，要分年级讨论。国际学校基本以 6 年级作为初中阶段第一年，所以我们从 5 年级升 6 年级开始讨论。

5 年级升 6 年级和 6 年级升 7 年级这个阶段进入国际路线的孩子，优先选择 IB。这样一来，既能享受 IB 的优势，也能在更大程度上平稳克服课程内容所带来的挑战。

8 年级升 9 年级进入国际路线，多数是为了规避中考，有 4 个选择。

第一，人朝分 1.0 项目、八十中学国际部的融合项目、北京中学国际部的 1+3 项目。这三个项目都招收 8 年级升 9 年级的学生，但招生人数不多，考试要求相对高。人朝分是 A-Level 课程体系；八十中学国际部融合项目的 9 年级学 A-Level 课程体系，10 年级进入高中后可以在 AP/IB/A-Level 里进行选择；北京中学国际部 1+3 项目是 AP 课程。因为这是偏向公立路线的选择，生源好、费用低，是大多数家长的首选。

第二，高中段有 AP 课程的 12 年一贯制学校。适合那些没有明确目标国家，且喜欢中西结合授课风格的孩子。

第三，选择有完整 4 年英式 A-Level 课程的学校。适合目标非常明确去英国留学的家庭和明显偏科的学生。由于申英越来越成为留学申请的主要趋势之一，这种选择在变多。这种选择不适合多国联申或者目标以美国为主的家庭。

第四，12 年一贯制的 IB 学校。8 年级升 9 年级进入 IB 课程，正好读完 9—

12 年完整 4 年高中，规划上比较理想。但前提仍旧是英语好，全科发展。好的 IB 学校在 8 年级升 9 年级的时候对语言成绩和入学考试有要求，能考进去且能适应好的不算多。

9 年级升 10 年级进入国际路线，马上面临大学升学，就首先看目标国家方向。美国及多国联申就选 AP，英国就选 A-Level。

📖 转轨的可能

转轨的核心问题是：三个课程体系在具体科目上，差距大吗？从知识点差距方面来看，并不是那么大，换个体系从科目上讲，没什么问题。

差距主要在学习方式和考查方式上。三者比较而言，IB 学习是探究式的，老师讲得少，孩子自己自主探索得多，平时成绩和大考成绩都算数；A-Level 学习窄而深，对所选科目有兴趣会学得轻松一些，同时大考成绩非常重要，几乎是决定因素；AP 单科学习难度不大，但是现在竞争比较激烈，大家考的科目很多。

换课程体系的，一般是从 IB 转出的多。主要是因为 IB 要求全科，需要进行大量写作，很多孩子不适应。其他的转轨情况都与课程体系关系不大。除非特殊情况，否则不建议转。选好了少变，换来换去最折腾孩子。

📖 国际课程对申请国家的影响

如果课程与目标国家不对标，比如虽然学了 AP 但目标是英国的大学，能去吗？不同课程体系，有没有哪个更好申请的说法？

课程体系不是筛选和淘汰因素，没有哪个更好申的说法，只要符合申请要求就可以。世界顶级大学的录取要求基本一致。下面，我们用三个课程体系的申请案例和大学要求来进行说明。

A-Level 课程

人朝分是朝阳区 A-Level 课程的典型代表，2020 年实现了"牛剑合璧"，也就是牛津大学和剑桥大学都录取了该校的学生，我们以这两位同学的情况为例。杨同学申到了剑桥大学物理专业，张同学申到了牛津大学数学专业。两位同学雅思都是 7.0 以上，A-Level 大考成绩也都是 4 个 A*。牛津大学、剑桥大学在英国本土录取的学生中，3 门课 A* 的占比都不到 50%。

这里需要说明两个信息：第一，一般 A-Level 最后一年选择 3 门课即可，但随着申请难度变高，越来越多的国内学生用 4 门来竞争牛津大学和剑桥大学，学术水平极高；第二，A-Level 的成绩分为 A*、A、B、C、D、E、U 几个等级，A* 为最优，E 为及格，U 为不及格。说明这两位同学的大考成绩处于全球顶级水平。

用 A-Level 申美，除了 A-Level 成绩，还需要美国大学喜欢的标准化考试如托福、SAT 或 ACT，还需要美国人喜欢的活动等"全人"指标。如果 A-Level 的成绩不能都达到 A*，可以适当加考 AP 补足短板。

AP 课程

很多家长问：AP 能申英吗？

以实验中学国际部 2020—2021 申请季为例，共斩获 8 枚牛津大学和剑桥大学录取。8 位同学都是美国 AP 课程的学习者，申请使用的是托福 +SAT/ACT 成绩 +AP 成绩。几乎所有同学的 AP 考试都在 5 门以上，其中一位同学申请时拥有高达 10 门 AP 成绩，极有力地证明了自己的学术能力。用 AP 申英，剑桥大学要求学生至少 5 门 AP 课程 5 分，牛津大学要求至少 3 门 AP 课程 5 分，帝国理工学院要求 3~4 门 AP 课程 5 分，伦敦大学学院要求至少 3 门 AP 课程 5 分。

AP 申美，从 2022 年的录取结果看，中国（港澳台除外）的学生申请美国排名 TOP50 的高校，都基本需要 3~5 门 AP 课程满分。藤校要求得更多，录取者平均 AP 课程数统计为：

哈佛大学：4.29 门 / 人

普林斯顿大学：4.63 门 / 人

耶鲁大学：4.95 门 / 人

哥伦比亚大学：4.692 门 / 人

康奈尔大学：4.364 门 / 人

我了解到的一位 2022 年申请到哈佛大学本科的同学，AP 成绩为 9 门 5 分。

IB 课程

我们采访了鼎石国际学校的常同学，他在 2021—2022 申请季通过 IB 课程英美双申，英国方向斩获了剑桥大学自然科学（物理）录取。除知识论（TOK）/ 创造、活动与服务（CAS）/ 拓展性论文（EE）的 3 分外，6 门主课 42 分满分，他拿到了 41 分。标准化考试成绩分别是托福 114 分、SAT 1570 分。常同学在 10 年级的时候就已经确定要走理科方向，所以 6 门主课的难度选择上是有一定倾向性的，且是很典型的理科生的选课。

常同学特别提到，剑桥大学在录取他的时候，主要关注了高难度（HL）的 3 门课程，因为学术上可以和 A-Level 的 3 门主课对标，而 3 门标准难度（SL）的课程意义不大。他的 3 门高难度课程分别是物理（HL）、化学（HL）以及数学 AA 的（HL）；3 门标准难度课程分别是中文 A（SL）、英语 A（SL）以及经济学（SL）。根据剑桥大学的官网，确实对 IB 课程中高难度课程有分数要求，3 门需要是 7、7、6 或者 7、7、7。

这里就要提到选课问题。很多家长关心的是，选课对未来大学申请影响大吗？

有一定影响。我们总为家长做本科留学规划，过去聚焦美国，但随着英国留学热，美国、英国就都要讲，但得分开讲，因为两者完全不同。

美国大学录取的时候学生不一定要明确专业，录取标准也更全面、更多元，所以对于高中选课的包容度比较大，对高中强制要求的学分基本都是英语，一般学校课程绝对可以满足。

美国大学理事会会在官网提供 AP 选课指引，相当于选考建议。比如，如果想申请计算机软件工程，建议选择微积分 BC、化学、计算机科学 A、计算机科学原理、物理 1、物理 2、统计学；如果想学金融，就要选微积分 BC、微观经济学和宏观经济学；如果偏人文社科方向，比如想读新闻学专业，就建议选择英语语言与写作、英语文学与写作、心理学等文科相关课程。

英国录取是要求学生明确专业，且必须在这个专业有非常扎实卓越的学术表现，这就对高中选课的科目与未来专业的相关性有要求，时间的投入产出比也更高。比如申请热门的计算机专业，建议选择数学、高数、计算机科学、物理、统计；如果是申请生物与运动科学，选课建议包括生物、数学和计算机科学。

如果高中选课没有办法满足申请专业的要求怎么办？可以通过考 AP 来弥补。

说一个极端案例。

我曾有一个学生，高考 690+ 进了中国的顶级学府。大一却决定重头来，去国外读大学。他选择的是英美双申，英国方向被帝国理工学院录取，美国 ED 中了纽约大学。为了弥补没有高中国际课程相关选课的劣势，申请的时候提交了 5 门 AP 成绩，其中 4 门 5 分和 1 门 4 分，分别是：微积分 BC 5 分、物理 C 电磁 5 分、物理 C 力学 5 分和 AP 统计 4 分。帝国理工学院录取看重的就是与申请专业相关的 AP 成绩，且该同学选择的科目难度都较高。其他标准化考试成绩分别是托福 111 分，SAT 1500 分。

但关于这一点，已经不仅仅是课程体系的问题了，更多的是详细到不同国家不同大学的具体要求，以及每个人的申请规划方案，需要个性化定制。家长和孩子至少在 10 年级（高一）结束前，确定主申国家和大致专业方向，这样可以在选课和学术活动规划上有的放矢。虽然美国不要求确定专业，但专业越明确说明越热爱，指向就越聚焦，申中的概率更大。

那么开设课程是择校的因素吗？比如未来想学计算机专业，但学校没有对应课程，会不会影响孩子未来申请？

关于这一点，我们采访了一些毕业生的家长。他们的普遍答复是：学校开设的课程都够用，没有影响自己孩子的申请。一位同学也说，数、理、化、生、经、历史这几大品类基本各个学校都有，开了就够用，学校自己开的其他课程也比较"水"，自己得下功夫。如果想学的没有，家长额外找资源就行。

学校也会随着变化开设新的课程。例如，这两年，生物、计算机和艺术越来越热门，基本所有学校都相继开设了相关课程，或在课后课、选修课、竞赛类活动中引入了对应资源，以满足学生的需求。

选了国际课程还能高考吗

到这里，再回答家长普遍关注的最后一个问题：国际课程和国内课程差距大吗？学了国际课程，还能高考吗？

答案是：差别很大，不能高考。

以下两种情况特殊，需要单独和学校咨询。

第一种，一些国际学校有专门的国内学部，对标高考。虽然读的是国际学校，但学习的不是国际课程，就是正常普高课程，正常高考报国内院校。

第二种，孩子是外籍身份，读国际课程体系，不用通过高考也可以申请国内大学，具体要求要关注对应政策。以清华大学为例，在《教育部关于规范我高等学校接受国际学生有关工作的通知》中提到："除符合学校的其他报名资格外，还应持有有效的外国护照或国籍证明文件 4 年（含）以上，且最近 4 年（截至入学年度的 4 月 30 日前）之内有在外国实际居住 2 年以上的记录（一年中实际在外国居住满 9 个月可按一年计算，以入境和出境签章为准）。"

也就是说，从初三到高三，至少要有两年在国外就读的经历。在申请的时候，需要提交成绩单、语言成绩、标准化考试成绩和国际课程大考成绩。这点再次说明，在不是本国体系下就读，申请本国大学的时候，国际课程具备的最大好处是世界范围认可，评判标准统一。

无论哪条路线，哪种选择，我都坚信事情没有现象中的那么复杂。静下心来，通过现象了解本质就不容易焦虑，也不容易被信息差误导甚至坑骗，也才能真正识别有用的信息和建议。

其实，别管什么课程，孩子学好了就行。

本科留学申请的 33 个竞赛加分项

文 / 高文成

为了申请国外的优秀大学，在保住 GPA 学分、提升标准化考试成绩之余，如果还有点时间，可以参加国际竞赛做学术拓展。因为这是申请的加分项。

一位十一学校国际部的高一学生入学一周后给我发微信："GPA 和标化成绩的关注度日益提升，彼此间的差异逐渐缩小，如果我不参加竞赛，好的大学是不是就不会考虑我了？"

我用实验中学国际部倡导的理念回复她："三者都重要。标化打基础，学科定方向，竞赛打差异。"不过，如果前两项还费劲呢，竞赛的作用就有限，所以叫加分项。

把国际竞赛当成加分项，还要解决一个专业选择的问题。竞赛有 100 多种呢，选的竞赛要与申请的专业相关，至少是真感兴趣，否则怎么可能在拔高的竞赛中胜出呢？

我带过一个实验中学国际部的学生，他初中就下决心以后学数学，于是在接下来的五年里，他参加的都是和数学有关的竞赛，最终被斯坦福大学数学系录取。我带的另一位同学一直没想清楚以后学什么专业，但她从小就喜欢小动物，所以我鼓励她多参加跟生物有关的活动，多参加生物相关的竞赛。结果这个孩子的兴趣被带起来了，最终被芝加哥大学生物系录取。我还带过一名人大附中 ICC 的同学，对专业一直采用"无所谓"的态度。眼瞅着高一要结束，我和孩子妈妈拿着成绩单一科一科地分析：数学 96 分、物理 93 分、生物 95 分、化学 90 分。数学成绩最高，那就试试数学方向了，谁让你自己不选呢？于是她便专心参加数学竞赛，最终被康奈尔大学数学系录取。

国际竞赛有 100 多种，看起来吓人，其实没有那么深不可测。和大部分中国人对竞赛的看法不同，国外的竞赛并不都是给特优生、特长生准备的。首先，竞赛可以分为入门、中等、困难 3 个难度。水平优秀的人，就从中等进，往难里走；水平一般的人，就从入门进，往中等走。反正在大学录取申报表上有竞赛就比没有好。至于水平优秀还是一般，可以依据北京中考成绩划分，满分 660 分中能拿到 620 分及以上，或者单科满分或只扣 1 分，就可以去尝试参加难度较高的国际竞赛了。

其次，国际竞赛有点像国际课程，相当一部分竞赛靠宽度而不是深度取胜，把没有学的知识模块补上，就至少成功一半了。最后，竞赛准备期短，省时。备考时间在 60 小时左右，其中 20 小时上课，40 小时练习，这远比花在 GPA、标准化考试上的时间短。

这三点讲完，对国际竞赛，你就有一个准确的认知了。我从 100 多种学术拓展中选定了最重要的、也是过去几年学生普遍参与的 33 种，分为数学、物理、生物、化学、经济、工程和社会科学 7 个方向给大家介绍一下。

1. 数学竞赛 7 种

入门：

美国袋鼠数学竞赛（Math Kangaroo）

澳大利亚数学竞赛（Australian Mathematics Competition，简称 AMC）

中等：

美国数学竞赛（American Mathematics Competition，简称 AMC）

加拿大欧几里得数学竞赛（Euclid Mathematics Contest，简称 Euclid）

美国杜克数学大会（Duke University Mathematics Meet，简称 DMM）

困难：

美国哈佛－麻省理工数学竞赛（Harvard-MIT Mathematics Tournament，简称 HMMT）

美国区域数学联赛（The American Regions Mathematics League，简称 ARML）

倘若您的孩子没有竞赛经验，美国袋鼠数学竞赛和澳大利亚数学竞赛很适合作为入门竞赛。其考查的内容和课本知识重合度高。不过如果学生英文词汇基础不好，还是要多熟悉常见数学概念的英文表达。

中等难度竞赛里，美国数学竞赛（AMC）是关注度最高的，广受牛津大学、剑桥大学及美国排名前 20 的大学认可。该竞赛有 8/10/12 三个级别，数字代表最高参赛年级，即 AMC8 最高允许 8 年级学生参加。但实际参赛时，不少 6—7 年级学生也会参加。同理，8—10 年级学生均可报名 AMC10，9—12 年级学生可报名 AMC12。AMC12 的内容约 50% 与 AMC10 一致，对于有过数学竞赛经历的学生，我建议直接报名 AMC12。如果学生 AMC10 成绩排名前 2.5%，或 AMC12 成绩排名前 5%，则可被邀请参加难度更高的美国数学邀请赛（American Invitation Mathematics Examination，简称 AIME）。学生如果在 AIME 中获得前 10% 的成绩，申请美国排名前 30 的大学就有了一个很硬的加分项。

加拿大欧几里得数学竞赛和美国杜克数学大会是除美国数学竞赛之外最热门的数学竞赛。欧几里得数学竞赛是加拿大各项数学竞赛中允许国际学生报名的最高级别比赛，该竞赛的最大特点是由解答题组成，每道解答题分为 2~3 个小问。学生需要用英文书写解题过程，这要求更高的解题规范性。美国杜克数学大会则是组队比赛，4 人组队参赛。如果你在高中有固定的数学课后社团，这是优先推荐的团队赛。比赛中，团队成员每 10 分钟完成一轮比赛，共计 5 轮，颇有团队过关斩将的感觉。

美国哈佛－麻省理工数学竞赛（简称"哈麻竞赛"）和美国区域数学联赛是高中数学竞赛的天花板，均为团队比赛。每年我都会向在中等难度竞赛中取得优异成绩的学生推荐这两项竞赛。两者的区别在于，前者需前往美国哈佛大学或麻省理工学院参赛，后者在各自高中参赛。疫情之前，北京地区每年均有 20 支以上的队伍赴美参加哈麻竞赛。在 2018 年 11 月，我带 6 名学生去美国参加哈麻竞赛，并取得全球第 7 名的成绩。这 6 人后来分别被麻省理工学院、宾夕法尼亚大学、芝加哥大学、卡内基梅隆大学、纽约大学和牛津大学录取。这两年受疫情的影响，哈麻竞赛热度有所下降，美国区域数学联赛却吸引了更多学生报名参赛。

美、英、加、澳都有各自的竞赛，它们之间也存在鄙视链。美国和英国大学的竞赛受欢迎程度较高，参与的人数最多，澳大利亚和加拿大的竞赛相对小众。

上述的主流数学竞赛没有提英国，主要是其报名有限制。国内学生若想参加英国高级数学挑战赛（SMC），需由学校统一报名，且国内开设 A-Level 课程的学校均可申请会员学校。倘若所在学校未开设 A-Level 课程，学生则无法参加此项赛事活动，建议改选美国、加拿大的数学竞赛。这些竞赛对申请英国的大学同样适用。

2. 物理竞赛 3 种

难度由浅入深依次是:

澳大利亚物理奥赛（Australian Science Olympiads-Physics，简称 ASOP）

美国物理碗竞赛（Physics Bowl）

英国物理奥赛（British Physics Olympiad，简称 BPhO）

澳大利亚物理奥赛适合没有竞赛经验的同学作为入门竞赛。其考试内容以初三物理知识为主，涉及少量高一内容。同时，它的得奖率较高，超过一半的学生都能取得区域优秀奖及以上级别的荣誉。如果你担心申请列表上的奖项数量不够，澳大利亚物理竞赛可以作为首选。

美国物理碗竞赛（Physics Bowl）是国际部学生最早接触的国际物理竞赛，也是目前参赛人数最多的物理竞赛。Bowl 在英文中有"奖杯"之意，也泛指快问快答的问答形式。学生在 45 分钟时间里完成 40 道物理选择题。很多同学是从美剧《生活大爆炸》听说物理碗竞赛的。我经常和学生开玩笑，如果你想成为谢尔顿一样的物理天才，去参加物理碗竞赛吧。2019 年，我的一位学生在物理碗竞赛中获得全球第一的成绩，最终被加州理工学院录取。

英国物理奥赛难度较高，是申请英美顶尖大学的必选竞赛。比起英国数学奥赛的报名限制，英国物理奥赛对国际学生很友好。但在比赛内容上，英国物理奥赛则没那么友好。它要求学生在 2 小时 40 分钟时间内完成 6 道解答题，每道题分若干小问。解题时，学生需要给出解题步骤，并得出计算结果。这对学生的公式推导和英文表达有更高要求。这种形式和牛津大学、剑桥大学等英国大学的面试很像，所以这个竞赛也可以看作是这两所名校加试的预演。

　　如果大学选择物理专业，是否还必须参加数学竞赛？不需要。我和中科院的两位物理博士聊天时，他们提到：物理好的同学，数学一定好；数学好的同学，物理不一定好。数学和物理虽然有一定的联系，但选择竞赛时还是泾渭分明。物理方向的同学首先考虑物理竞赛，有余力再考虑数学竞赛。

3. 化学竞赛 3 种

　　难度由浅入深依次是：

　　加拿大化学竞赛（Canadian Chemistry Contest，简称 CCC）
　　澳大利亚化学奥赛（Australian Science Olympiads-Chemistry，简称 ASOC）
　　英国化学奥赛（UK Chemistry Olympiad，简称 UKChO）

　　加拿大化学竞赛是化学竞赛的试金石。无论你中考是否选化学，无论你是否有化学竞赛经验，加拿大化学竞赛都适合作为入门竞赛。该竞赛由 25 道选择题构成，内容和国际部化学知识高度重合，每年有半数学生能够在加拿大化学竞赛中得奖。

　　如果你在加拿大化学竞赛中获奖，澳大利亚化学竞赛是下一个选择。和加拿大化学竞赛不同，澳大利亚化学竞赛有 3 道解答题，每题分 3~4 个小题。学生在答题时需要用英文给出解题步骤、实验描述。由于试管、烧杯、酒精灯等概念需要用英文描述，可能给学生造成解题麻烦。

　　根据被约翰斯·霍普金斯大学录取的某位学生的说法，英国化学奥赛是对申请化学专业帮助最大的竞赛。含金量高意味着比赛难度大，比赛还包含大量校内课程未覆盖的内容。同时，英国化学奥赛以解决现实社会热点问题为主，紧扣最新科研热点，而不是照搬课本知识。石墨烯、全球能源状况等都是竞赛热门知识点。

北京德威英国国际学校的一名学生向我抱怨："初中时我挺喜欢化学的，但高中外教讲解化学的方式和初中截然不同，我特别不适应。我以为是外教水平差，于是开始接触加拿大化学竞赛的内容，从中发现了中外化学的区别。"中教授课偏灌输，化学从背诵元素周期表开始；外教授课偏理解，化学从构建化学键模型开始。另外，整体来说，中学化学偏识记，大学化学偏应用和计算，难度高的国外化学竞赛涉及大学知识，这就会让一些学生难以适应。

从 2021 年开始因为疫情的原因，美国化学奥赛（USNCO）暂停国际学生报名，只允许美国学生参加，所以没有上榜。

4. 生物竞赛 6 种

入门：

美国生物与健康未来领袖挑战赛（HOSA-Future Health Professionals，简称 HOSA）

中等：

英国生物奥赛（British Biology Olympiad, 简称 BBO）

澳大利亚生物奥赛（Australian Science Olympiads-Biology, 简称 ASOB）

困难：

美国生物奥赛（USA Biology Oylmpiad, 简称 USABO）

美国脑科学大赛（Brain Bee）

国际基因工程机器大赛（International Genetically Engineered Machine，简称 iGEM）

　　美国生物与健康未来领袖挑战赛是一个集合了生物、健康和医药等方向的综合比赛。它特别适合生物刚刚起步的同学，或者"因为数理化不好，那就学生物"的同学。

　　中等难度的生物竞赛里，英国生物奥赛的特点是对基础知识的背诵要求高。"BBO 要拿奖，背书少不了"是生物竞赛老师提到最多的一句话。澳大利亚生物竞赛需要背诵的内容不多，考试内容和 10 年级校内生物课程一致。

　　倘若学生的申请目标是美国排名前 20 的大学，美国生物奥赛可作为终极挑战。美国生物奥赛的内容和大学专业方向的联系更紧密。考试侧重各个生物细分领域的知识，如免疫学、细胞生物学等。

　　脑科学大赛比较剑走偏锋，聚焦于脑科学和神经科学的知识。这部分知识往往是中学生物涉猎较少的部分，参加该竞赛的同学多是申请神经科学或临床心理学方向的学生。有位人大附中 ICC 的同学，对脑机接口感兴趣，凭借脑科学大赛二等奖的成绩，成功被康奈尔大学录取。

　　生物竞赛分答题和非答题两类。前者主要是选择题、填空题等常规解题形式，后者以实验报告、成果展示或模拟网站等为主要考查形式。国际基因工程机器大赛（iGEM）便是当前最热门的非答题类生物竞赛。iGEM 是典型的跨学科竞赛，参赛团队由 15 人组成，不同学生负责不同的模块，包含数学建模、实验操作、商业计划书、成果展示、海报设计等多项工作。参加 iGEM 的过程也是完整经历合成生物学的过程，这个体验对高中生至关重要。我曾经带过的一名学生被芝加哥大学生物系录取，她之所以坚定生物方向的选择就是源于这种体验。"我从来没想过，一个高中生可以身穿实验服在高端实验室里做研究，可以通过数学建模预判疾病的扩散。这种经历让我对未来充满了憧憬。"这是她在给学弟学妹们分享申请经验时对 iGEM 的总结。

　　别被这么多生物竞赛吓倒，你不用参加所有的生物竞赛。首先参加答题类生物竞赛，高二时，如果时间充裕，再考虑非答题类的 iGEM 比赛。答题类竞赛中，按照入门、中等、困难的顺序，每个级别选择一项竞赛，就基本能满足美国排名前30大学的申请要求。

5. 经济竞赛5种

难度由浅入深依次是：

全美经济挑战赛（National Economics Challenge, 简称 NEC）

国际经济奥赛（International Economics Olympiad，简称 IEO）

美国沃顿投资商赛（KWHS Investment Competition，简称 KWHS）

美国未来商业领袖挑战赛（Future Business Leaders of America，简称 FBLA）

英国马歇尔学会经济论文竞赛（Marshall Society Essay Competition，简称 Marshall）

全美经济挑战赛（NEC）和国际经济奥赛（IEO）以答题为主，最适合刚接触经济竞赛的学生参加，也是参与度最高的经济竞赛。部分国际部不开设或较晚开设经济相关课程，学生急需校外经济方向的学术活动提升专业水平，于是全美经济挑战和国际经济奥赛很好地填补了这个空白。全美经济挑战赛考查经济学理论的识记，国际经济奥赛侧重考查学生对经济学理论的理解，且增加了商学知识的考查，后者难度大于前者。学生可先参加12月的全美经济挑战赛，再参加3月的国际经济奥赛。

美国沃顿投资商赛是由沃顿商学院举办的商业投资竞赛。每年都有获得全球冠军的学生成功入读宾夕法尼亚大学的沃顿商学院。在沃顿投资商赛中，学生在特定的操作软件中进行交易，通过构建投资模型，提高投资回报率。这也促进了学生对金融、量化分析等知识的理解。对于想申请商学专业的同学，沃顿投资商赛是11年级不可错过的比赛项目。

美国未来商业领袖挑战赛是另一形式的商赛。和沃顿投资商赛聚焦投资不同，该比赛由 3 人组队报名，有客观选择题和商业报告两种形式。往年国际学校的学生是未来商业领袖挑战赛的主要参赛群体，但随着学生对商学热情的提高和商学课程的普及，来自国际部的参赛人数也逐年提升。商学理论知识扎实的学生更适合未来商业领袖挑战，而不是沃顿投资商赛。

马歇尔学会经济论文竞赛由剑桥大学的马歇尔经济学会举办，这是想要申请剑桥大学经济系的学生不能错过的比赛。论文要求学生提交一篇 1500 字左右的文章，其内容是结合现实证据解释经济学现象，属于对经济学知识运用较高的竞赛。因为马歇尔经济学会的名气大，除了剑桥大学自己认可该项赛事成绩，美国顶尖的芝加哥大学、西北大学也强烈推荐学生参加该竞赛。

一会儿经济比赛，一会儿商赛，这俩是一码事吗？按照十一学校国际部 IB 项目老师的说法，经济学课偏向图像分析和数学计算；商学课侧重案例分析，有大量的论文阅读和写作。经济学偏研究，商学重实践。一般建议高一学生先选择经济学。这也解释了为什么本科阶段开设商学院的国外大学较少。大部分同学会选择"本科经济学，研究生商科"的升学路径。

最理想的经济竞赛组合是：答题竞赛＋商赛＋论文比赛。这种组合足以让学生进入世界顶尖大学。学生先通过答题竞赛积累经济学知识，再通过商赛体验商业环境下的经济学或商学知识应用，最后理论结合实践，产出高质量的学术论文。倘若某项比赛的成绩不达预期，可以适当降低比赛难度，下一年争取更优异的奖项。

6. 综合：中国丘成桐中学科学奖

提到数、理、化、生、经这些竞赛，就不得不提同样涵盖这些学科的丘成桐中学科学奖。该项赛事由丘成桐教授于 2008 年创立，比赛由最早的数学和物理两个方向，拓展至化学、生物、金融经济建模和计算机，总共六个评奖方向。

和上述竞赛多是答题类竞赛不同，丘奖鼓励学生创新，以自主科学研究并提交原创论文的形式进行评选，被认为是高中生理论竞赛的天花板。去年参加丘奖数学组的学生参赛后说，学习了很多大学数学理论，收获了科研乐趣，也感受到面对挑战性难题的煎熬。答辩时，导师也指出了其计算中的错误和改进方案，这对高中生来说是很幸运的经历。这位同学目前在斯坦福大学学习数学。所以，留学圈里流传着一句话：丘奖到手，藤校不愁。

7. 工程竞赛 3 种

难度由浅入深依次是：

美国机器人挑战赛（VEX Robotics Competition，简称 VEX）

国际数学建模挑战赛（International Mathematical Modeling Challenge，简称 IMMC）

美国信息学奥赛（United States of America Computing Olympiad，简称 USACO）

机器人类竞赛是乐高化活动的代表，学生组成 10 人左右团队，在教练的指导下完成整套机器人的图形设计、金属加工、编程、网站设计、拼装和测试，并在比赛中操作机器人完成评委的制定动作，如爬坡、投篮、跳高等。此外，参赛者还需要有一定的商业意识，了解如何筹集资金并推广自己的品牌理念。说机器人竞赛难度较浅，实则是因为其入门门槛较低。这么大规模的一个团队，只要学生愿意动手，总能找到适合的角色。

数学建模类竞赛是一种侧重解决实际问题的比赛，选手围绕指定赛题查阅资料，将其转化成数学问题，并编写程序解决问题，最后提交阐述方案的学术论文。"打车软件的出现对出租车资源匹配的影响""通过分析足球队的历史成绩，预测最终得奖概率"都是之前真实出现在高中生数学建模竞赛中的题目。

机器人类竞赛和数学建模类竞赛涉及跨学科知识的融合。2020年北京四中国际校区的一位同学获得了机器人竞赛和数学建模竞赛的好成绩，成功被宾夕法尼亚大学沃顿商学院和工程联合项目录取，是全中国唯一被录取的同学。

美国信息学奥赛是一项计算机算法比赛，分为4个级别：青铜、白银、黄金和白金。每年12月至2月举行，每月一次。学生通过上一个级别的比赛，才可晋级下一轮。这是热爱计算机编程的学生必选的竞赛。倘若同学能在信息学奥赛中摘金，斯坦福大学、麻省理工学院和卡内基梅隆大学等世界顶尖名校计算机学院的录取指日可待。

8. 社会科学类竞赛5种

难度由浅入深依次是：

全美演讲与辩论联盟（National Speech and Debate Association，简称 NSDA）

模拟联合国（Model United Nations，简称 MUN）

模拟法庭（Mock Trial）

中国大智汇创新研究挑战赛（China Thinks Big，简称 CTB）

美国学术十项全能（United States Academic Decathlon，简称 USAD）

在和家长、学生互动时，我发现一部分学生选社科方向是出于真正的兴趣和热情。社会科学是一门和人打交道、和人的想法打交道的科学，这和数理化不一样。一位毕业于北大国际关系学院的朋友告诉我，社会科学的核心能力是批判性思维，敢对人说不，敢对权威说不，才有可能把社会科学学好。另一部分学生选社科方向是为了方便申请名校。和数学、物理、化学、工程等专业相比，社科方向的申请人数少，录取难度低。为了申请排名靠前的大学，一些学生会选择社科类小众专业进入名校，也就是家长常说的"曲线救国"。

一位耶鲁大学文学系的在读学生说，他毕业之后想留校教书，他享受那种和学生交流、和教授切磋的学术氛围。另一位毕业于纽约大学社会系的学生，她目前就职于纽约联合国总部。因为纽约大学离联合国总部不远，这种地理位置的便利性为她提供了很多实习机会。毕业之后，她就顺理成章地留在了联合国总部。所以如果你想留在国外发展，社科人文也并非全无机会。我从过往学生的申请案例中挑选出 5 种参与度较高的社科竞赛。

全美演讲与辩论联盟（简称"美辩"），分为演讲和辩论两种赛制，前者单人参赛，后者为两人搭档参赛。美辩的比赛话题以社会热门时事为主，降低了学生参与辩论的难度。选手代表的辩题立场由裁判随机分配，根据观点的说服力来判定胜负。学生赛前阅读搜集大量文献资料，形成清晰的观点阐述。

一位在中国区美辩决赛中获得银牌的学生告诉我，无论你学什么专业，只要你想提高自己的思辨能力和写作能力，你都可以从美辩开始。她本人被斯坦福大学生物系录取。此外，中国学生也可以参加中国高中生美式辩论联赛。

很多美辩选手也参加模拟联合国，但模拟联合国似乎更重视妥协。在模拟联合国中，选手们按照联合国议事规则，扮演不同国家代表，陈述本国观点或反驳别国观点，最终投票达成统一决议。2022 年 10 月，我们新东方国际教育北京学校与联合国可持续发展目标项目组合作举办了一次模拟联合国大会，吸引了北京地区 24 所国际校 / 部的学生参与。一位获得杰出代表称号的学生在会后总结道："我以为参加模拟联合国的学生都是想去联合国找工作的人，参赛后发现不是。会议的议题有助于学习很多知识，我参加讨论的议题和气候变化有关，通过阅读会前资料和准备会议文件，我了解了气候发展的新政策，为后续的理工类学科研究打下了基础。"

模拟法庭是法学院版的辩论赛，控辩双方针对具体案件，按照规定的法庭流程，完成法庭辩论。一位被麻省理工学院数学系录取的学生回忆他参加模拟法庭的经历时提到，他和队友因为美辩成绩不佳正考虑选择别的活动时，老师向他们推荐了模拟法庭。从此他们踏上了模拟法庭之路，成为他数学竞赛之外花时间最长的活动。另一些学生选模拟法庭是为了增加法律实践经历，他们有一颗申请法学院的心。模拟法庭流程包括陈述法律条文、举证、质证、法庭辩论等，有助于熟悉法律知识、锻炼诉讼思维。

中国大智汇创新研究挑战赛源于哈佛大学商学院的课题展示项目"Harvard Thinks Big"，活动旨在打破学科壁垒，启发学生发现实际问题，并在解决问题的过程中学习各种知识。组员们需要协作完成比赛任务，如海报、问卷、中期报告、PPT 展示等。有一年，人大附中 ICC 的一位学生以提升交通效率的创意想法，最终形成改善海淀黄庄路口交通状况的提案，并获得海淀区政府的肯定。这种积极参与社会问题的讨论与解决拉近了学校和社会的距离，点亮了大学申请材料。

美国学术十项全能（USAD）是一项由 9 人组队的团队比赛，比赛内容包含 7 个客观考试科目，包括艺术、经济、文学、数学、音乐、自然科学、社会科学，以及 3 个主观考试科目，包括演讲、面试和写作。我把这个竞赛归为社科类，是因为每年都会有一个社会人文类的主题，例如 2022 年的比赛主题为"水：溯源"。围绕这个主题，学生有机会接触到 10 个科目的知识，是一个提升学生跨科目学习能力的比赛。不少同学是通过 USAD 发现了自己的专业兴趣。一名人大附中 ICC 的学生在分享被斯坦福大学录取的经验时，提到了 USAD 对她的帮助。她参赛那一年的比赛主题是"印度"。参赛前的资料阅读环节，让她从科学、社科、艺术、文学等多个方面了解印度，最终的落点是斯坦福大学的环境专业。

以上的社科类竞赛，学生可以先选一两个综合点的、简单点的，然后再选一两个专业点的、难一点的，而这一两个专业点的竞赛能和大学申请的专业相关就更好了。

我之前带过一位被斯坦福大学考古学专业录取的学生，就是一个典型的成功案例。他在高一上学期参加了学校的美辩队，下学期加入学校的模拟联合国社团。进入高二之后，在我的鼓励下，她组队参加了学校的 USAD 社团，并继续参加模拟联合国的活动。在我了解到她所在的高中拥有独具特色的博物馆之后，从高二下学期开始，我建议她加入与考古有关的学术活动并参加了芝加哥大学的考古夏校。后来她幸运地成为该校第一位被斯坦福大学录取的学生。

总结

很多家长谈竞赛色变，其实大可不必。一位孩子被康奈尔大学录取的家长认为，打竞赛就应该敢定方向、能上能下。能取得好成绩，就继续挑战更高难度的比赛；不能取得好成绩，就降低难度。只要参加竞赛，成绩总归能写进申请材料里，写上就加分。

最后附上 33 项竞赛的比赛月份和估算的北京地区每年的参赛人次。

数学

01 美国袋鼠数学竞赛：4 月，2500 人

02 澳大利亚数学竞赛：9 月，1500 人

03 美国数学竞赛：11 月，5000 人

04 加拿大欧几里得数学竞赛：4 月，1800 人

05 美国杜克数学大会：8 月，300 人

06 美国哈佛 - 麻省理工数学竞赛：11 月/2 月，500 人

07 美国区域数学联赛：4 月，800 人

物理

08 澳大利亚物理奥赛：10 月，800 人

09 美国物理碗竞赛：3 月，1500 人

10 英国物理奥赛：11 月，1200 人

化学

11 加拿大化学竞赛：11 月，800 人

12 澳大利亚化学奥赛：10 月，800 人

13 英国化学奥赛：1 月，1000 人

生物

14 美国生物与健康未来领袖挑战赛：1 月，900 人

15 英国生物奥赛：4 月，1200 人

16 澳大利亚生物奥赛：10 月，900 人

17 美国生物奥赛：4 月，1100 人

18 美国脑科学大赛：1 月，1000 人

19 国际基因工程机器大赛：11 月，300 人

经济

20 全美经济挑战赛：12 月，1200 人

21 国际经济奥赛：4 月，1000 人

22 美国沃顿投资商赛：12 月，400 人

23 美国未来商业领袖挑战赛：11 月，800 人

24 英国马歇尔学会经济论文竞赛：9 月，200 人

综合

25 中国丘成桐中学科学奖：9 月，200 人

工程

26 美国机器人挑战赛：10 月，800 人

27 国际数学建模挑战赛：11 月/2 月，500 人

28 美国信息学奥赛：12 月，600 人

社会科学

29 全美演讲与辩论联盟：秋季 / 春季，5000 人

30 模拟联合国：2 月，2500 人

31 模拟法庭：12 月，1500 人

32 中国大智汇创新研究挑战赛：1 月，1500 人

33 美国学术十项全能：2 月，500 人

本科留学申请的学术拓展方向与内容

文 / 高文成

　　提起学术拓展，首先很容易联想到国内的数学、物理、信息学、化学和生物五大学术拓展。这五大学术拓展为国内大学选拔和培养拔尖后备人才发挥了独特作用。

　　按照国内大学的招生规则，在物理、化学、生物和信息学学术拓展的决赛中获得前 50 名的学生可获得保送清北的机会，数学保送前 60 名。这 260 名同学依靠优异的学术拓展成绩可以保送清北。除此之外，获得数学、物理、化学、生物和信息学奥赛全国二等奖以上的学生可以获得次年"强基计划"的入围机会，约有 950 名同学能获得这样的机会。从大学升学角度看，国内五大学术拓展的终点便是约 1210 个破格进入国内顶尖高校的机会，概率约为万分之一。倘若学生没有入围这 1210 个名额，那么就只能放弃学术拓展转而参加高考。

　　国外本科留学的学术拓展的定位是"拓展"而非选拔，这决定了其形式或内容与国内学术拓展的天壤之别。国际学术拓展形式十分丰富。常见的形式有答题类，比如美国数学竞赛（AMC）、美国物理碗竞赛（Physics Bowl）、英国化学奥赛（UKChO）、英国生物奥赛（BBO）等。同时，很多学生也会选择互动类的学术挑战活动，比如美国学术十项全能（USAD）、中国大智汇创新研究挑战赛（CTB）等。互动类学术活动的形式和《最强大脑》等节目类似，需要选手现场互动答题，有时也需要选手完成幻灯片展示，是一种互动性很强的学术活动。除此之外，论文类学术挑战也是近几年开始流行的国际学术拓展，常见的论文学术拓展有约翰·洛克论文竞赛、英国马歇尔学会经济论文竞赛和丘成桐科学奖等。这些学术活动要求学生在截止日期前完成规定的论文，并提交组委会评审，是一种学术科研性质很强的学术活动。

总的来说，国际学术拓展选择更多，难度划分更细致，适合各个层次的学生参与。

我的孩子一定要参加学术拓展吗

和国内学术拓展中成绩优异的学生可保送清北不同，世界知名大学的录取采用全面性评估（Holistic Review）。这解除了学术拓展与本科留学的强绑定，提升了灵活性。

以美国新闻与世界报道（U.S.News）美国排名前 30 的大学为例，本科录取好比"倒漏斗"，学生需要经过至少 3 轮的评估，最终确定大学录取结果。第一轮是量化成绩评估，包含标准化成考试绩和校内 GPA。不同大学对量化成绩的要求不同。根据过往三年北京地区的录取案例统计，被美国排名前 30 的大学录取的学生，托福平均分 110+、SAT 1500+（或 ACT 34+）、GPA 约 3.8（满分 4.0）。每年约有一半学生因为量化成绩不达标而被排除在名校之外。因此，量化成绩是申请世界名校的基础。

第二轮是软实力评估，包含活动经历和获奖荣誉。美国大学一般要求学生最多提交 10 项活动经历和 5 项获奖荣誉。学术拓展荣誉便体现在其中。这个环节大约会淘汰 20% 的学生。软实力评估成为标准化考试成绩和 GPA 之外最大的录取决定因素。这几年，国际学校对标准化考试成绩的重视推高了留学生的整体成绩水平，越来越多初三毕业生取得托福 100+ 的成绩。同时，初三学生参加 AP 考试的人数也连续两年增长。当量化成绩趋同时，软实力往往直接决定大学录取结果。实验中学国际部、人大附中 ICC、十一学校国际部和北京中学国际部等也纷纷开设了学术拓展类的课后课，其目的就是提升学生的软实力。

第三轮是大学面试或其他综合因素评估。如果学生想要申请美国排名前 30 的大学，面试准备是很有必要的。美国大学的面试分为校友面试和第三方面试。前者是由美国大学的毕业生校友发起的面试，面试以结构化提问为主，完成面试官的提问即可。后者由专业的第三方机构组织面试，如初鉴（Initialview），并将面试内容递交给大学。这个环节的通过率约为 10%。英国大学面试和美国不同，他们主要邀请笔试成绩优异的学生，面试包含申请课程的相关内容，或者现场完成一些书面问题的解答。对于申请牛津大学或剑桥大学的同学来说，笔试和面试成绩对最终的录取有着更大的决定权，我们一般建议学生提前半年准备。

综上，国际学术拓展可以提升学生的软实力，强化学生专业知识或技能，是本科留学申请的加分项。

我的孩子如果拿不到奖，还需要参加吗

很多家长会有这样的疑问：如果我的孩子拿不到奖，还需要参加学术拓展吗？

事实上，学术拓展是否拿奖与参赛预期有关，而参赛预期取决于大学申请目标。

国内五大学术拓展的处境是千军万马过独木桥：倘若成绩合格，便能赢得清北录取资格，成功过河；倘若成绩不合格，学术拓展经历还抵不过高考

高分。在国内，学术拓展上清北和高考"裸分"上清北是两条路。如果把国外的学术拓展同样比作过河手段，那它一定是一座双向八车道的大桥。它作为软实力评估的一部分，和量化成绩共同决定了大学录取。大学录取方式的差异决定了国内外对学术拓展的不同定位。

美国数学竞赛（AMC）是家长们最熟悉的学术拓展活动之一，其参赛人数逐年递增。本科申请同学参与比较多的是 AMC10 和 AMC12。成绩优异者均可入围美国数学邀请赛（AIME）。根据过去 3 年的成绩统计，AMC10 的晋级率约为 8%，AMC12 的晋级率约为 10%。AIME 取得 10 分及以上（满分 15）的概率是 5%。什么样的大学配什么样的奖，匹配大学录取率和学术拓展得奖率，并适当增加难度，关于是否得奖便不会那么焦虑。

美国排名前 10 的大学的录取率约为 6%，排名前 20 的大学的录取约为 10%，排名前 30 大学的录取率约为 25%。在大学申请专业和学术拓展相关时，AIME 取得 10 分的学生有机会被美国排名前 10 的大学录取；获得 AIME 晋级资格的学生有机会被美国排名前 20 的大学录取。同学们在挑选活动时，可根据大学录取率匹配对应获奖率的学术拓展项目，而不是只盯着得奖机会有限的活动。前面提到的 33 项学术拓展活动的得奖率如下：

数学

01 美国袋鼠数学竞赛：超级金奖 3%，金奖 10%，银奖 20%，铜奖 35%

02 澳大利亚数学竞赛：卓越奖 1%，一等奖 5%，二等奖 25%，三等奖 60%

03 美国数学竞赛：全球卓越 1%，AMC10/12 优胜奖 2.5%/5%

04 加拿大欧几里得数学竞赛：优胜奖 10%，提名奖 25%

05 美国杜克数学大会：一等奖 15%，二等奖 30%，三等奖 50%

06 美国哈佛 – 麻省理工数学竞赛：优胜奖 5%，提名奖 20%

07 美国区域数学联赛：金奖 10%，银奖 20%，铜奖 35%

物理

08 澳大利亚物理奥赛：一等奖 10%，二等奖 30%，三等奖 60%

09 美国物理碗竞赛：个人排名前 100 1%，优胜奖 35%

10 英国物理奥赛：超级金奖 2%，金奖 8%，银奖 15%，铜奖 25%

化学

11 加拿大化学竞赛：金奖 10%，银奖 25%，铜奖 35%

12 澳大利亚化学奥赛：一等奖 10%，二等奖 30%，三等奖 55%

13 英国化学奥赛：金奖 7%，银奖 30%，铜奖 55%

生物

14 美国生物与健康未来领袖挑战赛：金奖 5%，银奖 10%，铜奖 30%

15 英国生物奥赛：金奖 5%，优胜奖 60%

16 澳大利亚生物奥赛：一等奖 10%，二等奖 30%，三等奖 60%

17 美国生物奥赛：金奖 5%，优胜奖 30%

18 美国脑科学大赛：一等奖 5%，入围奖 40%

19 国际基因工程机器大赛：金奖 31%，银奖 45%，铜奖 60%

经济

20 全美经济挑战赛：总分奖 5%，优胜奖 30%

21 国际经济奥赛：一等奖 10%，二等奖 20%，三等奖 30%

22 美国未来商业领袖挑战赛：单项一等奖 15% 优胜奖 30%

23 美国沃顿投资商赛：优胜奖 30% 入围奖 50%

24 英国马歇尔学会经济论文竞赛：一等奖 1%，二等奖 2%，三等奖 5%，
入围奖 10%

综合

25 中国丘成桐中学科学奖：一等奖 1%，二等奖 2%，三等奖 5%，优胜奖 8%

工程

26 美国机器人挑战赛：视具体赛区而定

27 国际数学建模挑战赛：特等奖 1%，一等奖 6%，二等奖 26%，三等奖 65%

28 美国信息学奥赛：铂金奖 12%，金奖 20%，银奖 44%，铜奖 60%

社会科学

29 全美演讲与辩论联盟：视具体赛区而定

30 模拟联合国：视具体比赛而定

31 模拟法庭：视具体比赛而定

32 中国大智汇创新研究挑战赛：一等奖 5%，二等奖 10%，三等奖 20%，优胜奖 30%

33 美国学术十项全能：视具体单项赛事而定

🗺 如何选择学术拓展活动

本科留学目标是美国排名前 50 或世界排名前 50 的大学，且申请专业为数学、自然科学、经商、社会科学、工程和人文（75% 的本科留学生选择上述专业）的同学，均建议参加学术拓展。申请艺术与设计专业的学生一般不需要参加学术拓展活动，完成专业要求的作品集即可。但若是申请综合大学的设计学院，则也建议参加少量的学术拓展活动。相比国内学术拓展是少数人的游戏，国外的学术拓展覆盖了大部分留学生。

学生在标准化考试成绩取得进展后都会问我："我应该参加哪些学术拓展？"我的建议都是围绕学生的特点和擅长领域来选择学术拓展活动，每个方向的活动都尝试并不是上上策。

此外，一部分家长的苦恼是不知道如何帮孩子选专业。有些家长不了解专业，还有一些家长担心选错专业。想要熟悉专业，我建议学生了解本校的毕业生案例，从他们的探索中找到自己的方向。实验中学国际部每年都会在公众号上发布早申学生的分享，其中有大量专业探索的故事。

一位申请艺术史专业的同学提到，她对专业的探索起源于参观博物馆。这让她着手了解艺术品是如何走到大众面前的，进而深度接触到艺术史的内容。

另一位对材料科学感兴趣的同学是在课外阅读时爱上了材料学。她被《迷人的材料》这本书里"用材料解释世界"的视角激发了好奇心，并进一步激励她去探索这个专业。

机械地在网上搜索各种专业的定义会让学生被抽象概念搞得晕头转向，这会打消学习热情。对专业迷茫的同学们不妨多从毕业生的探索中寻找灵感。

那么选错专业怎么办？

美国大学的转专业政策比国内大学更灵活，高中毕业选择的专业还真不一定是大学毕业的专业。这也减轻了选错专业的后顾之忧。进入美国大学后，学生首先学习通识课程，完成某个专业的通识课学分要求后，学生才能正式学习该专业课程。这意味着学生申请大学的专业不一定是其日后成功入读的专业。一位被普林斯顿大学物理系录取的学生告诉我，她差点因为数学课成绩不合格，无法学习物理专业。她在大一下学期调整学习方法，挽救了GPA，最终保住了大二学习物理专业的机会。所以，高中选专业的目的其实是让自己有一个聚焦的领域，发挥自己的学术优势。

那么如何选专业？

从兴趣爱好入手是一种办法。如果孩子喜欢动手组装或操作各种模型，工程是一个选择；如果孩子喜欢读书，理论性专业是一个选择；如果孩子喜欢观察植物生长或动物习性，生物及相关专业是一个选择；如果孩子喜欢手工或者绘画，艺术设计是一个选择。另一种定专业的方法是校内成绩。"除语文和英文外，其余的优势学科均可作为专业"是我给不少学生的建议。

很多家长有顾虑，孩子数学成绩不错，但是和别人比起来还是有差距，选数学专业合适吗？

合适。

关注优势学科是为了找到自己擅长的学科，这样就能将时间汇聚成一个点，而不是为了和别人一争高下。从大学申请角度来说，将优势学科拓展到课外也符合"学生愿意自我探索"的录取宗旨。

〔⊞ 我们应该如何规划这些不同难度的活动

在和学生沟通学术拓展规划时，我主要关注时间和难度。学术拓展比较集中的时间是 11 月、12 月和 3 月、4 月。11 月、12 月热门学术拓展有美国数学 AMC10/12、美国哈佛－麻省理工数学竞赛、英国物理奥赛、加拿大化学竞赛、全美经济挑战赛、国际数学建模 IMMC 和国际遗传基因工程 iGEM等。3 月、4 月热门学术拓展有加拿大欧几里得数学竞赛、美国区域数学联赛、美国物理碗竞赛、英国物理奥赛、加拿大化学竞赛、美国生物奥赛、英国生物奥赛、国际经济奥赛等。

4 月和 11 月是校内期中考试比较集中的时间段。国际学术拓展安排在这个时段，体现了其作为国际课程的拓展属性。国际学术拓展的内容均和 A-Level/AP/IB 课程的知识有部分重合，学生在准备校内考试的时候可以同步准备国际学术拓展的内容。

万一国际学术拓展内容和校内课程差异性过大怎么办？这就涉及难度问题。

通过选择合适的学术拓展，学生能够避免国际学术拓展和校内课程的难度差异过大。以商科与经济类学术拓展为例，八十中学国际部 AP 课程、十一学校国际部 IB 课程等高一学经济课的学生，在高一上学期可以参加全美经济挑战赛的中级组，高一下学期会参加国际经济奥赛的新手组。高二上学期，学生可以选择美国未来商业领袖挑战赛。高二下学期准备英国马歇尔学会经济论文竞赛。如果校内有生物课，学生可以高一参加英国生物奥赛，高二参加美国生物奥赛。如果校内没有生物课，学生高一可以选择难度较低的美国生物与健康未来领袖挑战赛，高二再选择英国生物奥赛或美国生物奥赛。详细的学术拓展难度介绍，可参考前面《本科留学申请的 33 个竞赛加分项》一文。

总的来说，本科留学的学术拓展和国内学术拓展的高选拔性有本质不同，前者在学生关注的学科方向上，提供了更好的拓展学习机会。至于拓展到何种程度，这取决于申请的目标大学。申请的大学排名越高，录取要求也越高，两者是匹配的。

本科留学申请的全面布局与个性化准备

文 / 王梅

择校是第一步，进校后直面升学压力，如何规划是中考后家长最关心的内容。对于低龄学生的家长，未来面临留学申请的很多要素，都与目前的选择相关。因此我们以终为始，把中考后为最终升学要做事情的重要性做一些梳理，并列出和择校的相关性。

申请的三要素为在校成绩（GPA，即加权平均分）、标准化考试成绩（如托福、SAT/ACT）和奖项 / 活动。三者中，在校成绩是"定海神针"，标准化考试成绩是淘汰筛选器，奖项与活动是加分项。

🗺️ 在校成绩的含金量与选择国际课程的关键意义

申请美国大学时，在校成绩是最能体现学生全面能力的数据，是定海神针。这个数据，是非常容易筛选并达成一致的数据。什么意思呢？当不同招生官对材料的其他部分有不同意见时，就会一起讨论是否录取，例如标准化考试分数不高，但是想要录取，就需要大家一起分析。但在 GPA 方面，几乎不会出现过多讨论。招生官看材料的时候，在校成绩是最容易抉择的一项，很快就会选中或淘汰一批学生，一般不会浪费时间在这里，甚至机器就直接代劳了。

不少家长在择校的时候会犹豫，选普高还是国际部？答案是优先国际部。

我们以藤校录取为例，选择普高，有考入藤校的可能吗？有，但难度很大。这主要是因为国际课程在世界上的认可度高于以高考为目标的普高课程。AP/IB/A-Level 这些国际认可度高的课程体系，对于招生官来说更加熟悉，也有明确的标准，参考性极高。普高课程的教学内容与目标和英美体系差距比较大，因此申请有难度，藤校就更难。在过去，美国大学招生以多样性为主，申请竞争也不那么激烈，普高生"爬藤"的案例还存在，如今已经越来越少。

普高生想申请顶级名校，最需要的是时间管理能力。毕竟学校里学的内容与未来升学目标完全无关，所有事情都需要课外去做，包括 AP 等有一定难度的国际课程的学习与考试、标准化考试、学术奖项与活动等。两手抓，两手都要硬。

这也说明选择国际课程对申请国外大学的重要意义。所以结论是，选择国际路线，进入国际课程还是更加稳妥的道路，进入国际部或者国际学校会更直接地对标世界名校。藤校是标杆，其他世界顶级名校同样也是对国际课程的认可度更高，毕竟解释成本更低。

那不同的国际课程，对申请来说有什么区别吗？

并没有，条条大路通罗马。

就美国而言，确实 AP 课程很对口且能直接对标。IB 课程涉及六大类选课，非常综合，尤其高难度课程（HL）能体现学生的学习能力。而且 IB 有 Extended Essay（拓展性论文），更能体现其"硬核程度"。A-Level 虽然门数比较少，但学得很深，所以数量上 AP/IB 有优势，但 A-Level 在学科深度上很有优势。当然，如果用 A-Level 体系申请美国顶级大学，需要额外拿一些 AP 满分做学术和多元性上的补充。

此外，学校会对学生在 9—12 年级这 4 年（美国高中 4 年）的具体课程科目有要求。例如，英语这门课上，所有美国大学都必须要求有 4 节。只要入读了国际部或者国际学校，一般都可以达到这个要求。

标化成绩是淘汰学生的筛选器

申请的时候，不同申请者的材料会分在不同的 Bucket（篮子）里：

第一个篮子：可能会被录取的

第二个篮子：Toss-Up（扔硬币）

第三个篮子：可能不会被录取的

第四个篮子：基本不会被录取的

决定进入哪个篮子的，是标准化考试成绩。标准化考试成绩是淘汰一个学生的筛选器，在过去，标准化考试成绩是人工审核的，现在有些学校会直接用机器进行数据筛选，低于门槛值的根本到不了人工环节。

具体标准化考试成绩要求是多少，其实我们可以从每个学校的 CDS[①] 看到。比如达特茅斯学院 2020—2021 年的申请分数，SAT 1550/ACT 35 比较有竞争力；康奈尔大学则是 SAT 1530+/ACT 35 比较有竞争力。学校甚至还会标注出具体科目的成绩要求，例如康奈尔大学对于 SAT 数学成绩要求是一般在 720 分（满分 800）以上，录取的高分学员平均成绩则是 790 分；阅读与文法部分达到 750 分算比较有竞争力。

从 2020—2021 年的 CDS 数据中，我们还可以看出转学的时候达特茅斯学院对于标准化考试成绩也是有很高要求的。所以，有一个高的标准化考试

①　全称为 Common Data Set，是由 College Board、Peterson's 和 U.S.News & World Report 三家权威教育机构，联合美国大学发布的年度官方招生数据报告。该报告每年更新，包含招生数据、成绩要求、录取率、学费等重要信息，对于高中生选择美国本科大学具有一定指导意义。

成绩也可以给大一转学做好准备，尤其在美国大学转学普遍且较容易的情况下。

那第二个篮子是什么意思呢？

类似等待名单，但又有所不同。一般情况下，第一个篮子里的录取者没来，就从第二个里面选取。或者从全面性评价的维度看，为了能让校园变得多样化，也会从第二个篮子选择。比如第一个篮子里的申请者体育奖项过多，就从第二个篮子里选艺术奖项突出的申请者，做差异化。例如一位藤校面试官提到，他们曾经录取过一个会箜篌（中式竖琴，跟着丝绸之路传到外国）的孩子，就是从第二个篮子里选的。第三个篮子概率极低，第四个篮子等于没有机会了。

这里也能够解释，为什么很多国际部和国际学校在招生的时候，语言成绩是重要的关注点。一方面是未来更好适应国际课程，保持在校成绩，跟上进度；另一方面也是满足未来大学申请的需求，减少在标准化考试上的准备时间和"加工"成本。低龄家长做长线规划的时候，语言成绩也是提前投资的最佳选项，无论在国际部申请还是在未来顶级大学申请的时候，拥有优秀的语言成绩都是很大的优势。

如何选择高含金量的奖项与活动

奖项与活动本身是加分项，当在校成绩与标准化成绩等无法拉开差距的情况下，学术拓展类活动成为很好的体现学生学习能力与学术水平的补充要素。

学术拓展活动的含金量不一定是第一位的，活动本身的广度、深度、关联度以及是否体现申请者的领导力是核心。很关键的一点是，如何用强大的动词体现做过的这些事情，比如 Organize（组织）比 Arrange（安排）、Participate（参与）要强很多。

同时，学术类活动要大于其他类活动，因为在学术类活动中，可以体现除了领导力外，最重要的一个能力——学习能力。什么样的竞赛是一定要去参加的？如果对理工特别感兴趣，强烈建议参加世界级别的大赛，例如丘成桐中学科学奖。学生如果无法一下达到很高的级别，可以从美国数学竞赛（AMC8/10/12）开始，因为难度有阶梯性。

在一次和藤校校友面试官的交流中，她提到"假象失败效应"（The Failed Simulation Effect），意思是学术的东西听起来就非常复杂，招生官看到申请者的学术列表就会假想自己是否可以成功。例如招生官会模拟，如果我自己在 17 岁、18 岁的年龄，是去参加一个书法比赛更难，还是取得一个学术类成就更难？这会带来不同的录取效应。比如，艺术类的很多活动没有学术类的"硬核"，听起来复杂度相对没有那么高，就没有学术类活动给面试官的印象深刻。

社科类的大赛，例如诗歌类、戏剧类、论文类、辩论类、模拟联合国类等也很推荐，能够体现学生更全面的能力，而全面性是美国大学录取的重要考查面。

如果进入高一了，还没有标准化考试成绩，要去准备学术拓展吗？不要。首先保住前面的在校成绩和标准化考试成绩，不要被数据淘汰。但是如果有了对应的成绩，学术方面的拓展规划就变得至关重要。

🗺 招生官对孩子所在的学校了解吗

招生官对孩子就读学校的了解，超乎我们的想象。

一些家长在择校的时候会关注两个问题：一个是如果孩子是外籍，在国内就读的话，算目标国的本土学生还是国际生呢？二是不同的国际部、国际学校，申请的时候学校代码的含金量会有不同吗？

这与招生官看材料的分配方式有关。招生官在看学生申请的时候一般会按照地区划分，比如某位招生官就看中国地区的，另一位招生官就看美国地区的。出于这种以地区为单位看材料的情况，大家其实是在和本地区的学生进行竞争。在划分地区的时候，单位为国家或地区。

同时，选择校友面试官的时候，一般会选择来自该地区或者附近地区的校友，以保证熟悉度和时差问题。因此，对不同学校的了解，主要看招生官对该地区的熟悉度。因此，千万不要以为国外大学的招生官就不懂我们当地的情况。其实招生官非常了解，因为看了很多该地区的申请者的情况，所以连续多年下来，甚至会比当年的申请者本人对该地区的信息了解更充分。

家长们还关注另一个问题：美国顶级大学会不会明确表示自己喜欢哪个学校的申请者？

不会。

但从录取数据来看，确实如果过去某所学校的申请者以及录取者较多，招生官会对该校的 School Profile（学校情况）、课程难度、学校竞争力、社团优势等资料更加了解。如果一定要强加一个时间段，那么某个学校连续三年有录取案例，新一年的"中签率"会更大一些。因此，关注各个学校连续几年毕业生的录取情况，也是选择国际部 / 国际学校的考虑因素。

部分京外家长会关注一个问题：非一线城市的国际部、国际学校，被名校录取的概率会不会更小？

其实不会。

北京、上海等大城市的教育资源是非常丰富的，但出于公平性的考量，国外大学会考虑到非一线城市的学生需要付出更多的努力才能得到与一线城市学生一样的学习成果，甚至会以更低的标准录取。

总的来说，如果以终为始地看，择校的时候可以关注这个国际部 / 国际学校过去三年的录取变化，以此看出学校的毕业生申请国外大学的竞争力和覆盖面。此外，越早考出稳妥的标准化考试成绩，越有可能在进入国际路线后，取得更高的在校成绩，且有余力完成更多奖项与活动的加分项。

对家长来说，根据孩子的个体情况，把握好不同任务的权重与时间点是头等大事。

医学的国际教育与留学申请之路

文 / 王梅

　　近些年关注生物、化学方向的家长特别多，可能出于两个原因：一是疫情反复纠缠，大家对于健康格外关注，增加了未来去学医药相关专业的动力；二是对于数学、物理相对弱的孩子来说，生、化同属理科范畴，但难度没那么高，且未来走研究和应用两个方向都可以，是理科里很好的选择。

　　当然，也有的家庭本身就坚定学医，比如西城一位姓马的爸爸，女儿在北京四中上初一，面谈时候除了关注高中国际部的升学外，还特别问到高中选课是否会影响孩子未来去美国学医，医学好不好毕业、考试要求是什么、就业薪酬和回国发展等各方面情况。恰好我曾和一位即将在美国当医生的学生 Lina 有过这方面的深入对话，就用这篇文章跟大家分享一下相关心得。

　　Lina 本科在美国匹兹堡大学读生物专业，因为很早就确定学医（牙医方向），所以准备相对充分。目前在天普大学（Temple University）牙医学院读最后一年，即将成为一位正式的医生。

　　从体制上讲，去美国读医学一般是大学本科四年加医学院四年，总共八年。但是申请医学院时，需要走单独的申请系统，并提交医学相关考试成绩，通过激烈的竞争进入医学院。进入后，前三年学习内容统一，并且需要考医师执照三个模块中的前两个模块。第四年选择具体领域，也就是分科后，进入医院做住院医师。从医学院毕业以后会拿到 MD 学位（相当于国内的医学博士），但是关于担任住院医师的时长，美国不同的州的不同医院要求不同，一般在 3~8 年不等。在此期间，再考第三个模块的医学考试，全部通过以后，就可以成为一名有资质的临床医生了。

从花费上看，本科费用大概是：学费 4 万美元 / 年 + 住宿 2 万美元 / 年 + 生活费 1.5 万美元 / 年 =7.5 万美元 / 年，也就是约人民币 50 万 / 年，四年约 200 万人民币。进入医学院后，牙医方向费用平均在 7 万 ~10 万美元 / 年，有一些特别贵的学校大概需要 12 万 ~15 万美元 / 年。她算了一下在天普大学牙医学院的费用，大概是：学费 7 万美元 / 年 + 住宿费 2.4 万美元 / 年 + 生活费 2 万美元 / 年 =11.4 万美元 / 年，也就是约人民币 80 万 / 年，四年约 322 万人民币。到住院医师实习阶段，就开始有收入了。一旦有了收入，主要花销基本就是生活费和住宿费了。

光从费用上看，也就可以理解为什么学医的学生整体比较少，不少美国学生都是贷款读医学。一些学校可能会要求国际生全部交完费用，才能发录取 offer。

从考试难度和筛选性上看，去美国学医竞争极度激烈，国际生也面临更高的难度。

首先明确一点，美国本科没有医学院（也没有法学院）。都是在本科以后，通过考美国医学研究生院入学考试（Medical College Admission Test，简称 MCAT）申请医学院。申请时对本科专业没有要求，就算学商也可以，但有选课学分要求。例如医学院可能会要求 8 个学分的化学、8 个学分的有机化学、8 个学分的生物等。每个学校的要求不同。如果有医学方向的意向，最好本科就选生物或化学专业，一方面学分上可以满足申请要求，不需要跨专业选课学习；另一方面，也更容易通过 MCAT。需要说明的是，牙医有单独的美国牙医学院入学考试（Dental Admission Test，简称 DAT），也不和医学院一起上课，有单独系统，四年牙医学院毕业后可获得牙医博士学位

（Doctor of Medicine in Dentistry，简称 DMD）学位。

除了 GPA 和 MCAT/DAT 考试外，成功申请医学院还有两个注意事项。

第一是考试次数。夸张点说，MCAT/DAT 一生中只能考固定次数，一般是 3~4 次（MCAT 一般可以考 4 次，DAT 只能考 3 次）。当然，也可以考第 5 次、第 6 次，但是一般学校都不参考后面考试的分数，反而觉得申请者的学习能力有问题，需要考这么多次。

另一个是要求在本科阶段有 shadowing，类似于医学方面的见习。这种见习累积的小时数越多越好，可以更好地证明自己的专业意愿、能力和相关经验。

美国医学院竞争很激烈，尤其对国际生整体不算友好，录取率大概在 2%~5%。这里的国际生不仅仅是指中国人，而是全部的国际生。一位在医学院就读的学生说，自己是唯一一个国际生。进去以后才知道，本科 GPA 满分 4.0 的情况下，她的 GPA3.9，接近全满；而身边的美国同学 GPA3.5 左右就被录取了。另一位同学也印证了这个说法，DAT 考试满分 30 分，美国同学一般 21 分以上就可以上医学院，而自己是凭 28 分的"神级"成绩入读的。

需要明确的是，这里的国际生指的是在美国本土读本科的国际学生，而不是在国内读本科的学生。那如果从国内生化专业方向直接申请美国医学院或牙医学院呢？

概率极低，甚至可以说不可能。

如果从国内申请，且最终目的是留在美国成为医生的话，最好的建议是，在国内成为医生后再申请，或通过进修、申请项目式学习等途径进入医学院。

听起来，这条路可不好走。于是在跟 Lina 交谈的时候，我替之前面谈的马同学的爸爸问了他最关注的问题：什么样的孩子不适合学医？

Lina 说，家长逼着学的不适合。她自己眼睁睁看着牙医学院第一年和第二年，100 多个人里，有五六个放弃不读了，放弃率约 5%，比录取率还高。

这些学生放弃以后干什么去了？

转回到以前的专业轨道，或者干脆直接就业。

学医得真喜欢。医学院的任务多到不可思议，学生的状态基本都是疯狂阅读、疯狂学习。不是真心喜欢和已经想好了，真是会坚持不下去的。

那什么样的孩子可以去学呢？

可以学的因素，不是什么技术上的要求，最重要的是喜欢医学并且能够与人交流。因为美国的医院是以病人为中心的（patient-centered care），"像是为人民服务"。医生要站在病人的角度，做个性化的治疗方案，建立良好的信任关系，这就需要医生成为病人愿意倾诉的对象，因此沟通能力是关键。这点倒是和国家无关，医者仁心，选择做医生，都应该具备这种能力。

还要补充一个细节，申请医学院的时候，怎么知道自己被录取了呢？

学校会发一个面试邀请，面试里一方面看 shadowing，也就是见习经历是否属实，是否有加工和编造的痕迹；另一方面就是专门考查申请者的沟通能力。面试通过后，才会收到录取通知。

想去美国学医，有没有捷径？

有。

这里必须要说我和 Lina 的交流属于"夹带私货"，之所以迫切想了解去美国学医的情况，也是为了我的女儿 Mia。小姑娘从 2 岁多话都说不清楚开始，就比画着给家里的洋娃娃们排队看病打针。随着长大，更是表现出一来不怕血，喜欢骷髅和各种动物骨头架子，二来对染色体 XX 和 XY 结合以后生男还是生女感兴趣。这多少让我有点明白了，孩子们的兴趣其实小时候会展示出来，那我只能给她找路子。

于是我迫切想知道，去美国学医难度这么大，就没有什么好办法吗？万一不是学霸——目前看反正没这个潜质，可怎么办？

她的答案很干脆：办绿卡！

　　根据她的总结，对于中国孩子来说，录取概率排序是：拿绿卡 > 在职医生 > 国际生 > 国内生。如果想为孩子未来学医铺路，本科申请医学院前办个绿卡，用美国本土身份申请，概率一下就上去了。绿卡费用多少？一般投资移民约 500 万人民币。

　　话题聊到这儿，场面一度有点尴尬，我满腔热血支持孩子学医的想法好像又不那么坚定了。可她一说去年自己的学长，毕业起薪就 16 万美元 / 年（税前），我就又有继续给 Mia 折腾的动力了。这一点，被自己曾经的学生给批评教育了："别光想着钱，把这种压力传递给 Mia，她得多痛苦啊。"

　　也是，别压榨孩子了，先压榨自己吧。

法学的国际教育与留学申请之路

文 / 王梅

　　中国法律体系是大陆法系，英美法律体系也叫海洋法系，两者完全不是一个体系。在国内从事法律工作，尤其做律师，必要条件是国内的司法考试。去英美做律师则有不同的要求。一些想留学，但是又想让孩子回国做律师的家长，会有较多困惑。

　　英联邦国家的本科法律专业相对闭环，主要针对本国体系，海外学生很难进，就业也更对标英联邦国家。因此，业内人士表达得很直白："北京地区目前的情况，主要是美国法学院的毕业生在招聘市场里占据主流。"因此本篇文章聚焦美国法学方向的留学。

　　从就业看，去美国读完法律，有三个选项：

　　1. 留美，进当地律师事务所；
　　2. 回国，进外所（国外律师事务所中国代表处，主要涉及国外法务）；
　　3. 回国，进内所（国内律师事务所，主要涉及国内法务）。

　　美国法学院的毕业生一般毕业后进律师事务所的多，进企业或其他单位的少，本文仅讨论多数情况。

　　这三条路的薪酬差别大吗？

很大。

举一个学姐的例子。她从国内某顶尖理工科大学本科毕业后，申请到哥伦比亚大学电子工程专业的研究生，毕业又继续考取美国顶级法学院，转战法律赛道。毕业后进入硅谷一所大型律所做知识产权法相关工作，起薪 23 万美元／年。

如果回国，进外所，会有三种薪酬方式。第一种是 global pay[①]，等于在国内拿国外工资标准，与上述学姐的薪资差不多，有时甚至还有 COLA（Cost of Living Adjustment），COLA 有时会有额外的 8 万美元，因此整体年薪起步就可以达到 31 万美元，折合人民币 200 万以上。这是最好的情况，但机会极少，被选中的概率也极小。

第二种是 discounted global pay，也就是会根据当地情况薪水有一定折扣，折扣情况要看工作内容和工作地点，但机会同样很少。

第三种 local pay，和外所招聘的普通薪酬相差不多，约 3 万人民币／月。

如果回国，进内所，国内律所起薪多少？顶级律所的起薪是 2 万~3.5 万人民币／月，其他的中小型律所薪资相差很大，一般从几千到 3 万都有。

怎么去美国学法

去美国学法需要知道两个基本信息。

第一，美国本科没有法学专业。美国本科不设置法律相关专业，只有研究生阶段才有法学院。任何一个国家／地区的大学的任何一个专业，都可以申请。需要的硬性标准是本科成绩 GPA，以及法律入学专门考试（Law School Admission Test，简称 LSAT）。

---

① global pay 源于全球报酬系统（global pay system），也叫全球支付系统，是指跨国公司为了解决在全球各地任职的员工的报酬问题而设计的一套业绩考核、工作评估方法，其目的在于正确评价工作价值和公平支付报酬。例如，在中国的外企一般分为 global pay 和 local pay，其中 global pay 执行的是全球一致的工资标准，local pay 则执行的是中国的工资标准。

我采访了一位学长，他毕业于藤校法学院，从他以及身边同学的经验来看，美国本土本科生申请法学院时，GPA 和 LSAT 成绩权重各占 50%；对于美国以外的申请者，LSAT 成绩权重则高很多，可能超过 90%。

这位学长自己申请时平均 GPA 约 3.1（满分 4.0），但 LSAT 成绩高达全球前 3%，他认为这是拿下藤校法学院录取的最关键因素。"LSAT 很重要，考查的不仅是申请者的知识或英语，还考智商。"藤校法学院学费每年 6 万 ~ 7 万美元，LSAT 高分还给他带来了半奖，一下省了一半学费。

第二，法学院有两种学位设置，J.D.（Juris Doctor）学位和 LL.M.（Master of Laws）学位。

J.D. 学位是法律职业博士学位，但实际上是初级法律学历教育，等同于研究生水平。LL.M 学位是法学硕士学位，绝大多数学校要求申请 LL.M 学位的学生具备法律专业的本科学位，因此美国人申请的极少，是中国（港澳台除外）本科生申请的主流。

J.D. 学位申请难度大，需要读三年，深度学习美国法律，毕业要求高，能读下来是很难的。对于留在美国或国际化环境（例如联合国、国内外所等）就业，是极其有利的条件，含金量高。上面提到的，在硅谷起薪 23 万美元/年的学姐和斩获藤校半奖的学长，拿到的都是 J.D. 学位。大部分北京的外所，如果聘请 global pay 的员工，也要求 J.D. 学位。因此虽然投入的时间和资金成本都比较高，但是收益也高，有很强的全球就业竞争力。

大部分获得 J.D. 学位的法学生，都会选择留在美国或进入国际化环境就业。关于是否要申请 J.D. 学位，学长认为取决于两点：第一，如果拿到了 TOP6 院校的录取，即耶鲁大学、哈佛大学、斯坦福大学、纽约大学、哥伦比亚大学和宾夕法尼亚大学，强烈推荐去读。这些学校的 J.D. 学位含金量极高，虽然整体费用 3 年大概需要 200 万人民币左右，不算低，但毕业收入也高，对应的社会地位也高。第二，要看孩子是否能够长期接受在国际化场景工作。

这种场景需要浸泡在外方文化主导的场所，一定不能产生对他国文化和习惯的抵触，并且对挫折有一定的承受能力。

相比而言，LL.M 则宽容许多，只需要读 9 个月，类似于法学速成，申请难度和学习成本都低，适合国内本科生毕业后申请，有利于回国就业。一位北京业内人士说，对于北京的红圈所（中国顶级的律所），新人没有全美TOP10 的 LL.M，基本很难进。

LL.M 学位因为用时短，对雇员和雇主双方都有利。对于英语稍微好一点的本科生，求学时间成本低，对美国相关法律的学习程度又正好，不多不少。对律所而言，大多数律所都有国际业务，LL.M 的学生语言不是问题，有国际法务的知识背景，对工资要求又不会高很多，性价比高。而且，新人的留学背景与 LL.M 学历，对律所的创收是加分项，能够证明律所实力。

所以，LL.M 是"陆本—美研—回国"这条路的最佳选择。如果最终想留在美国或国外就业，就申请 J.D. 学位。

确认未来回国做律师，本科有必要出去吗

如果未来确定要回国做律师，那么本科有必要去美国读吗？

不必要。

北京四中校友林老师之前一直在北京一所大型律所工作，他的观点是：国外长时间的深度学习，对回国就业从事国内法务工作，没有太大帮助，因为国内国外法律体系完全不同。"就像金融监管类的法律法规，在近些年也开始出现与以往逐步向国际通行规则接轨不同的发展迹象。"

国内律师工作有三类：执业律师、实习律师和律师助理。通过国内司法考试，且完成一年在事务所的实习律师工作后，才可以申请成为执业律师，申请过程大概需要半年，其中还有面试等环节。如果一直无法通过或不想参加司法考试，

在律所可以参与从事不硬性要求必须具有律师执业执照的非诉工作或律师助理工作，但对外不能称律师。同等年资的情况下，与律师工作之间的薪酬差距还是有的，律师要高出 20% 左右，而且随着从业时间的增加，差距会进一步扩大。

在国内从事律师工作的硬性要求不是留学，是司法考试。而国外学习的内容对司法考试完全没有帮助，相关性不大，特别是对中国国内具体法律法规的条款规定，国外法学院的教学中是基本不会有详细讲解的。

司法考试能不能自学考试？能，但是比较困难。

林老师提到一位四中学妹，北大英语系毕业后赴美读 J.D. 学位，回国后自学自考司法考试，一次就过，如今已经在国内顶级律所做律师。但司法考试难度极高，这位学妹能够一次通过，主要是因为自身学习能力极强，毕竟本科能考上北大，也可以从侧面反映出来这一点。所以这种情况并不算常见。如果本科在美国读书，对司法考试的内容是完全陌生的，需要从头自学，时间成本和学习成本都极高。另外，中国当代司法考试要求必须是中国籍才能参加，所以外籍就不用考虑回国从事律师工作了。

所以，如果本科在海外大学就读，研究生申到美国法学院，但最终想回国从事律师工作，投入产出比和最终概率都不高，不推荐。

留在美国能适应吗，律师界有没有鄙视链

社群里一位妈妈说，她不愿意自己的儿子去欧美读法律让白人碾压。女孩子好点，性格活泼语言没问题，就可以过得很舒服。男孩肯定是在鄙视链底层，她不想让孩子受这个罪。仔细想想，英美的律政剧里，好像真是以白人精英形象为主。那事实是这样的吗？

答案是：确实如此。

原因也很好理解，律师工作中主观因素很多，对文化背景和双方信任的

要求极高，这两者对最终判决会产生关键影响。因此，非本国人很难进入主流圈子。上文那位学长提到，相比医学、IT 等领域，法学并没有客观标准。比如生病了，我们不会在意给我们治病的医生是哪国人、什么肤色、什么背景，只要能治好，就是好医生。理工科更是这样，有显性标准就容易打破文化壁垒。但法律不同，法官和陪审团极其容易受到影响，律师就是决定胜负的关键。客户很难把宝压在一个外国人身上。我们其实可以换位思考一下，中国律所里突然出现一个外国人，恐怕中国客户也需要一定的勇气才会去选择这位律师。当然，二代移民会好一些。

如果留在美国且能够适应，是否能够进入主流圈子，做到决策层？

这是另外一个让家长们焦虑的问题，毕竟选择律师这个职业本身就是选择了精英道路，有更高的期待和追求也是很正常的。

答案是：很难。

当然，这与肤色、文化不必然相关，而是成为决策层的要求，已经超越了学历本身。好的学历甚至好的专业能力，并不是决定一个人能否掌握话语权和决策权的因素。

"能否出人头地，跟学历无关。这和个人能力、创收能力甚至家庭背景有关，不一定来自学历。学历在创收能力的需求面前，可能只是底线要求，学历之外的东西有时更被看重。"大量从事法律工作且比较成功的人士，他们成功的要素不见得都和学历相关，学历是门槛，但更多的是其他方面的能力带来的最终的成功。当然，这在任何一个领域都一样。

"除非自身实力雄厚，要不然真的可能学完却没出路。"这是我身边的一位法律从业者对于是否要孩子出国学法的答复。

最后总结一下，如果本科就出去了，就读于国外法学院，毕业后最好就留在海外，也可以回国从事法律相关工作，但不做律师。如果想在国内做律师，最好的道路是：国内本科—通过法考—美研镀金—回国就业。

5

国际教育下的
亲子成长

　　细心地观察孩子们，接纳他们的想法，才能走进他们的世界。忘掉自己的迷梦，特别是别让他们去活自己没有活成的人生，这些都是我们这些长辈的责任。

留学面谈笔记一：好的教育是轻推

文 / 谢强

北京某重点中学国际部的一个学生托福成绩不理想，有不小的心理压力。在寒假补习之前，我约她聊天，帮她缓解焦虑。

我问她学习之外的活动主线索是什么，她说是音乐剧。我就打开手机放了一首歌——*Dear Theodosia*，让她猜是哪部音乐剧里的歌。

这首歌有些非主流，旋律超美，歌词温暖。她一下子猜出是音乐剧《汉密尔顿》。于是我打开一本厚厚的英文原版书，是《汉密尔顿》主创林-曼努尔·米兰达写的每一首歌的创作背景。在音乐剧中，*Dear Theodosia* 这首歌是两位爸爸唱给各自新生孩子的歌，这两位美国的建国者誓为后代打造一个好国家。写这首歌的时候，林-曼努尔·米兰达正与妻子在多米尼加度假，却突然听闻亲人病重离世的消息。悲伤之际，一只流浪狗过来蹭他们的脚腕子。他们商定，如果明天小狗还来，就把它带回美国去养。第二天同一时刻，它真的又来了，还带着自己的小妹妹。最终，这只被命名为"脚腕子"的小狗和妹妹一同被带去了美国。

这首歌诞生在这样悲伤而又神性的时刻，曲调和歌词都非常打动人心。我带她顺完这段英文，我们坐在那里安静地听了一会儿歌，暂时忘记了托福。

🔖 接纳

我努力向学生靠拢，试图走进学生的心，但这其实并不容易。记得我们搞过一次考前集训，距离美国大学早申请仅差一两个月。我鼓励分数还不理想的同学克服厌学的情绪，增加考试频率，一战到底，不达目标誓不罢休。一位充满艺术气息的女生在台下微笑，我说你笑个啥，她说，校长，你这就是画饼。

从此，我就有了"饼哥"的称号。当然，同学彼此互称的名头更加有趣。有一次，我看见几个男生课间追另一个男生，高喊"学婊""学婊"，我揪住他们问什么是"学婊"。他们说，就是表面在混但回家玩儿命学的那种人。这个词，在八十中学国际部有另外一个说法，叫"演人"，与学习好的"优人"、学习差的"逊人"并称为"三大军团"。

我有时虽不太理解他们的言行，但走近他们后，我觉得他们的很多东西是对的，比我们对。在大量的留学家庭面谈以后，我常觉得孩子的心理更健康，生了病的其实是大人。作为大人，我们至少应该对社会落在身上厚重的灰尘有自知之明。

一个学生用"猪狗不如"四个字来描述高一上学期，我认为他对高一的艰难缺少充分的准备。在和家长讨论解决方案时，妈妈希望孩子可以把更多时间投入学习中，比如可以把不会的单词抄写在小本子上，可以在等地铁的时候、坐地铁的时候、晨起之后、睡觉之前去背记。

我说，就像当年读大学时，我总把生词抄在一个细长本上，平时插在永远穿着的牛仔裤的屁股兜里，食堂排队打饭时拿出来背。我越说，孩子妈妈的共鸣越多，我俩相互点头点得越频繁。我说，咱俩是一个时代的人，肯定越说越热乎，但这些已经不是这一代人的学习方法了。就让他们坐地铁的时候静静休息，或打打游戏、玩玩手机吧，让他们用碎片时间多休息、多发呆，学习时间再认真学习吧。只要精神头上来了，他们自有记住单词的办法。

他们这代人有他们的困境，比如不少同学和我抱怨同学之间的关系有点复杂，"塑料情"很普遍。成为朋友很快，因为要抱团取暖以免显得孤单；但彼此之间表里不合一，钩心斗角，表演性强。这些都是我们小时候难以想象的。加之学校、家庭、社会日趋复杂，越来越多的学生出现了心理问题和情绪问题，我们小时候，哪有那么多抑郁症和想不开？但他们不可能全像我们小时候那样了，先去接纳吧。

🗺️ 增加而不是减少可能性

细心地观察孩子们，接纳他们的想法，才能走进他们的世界，忘掉自己的迷梦，特别是别让他们去活自己没有活成的人生，这些都是我们这些长辈的责任。

和我交谈的很多成年人都会在短短的面谈中暴露一些自己未尽的理想，我们肯定是有遗憾的，但让故事结束在我们这里就好了。

有家长当着孩子说，我想让姑娘出国留学，无非是希望她未来找个好工作，回来嫁个好老公就算成功了。她这么说的时候，我依稀看见这个妈妈对现有工作和自己老公的不满。姑娘到国外折腾一圈，就为相夫教子，也太没必要了。

还有家长说，未来儿子一定要回国效力，养儿防老，不在身边怎么给我养老啊。还有的家长说，留学不一定去美国，美国太大了，去英国就行，不过英国有点远，不行就新加坡，新加坡的大学和香港的大学也差不多，香港是咱们国家的，不行就香港吧。我说，干脆就别出去了，北京沙河大学城最好，然后我们一起哈哈大笑。

学校教育和社会教育的根本，都是行万里路，让我们在短暂的一生里经历最大的世界、最无限的可能、最精彩的内容、最意外的相遇。您怎么反而把孩子的世界限定得越来越小呢？我们放心让他们去飞吧。

举一个我自己的例子。

1997 年，我作为主教练翻译跟随国足去塔吉克斯坦打世界杯预选赛的小组赛，虽然赶上了那里的内战，我还发脾气摔了大使馆的门被领导训斥；中场休息进不去休息室发飙，保安的枪托顶了我的后腰眼儿；为球队办理退房业务时赶上了大地震，我怀抱一口袋现金疯狂地跑出酒店……但是最重要的是，我在那个全国上下只说塔吉克语、俄语和电视全无娱乐节目的地方，第一次发自内心地爱上了全世界五星级酒店商务中心里的三本常驻英语杂志：*Newsweek*（《新闻周刊》）、*Time*（《时代周刊》）和 *Economist*（《经济学人》），当时看着特别亲。因为在没有任何别的东西可以看懂的时候，唯一能看懂的英语就像母语一样亲切。所以，我是在离开大学后爱上的英语，您能信吧？

摆脱我们自己

很多家长抱怨孩子对英语单词没有准确的理解，语法基础不扎实，翻译不准确；还抱怨孩子学英语不念念有词，也不写写画画，这么学肯定学不好。

我说，您说的这个，是我们那个时代的英语学习法。我们小时候英语材料太少，只能把有限的文本变成一个个生词的精析、一句句主谓宾定状补的划分，然后念出来、翻译出来，再背下来。这是典型的语法翻译教学法。现在的孩子，有海量的听说读写的英语材料，他们有充分的机会浸泡在里面，无论是电子游戏《我的世界》，还是视频网站的 NBA 篮球英文节目，更别提国际学校 / 国际部还有大量的外教授课，以及培训班布置的大量课外语料。这代人已经可以用介于一语和二语之间的学习方式去习得英语，可以借助好的语感去推断和沉淀。

典型的例子是，很多学生考托福的时候，文章的意思能理解，做题能做对，但指着某个单词说不准意思；或者明明单词量差，但是听力能考25+。根据二语理论，只要有足够语言环境的诱发，就可以激活他们的内在语言系统。时代的进步，让他们终于可以用能力积累而非应试的学习方式来走进英语，让考试仅成为能力的验证。

其实，在这个问题上，我的观点和几年前有了一些变化。

最近对《了不起的盖茨比》这本英文原著做单词分析时发现，这本小说有4772个不重复的单词，其中托福词汇2965个，占比62%。这意味着，读《了不起的盖茨比》英文原著也是在学托福。所以孩子小学和初中时最好去读英文原著，高中实在没有时间了，再走上应试之路。即使是应试，也不是单纯的词汇和语法的问题，还要解决与题结合的问题。做题做多了，感觉就出来了，因为试题的文本本身也是另一种原著阅读，是增强英语能力和提升感觉的语料。

总之，我们这代人信之用之的老方法要被抛弃了。

我认识的一个小朋友，现在初二，上一次见面时他才五年级。那时候，他在一个外教机构学原著阅读，说一嘴地道的英音，和我用英文聊天一个小时滔滔不绝。我问他，你学的是阅读，怎么口语那么好？他说，外教是个很幽默的英国人，上课就是和大家聊天，特别好玩。那时，书读的是有趣的书，互动是有趣的互动。但为了提升他的"硬通货"，即考试能力，也为了验证他的那个"英语聊天班"是否真的有效，我和他妈妈"密谋"让他考个试，于是小朋友开始了磨人的FCE应试备考。后来，他因为实在背不下来单词，也不喜欢语法，更不喜欢做题，英语学习终止了。这次我见他，他已经两年多没怎么搞英语了，当时的火花好像熄灭得差不多了，学校老师说他在吃老本。和他聊完以后，我反思自己当年应试验证的决定是否错了，检讨我们良好的愿望和用心是否反而成了他英语能力发展的拦路虎。

人

在与孩子沟通时，最关键的问题，还是把孩子当主体。让我们看见孩子，看见他们彰显自己，就像有一次面谈时一个女生讲的那样："快让我说！"

我希望孩子就是孩子，而不是家长的映射。看见他们的自信、他们的欲望、他们对未知的好奇，以及帮助他们努力去听世界的呼唤。一个同学对我说，她的世界有时候有很多人，但大部分时间只有她一个人，她能向宇宙发出命令。她随后发了 cosmos（宇宙）这个词给我。就在上个月，她还在咒骂 moon 这个词明明是"月亮"，怎么还有"卫星"的意思。我喜欢这种霸气。

很多家长问我，标准化考试里的美国高考，到底考 SAT 还是 ACT？

事实上，两个考试最大的差异在阅读。SAT 阅读的时间充分，主要考查学生对文章的深度理解；ACT 要求阅读速度很快，像快速阅读，考核的重点在于学生是否能兼顾速度和准确。一位来自北京四中国际校区的女生说，她要考 ACT，因为她读东西快，不担心速度。托福阅读正常完成一篇的时间是 20 分钟，她 17 分钟可以结束战斗；而且 SAT 的文章实在过于迂回，她读不进去。

另一位来自人大附中 ICC 的男生说，他要考 SAT，虽然他托福阅读满分，但单词并不扎实，很多时候是靠能力和语感形成对上下文正确的推断。SAT 文章长，重逻辑，有助于他的优势特点发挥；ACT 虽然简单，但考查细节多，单词不扎实会导致错过或误读细节。

我觉得他俩的回答实在精彩。他们真正的优秀，是已经到了一个更高的层次，他们形成了对客观和主体的正确认知，并据此进行合理匹配。他们背后家长的成功，不是英语培养本身，而是让他们成为有这样头脑的人，这才是教育的意义。

北京外国语大学的曹文教授曾说，国际教育培养的是有故事的好学生；

人大附中 ICC 的高江涛校长说，本以为早培是培养学生特点的平台，后来发现国际项目才是打破"分数评价一切"的土壤。在这里，"故事"和"特点"是同义词，也许我们该删除"国际"这个词，只留下教育。

教育当然不只是分数。

有一次，在万圣书园畅销书的榜单里，我发现竟然有德国存在主义哲学家雅思贝尔斯的《什么是教育》，他认为教育的目标是培养生命实体和精神实体共同发展的全人。他说，真正的教育应先获得自身的本质，即对终极价值和绝对真理的尊重，个人的真实、独立、责任和自由才具有终极和绝对的意义。如果缺少对终极和绝对的热情，人就不能生存，或者人就活得不像一个人，一切就变得没有意义。看到这里，我才突然意识到，我确实一路都在追逐终极和绝对，只是少年时被叫偏激，长大了是愤青，老了被尊为另类，都不是什么好词。

📍 动机

随着接触的留学家庭越来越多，我对教育的体会也不断加深。比如，很多深陷托福 90 分瓶颈的同学，最缺的不是方法和努力，而是强烈的提分动机。我想兑现一个待满足的欲望做奖励去激发某同学学习的动力，于是我问他，你有什么真正渴望的？他说，他从来没有经历过"很渴望"的感觉。那一刻，我有点惊讶。

我问一个小同学，你有什么兴趣爱好？他说，他没有，因为他学习总拖沓，拖拖拉拉做完作业也就该睡觉了。孩子的爸爸也附和着。我说，不是这样的。你是因为没有什么自己的乐趣，学习才会拖拉。我上学的时候，想快点完成作业的原因，是可以有更多的时间去做自己真正想做的事。那时候我喜欢听崔健《解决》那盘专辑，高一和高二两年，我快速完成作业的目的，就是想在睡觉前反复听那盘磁带。还有些时候，我是想在夜里信号好的时候收听短波收音机里的中文节目。是类似的动机，让我熬过青春期的漫长岁月，如果只是做作业，我大概会疯掉吧。从那时起，我持续给自己注入灵魂，虽然从此损益各半。春节团拜时，集团领导看着我说："你也真不像快五十岁的人，怎么都这么大岁数了还那么不听话！"同事们大笑，我亦欣然受之。

灵魂该是独立的，它让我们成为我们，成为人。不仅是温饱，不仅是挣钱，不是饲养，不是给饲养场配点音乐。它是人之所以成为人的根本。有了它，我们才值得。

什么都需要有灵魂。比如 Page One 书店的北京坊店就很呆板，空有一个硕大的躯壳，摆书的风格像土豪买来一套书镇宅；五道口店有点小聪明，一层书台偶有亮点，隔三岔五又退化回去；三里屯的老店曾是北京之光，虽比不上上海的福州路外文书店，但已是北方城市的顶配，他们定期筛出的重量级新书让人眼前一亮，以至于我常不顾其高出网店不少的价格当场购买，只因迫切到不想等待邮递的时间。三里屯新店开业，面积缩水不少，我开业当日前往，欣喜于书台摆放有灵气，但是几周过去，发现尽是平铺艺术类厚本，土豪之风日显。我终于忍不住找到经理，说，主书台应摆放最值得关注的新书，让虚构类和非虚构类同台，艺术类书籍可归于书架，因书体厚重侧面观之已足够醒目。经理客套表示接受。我推门离店时，想到艺术类书籍的利润是支撑小店不倒的主力，可是我实在不想为这失去它曾有的灵魂。

想有灵魂，想不一样，就会有动机。

2022 年春节面谈，整个新东方大楼里除了保安就我和孙亮俩人，然后就是按时按点来的学生和家长。中午我俩去吃饭，在电梯里的显示屏看到很多同事唱的《从头再来》的 MV，歌声阵阵，气冲霄汉。我调侃孙亮说，既然说从头再来，怎么不来，你赶紧把唱歌的这些人都叫来。虽是玩笑，但我也在想，我为什么来，不过是从小就喜欢不同吧。一个爸爸和我说，女儿比儿子求学动力更足，我问为什么？他告诉我，女儿说小时候很聪明，所以受不了长大以后去一所烂学校。或许她也是想不一样吧。

所谓灵魂，所谓独立人格，如果社会给人的明示是从众更安全，你敢不敢教育他成为逆行者？

意义

因为我不停地寻找意义，所以我也希望我的学生懂得意义的重要性。他们是人啊，不是一只只可爱的小猪仔。虽然不得不接受现有的评价体系，但对这个体系的成功者或者失败者，我越来越关注他们的上游是否出了问题。在这一点上，我对自己和学生，恪守完全一致的方法论。

一位国际学校的学生抱怨外教的责任心差且学校频繁更换外教，尤其无法理解外教布置作业的用意，也永远没人知道得高分的规则。她说，一位黑人外教要她们读一个非洲人 Tsitsi Dangeramba 写的书，书名是 *Nervous Conditions*，谁也不知道这是什么书；这个外教还举着两个番茄走进教室，让她们观察后写篇议论文。我问她写了什么，她说，写了不同的养分可能变成不同的社会阶层。她笑着骂道，这真是个 stupid task（愚蠢的任务）。

我和她妈妈对视一笑说，这倒是很像成年人的工作单位。孩子说的所谓过度分析，不就是无中生有的能力吗？反正我就很羡慕那些在不同的酒局里总能找到话题的人，我甚至希望有饭局助兴培训班。外教水平差异大、更换频繁且永远不知道标准，也很像单位里的领导变更，总有靠谱的领导和不靠谱的领导，而且你始终不知道领导到底在想什么。如果你想知道，只能用恰当的方式主动沟通。你不贴上去，自然有别人贴上去，贴上去的人自然获得更多机会。这就是社会吧。面对所谓的"无理"，不是立即去讲理抗争，而是先去琢磨对方的道理，再用恰当的方式去获得对自己有利的结果。这是孩子们要学会的更高层级的道理。

一个同学和我说，自己历史成绩很差，因为对从鸦片战争到解放战争的近代史没有兴趣。可是我发现他的道德与法治成绩很高，我说你对这门学科很感兴趣喽？他说也没有兴趣。我说所以结论不是兴趣，是针对不同的科目使用不同的方法把分数搞上去的本事。对探究方法和技巧并战而胜之的热情，远比对某门必修课的热情更为重要，你要不要去试试？我看他有点释然，朝我点了点头。帮孩子跳出目前这个层面，去寻找更高层级的意义，是教育需要做到的事。

翻译

意义的底色是求真，寻找意义的过程接近获得动机。

我的第一本书叫《留学真心话》，我的喜马拉雅音频节目叫"留学真心话"，我个人的抖音叫"留学真心话"。

说真心话，是我对自己的要求。长期以来，我对"不说假话，但真话不全说"的说法保持足够警惕，认为这是精致的利己主义者的重要标签。

我写的文章，有时会让读者落泪，那是因为我写的时候就落了泪；我的一些讲座，会让听众落泪，因为那些故事首先感动了我自己。我也曾想，如果总是这样可惨了，我一个大老爷们儿得哭多少次啊。这是我的一个毛病，在工作和生活中，我把一颗心都交出去，不太会调侃，我笑不出来。几年前我让几位同事处理一个投诉，结果听那个屋子里竟然笑起来了，气得我冲过去说："这就是商女不知亡国恨！那边火急火燎都投诉了，您这边还乐？"

一个人真，他必然会认真。认真地投入进去，即使没有任何世俗的目的要去达成，也会产生忘记时间的幸福感。

想去看见事情的本来面目，直面它不好的样子，是必要的，这与年龄并没有必然的关系。最近我看了两部美国电影，一个是《恐怖游轮》（*Triangle*），另一个是《穆赫兰道》（*Mulholland Drive*），都没有看太明白。去豆瓣找影评，才发现我看的都是洁本，有好心人害怕我看见不好的镜头受刺激给删了，所以故事连不起来。我虽然都这么大岁数了，社会还是把我当幼崽怕我学坏。

可是，即使一生看洁本的人，也还是要面对脏人脏事，他会怎么做？

最近我在读一个英文短篇小说，是美国人理查德·康奈尔写的《最危险的游戏》（*The Most Dangerous Game*），讲的是一个变态厌倦了捕猎动物，转变为捕猎活人，最终被捕猎的人反败为胜杀死的故事。这是一个国际部给高一上学期学生布置的读物，因为故事实在精彩，我一口气读完。深深记住的是在故事的高潮部分，男主不停地告诉自己："Nerve, nerve, nerve, I will not lose my nerve."（勇气，勇气，勇气，我不能失去我的勇气。）这不正是过去一年在最糟糕的消息传来的时候，我不断对自己说的话吗？在这部短篇之前，我读过的国际学校书单里的一些书，包括罗尔德·达尔的《待宰羔羊》（*Lamb To The Slaughter*）、雪莉·杰克逊的《中彩》（*Lottery*）、凯瑟琳·曼斯菲尔德的《园会》（*The Garden Party*），都是暗黑系列，教我们识破真相，敢于直面惨淡的人生，思考自己是否做得成真的勇士。我认为，这样的教育是宝贵的。

自从被称为"饼哥"以后，我越发审视自己的每一次言论是否有鸡汤之嫌。因为让孩子厌恶的，无论用心好坏，肯定走不进他们的内心。从这个角度说，教育，有时也是非常负向的词。所以，我重新当回了翻译。如果说每份工作都能产生可迁移的能力，那么翻译就永远是翻译，当文本变得艰涩时，我会想办法把事情说简单。简单了，孩子才能搞定，搞定了才会热爱。

我经常买中英文《怎么学……》或者《怎么教……》或者《怎么读……》这样的书，也非常喜欢各种强注释版的中英文读物。无论集注音、解释、评论于一体的《古文观止》，还是每一句话都要分析分析的英文版《傲慢与偏见》

和《福尔摩斯探案集》。我也非常喜欢各种英文原著的简写版和漫画版，无论是《使女的故事》还是《人类简史》，我也一直纳闷J.K.罗琳为什么不给《哈利·波特》出个简写本。

一位同学对我说，他读不进去中国古典文学，实在看不出来《离骚》有什么精彩之处，任课老师竟然还考他们郁达夫有没有读过屈原，有啥可读的？我随手拿起办公桌上的一套台湾大学中文系教授欧丽娟讲的《红楼梦》，然后对这位同学说，四大名著中我只爱看三国，但我相信其他三部各有精妙之处，所以就想尽办法从周边突围。先听这个"翻译"说说红楼，打动我了就读进去了。我对学生说，我不反感《离骚》，因为我佩服的一位老师折服于《离骚》之美。这位老师擅长讲古典文学，从他那里，我知道了《咏柳》这首诗中，"碧玉妆成一树高，万条垂下绿丝绦。谁知绿叶谁裁出，二月春风似剪刀"中的"碧玉"，原来是指小家碧玉，是个纤弱温暖的女子。从此，柳树在我心中都生出了魂魄。《咏柳》如此，何况《离骚》？只是我们要去找那样的老师，他就是那个好"翻译"。

🗺 方法论

不少学生受困于托福阅读和听力的分数难提高，我们给出的解决方案也是做题之后基于"视译"的"过"，边看边用嘴翻译出个大概。通过"看—译—说"这三步，让阅读原文和听力原文过了脑子，便于彻底理解对方到底在说什么，也便于把单词放在上下文里记，这样才记得住。不少和我面谈的学生都不得不从托福TPO①里自选一篇原文迅速视译，在30~40分钟的时间里，

---

① TOEFL Practice Online 的缩写，即托福在线考试练习，是美国教育考试服务中心为参加网络版托福考试（TOEFL iBT, Internet-based test)的考生提供的一个模拟练习平台，该平台提供真实的托福网考模拟环境和数十套往年真题，以帮助考生熟悉托福考试的题目类型和答题流程，为真实的考试做好准备。

我们基本就可以定位他英语学习中的所有问题。

有一次，一位面谈的学生随机抽取了一篇听力原文，那是一个关于森林土壤多样性的讲座。在半个小时的时间里，我仿佛一位健身教练，在适当的时候帮一把，促使她自主完成了这篇讲座的视译。

经历这个过程以后，我收集了 variability（可变性）、rapidly（快速地）、pine（松树）、litter（垃圾）、soak（浸泡）、uproot（连根拔起）、crash（撞毁）、shed（脱落）、redistribution（重新分配）、mimic（模仿）共 10 个她不认识的单词；弄清楚了 concentrate 从"聚焦"到"聚集"，implication 从"暗示"到"意义"，practice 从动词的"实践"到名词的"做法"共 3 个一词多义；背记了 Michigan（密歇根州）1 个专有名词；归纳了 in general（总的来说）、entangle with（缠绕在一起）、one-way street（单向街）、bear in mind（记住）共 4 个词组；总结了 break down—decomposition（分解）、uproot—topple over—rip up—pull up（连根拔起）、a big hole—a pit（坑）、attach to—cling to（粘在一起）共 4 组对应的同义词组。

这不是红宝书或者绿宝书，这是属于这个同学自己的"宝"。我们组织最优秀的老师录制了阅读原文和听力原文的视译音频，放进课下学习物料平台，让每个在读学生都免费获得，帮助他们把自我学习变得简单。

因为在国家体育总局的经历，我相信大运动量操练是必要的。过一篇阅读原文需要 50 分钟，过一篇听力讲座原文需要 40 分钟。每套 TPO 按照 3 篇阅读和 4 篇听力计算，做题需要 2 个小时，做题后过原文需要 5 个小时。一套 TPO 阅读原文和听力原文的精读精析就要 7 个小时。所以我们冲分班的单日上课时长原则上不低于 6 个小时，时间上至少是高效搞透一套题的量。别省着自己用，刻意练习始终是提分的捷径。

我常在面谈时和学生算账："告诉我，扣除听课时间，仅算自己的标化学习时间，寒假每周多少小时？8 点到 11 点，每天晚上 3 个小时。3 乘 7，每周 21 个小时。寒假 4 周，扣除春节 1 周，还剩 3 周。3 乘 21，63 个小时。3 月 5 日考试。寒假后到考试两周。那两周每周纯自己学标化多少小时？开学以后忙，周中 5 个小时，周末 4 个小时。2 个周中，1 个周末，总共 14 个小时。63 加 14，总共 77 小时。精析一套题 7 小时，考前搞透 11 套题的阅读和听力，你行吗？原文快刷都在平台上，你有吗？"

学生答："行。有。"

"快去干吧！"

🗺 家庭介于先天和后天之间

应试体系，是一个最原始的动机激发器。它很好地控制了我们。然而应试的成功者是少数，而且在终极成功之前的所有站点，我们都曾是通关失败者。这时候，除了对分数的追求，还有什么可以推动我们前行？

有一次，我和一位非常优秀的男同学面谈。他高二上学期托福考出了 118 分，正沉迷于准备 7 门 AP 和 ACT 冲 35 分，如果 ACT 冲 35 分不能实现，就转考 SAT 冲 1550 分。这场游戏，他激战正酣。我问他是不是有天赋。他说，他真没有天赋，可能是后天努力的一些东西被归于先天。我问，那是什么？他说，自己的语言并没有先天优势，甚至有些木讷，但是家长重视对他的语言能力培养，鼓励他参加英语辩论赛，这对语言发展起到了关键作用。当然，那些辩论赛的培训课也是需要花钱的。这时候，家庭这个要素，似乎出现在先天（nature）和后天（nurture）之间的模糊地带。除了应试体系的刺激，就是家长的作用了。

我一拍大腿，说特别同意，我爸妈也是这样。我爸是他们家最小的孩子，我妈也是她们家最小的孩子，两个人从小都是大家庭里最被关爱的对象，所以说付出爱这件事，他俩至少都不是老手。但是，因为我爸教英语，即使在物质那么贫瘠的年代，我们家也不缺英文书；我妈也是教师，从小就把单位订阅的《小朋友》等期刊拿回家给我看，寒暑假之前带我去学校图书馆借回厚厚的一摞书。这些早期的培养构成了我语言"天赋"的一部分，天赋，是指老天给了我这样的爸妈。

所以，责任再一次回到了我们这些大人身上。家长，是孩子动机的发动者。

有一次，一位家长带着孩子和我面谈前，写了一份很长的情况介绍。我和孩子聊完后，因为时间关系没能和家长详细解释我的想法，但我又担心孩子被过高的期待和过重的负担逼迫，最终失去一个小朋友应有的热情与快乐，所以回家后录了半小时的语音反馈发给对方。他听完以后的回复是：

"我之前过于目标导向，导致在孩子国际教育问题上的教育理念是错的，或者说有点儿偏了。国际教育不是我理解的应试出分教育，标化可以是应试出分教育，但国际教育不是。我给我的儿子提出的学习要求稍高，没有帮他建立起自信心。学习成绩强求不得，还是应该培养挖掘孩子的兴趣，这些比成绩重要。"

我看完以后特别高兴，期待家长态度和动作的调整可以赋予孩子更多的动机，如果有一天孩子成功了，别忘了我曾走进过他们的人生。

好的教育是轻推

关于教育，关于好的教育，我探索得非常艰苦。

不得不承认，不解决动机问题，所有形而下的技能和方法都顶不上大用。成功的教育，都是轻轻一推。轻推的成功，关键是有多轻才合适。

经常有家长讲，觉得自己走不进孩子心里，教育孩子的时候滔滔不绝，说的话把自己都感动了，但孩子形不成共鸣，听不进去。我觉得这里面有一个情感陷阱。因为感情的原因，家长总能在孩子的身上同时看见希望和问题。由于希望的存在，家长就想消灭那个问题，越想消灭那个问题，就越想去教育。但几十年的人生经验和教训，岂是一两句话可以说清楚的？家长希望孩子想清楚 20 年后的自己，倒推去决定大学专业；孩子希望从现在的兴趣和热情出发，希望家长别那么功利，尊重自己的选择。主要问题是大人活得太久了，小朋友太年轻。所以大人就想教育，说那些孩子没经历过也想象不出来的故事和故事衍生的道理，于是孩子一脸懵懂。我让家长退一退，不要说，因为没有用。家长说，他要是全没有优点就好了，就放心地躺平了。可是，我想，在谁家大人的心里，自己的孩子没有优点、没有希望呢？所以，这是一个死循环。

我做教师、做管理十几年了，管学生、管团队，苦口婆心滔滔不绝的时候，从来没有取得过任何积极的效果，更别说横眉立目振臂一呼了。稍微有效的情况，多是给对方足够空间、足够肯定、足够尊重的情况下，拿出了一点有效的方案或使用了一点有效的工具，让事情取得了少许进展。当事人获得了进步，于是对方增加了成算，也就有了信心，然后就快乐了。想快乐，是一种动机。

出于自己的职业和执拗，我非常想唤醒每一个孩子。但正如叫别人起床，轻唤总比闹钟好使，要唤得温柔，唤得恰到好处，否则起来了也是一身起床气。

2021 年底，我先写了一份 3000 字的高中三年标准化考试分数发展案例，然后我们 230 个规划师每人写了一份 3000 字的案例。我发现，多数案例都是在讲学生受到某种启发而非说教才获得了自身的转变。

📖 那些交谈背后的逻辑

近些年，我把自己的工作分成两部分。周中是内务和探访国际部 / 国际学校，周末和节假日做学生和家长面谈，产生的心得通过文章或讲座表达出来。一半或超过一半的时间用于直面 B 端或 C 端的客户，这样可以让我清醒，防止一个年近 50 的人活在自己的世界。

面谈教会我很多，前文记录的几点是从最重要的引导角度来说的。除此之外，我还对两件事非常坚持。

第一，经验是大数据，而每一个学生都可以是个案。

我对于孩子托福成绩是否靠谱有一把尺子，那就是高一上学期 80+（进入轨道），高一下学期 90+（有能力学 ACT/SAT 了），高二上学期 100+（可以申夏校了），高三上学期 110+（可以申美国排名前 30 的大学了）。无论是初中生，还是大学生，都可以用这把尺子判断自己是否在轨道上。以上是经验，背后是每年数千条数据。虽然可以使用经验来给孩子算命，但是在大数据背后，也有很多个案。

那些早申中获得美国前 30 大学和英国牛津大学、剑桥大学录取的学生，也有部分在高一起步时低于以上成绩，最终经过自己的努力，在终点时超过标准线。所以，我经常说的一句话是：托福也就是 120 分，早得晚得也就是这点分数。

我有幸亲自带过的一个学习动力一般的高中生，给我留下了一条 68—82—98—95—93—106—113 的精彩路径，最终成功进入美国前 30 的名校。足球比赛有以弱胜强爆冷门的说法，学习全是主观能动性的发展结果，根本没有对手的干扰，所以爆冷的机会多着呢。

第二，沉默期可以非常漫长。

一个小姑娘，初二托福考了 100 分，但她从 4 岁开始学英语一直到 11 岁上小学 4 年级，胆子都很小，不怎么开口，妈妈认为孩子没什么语言天赋。直到孩子 5 年级时遇到一位来自意大利的外教，这个外教亲和力强，一下子激活了孩子漫长的英语存储，一开口就不可收拾，语言能力迅猛提高，进步巨大到连孩子自己都很惊讶。从二语习得的角度来说，这叫 silent period，中文叫沉默期或平台期。我说，8 年，这是我见过的最长的沉默期。所以，不断蓄能是重要的，等待被激活的那一刻。

我本人曾经历过一个非常类似的情况。

从 2002 年进入新东方教书，20 年来，凡是讲课，都是大班，以中文演讲型为主。但是在管理青少老师教学时，我也经常观摩他们的全英文小班授课，互动性极强，需要设计，很有意思。虽然没有亲自上过，但是产生了学习的意愿。2008 年起，我就开始读很多讲小班授课教学法的英文书籍。直到有一次我参加了一个全英文授课的面试，让我 10 分钟讲明白一个语法点，需要假想有学生在场进行情景互动。面试之前，我是忐忑的，毕竟从来没有干过类似的事。但是一说完 class begins，我就像英国佬附体，把这几年积累的东西都演出来了，全程情绪饱满无卡点。先不说考官满不满意，首先是吓了我自己一跳，甚至想以后是不是应该试着演演话剧。

面谈的目的是解决问题，实现目标。但是，很多问题都是难以解决的，一场面谈，仅是孩子与父母和老师长期互动中的一个横切面，一个片段。即使有一个火花出现，也需要此后的持续燃烧，才能有所改变。保持住温度，需要爱；即使问题无解了，家长觉得彻底完蛋了，也还是需要爱。无原则、无条件地给予爱，仍是最后的办法。英语中有这么一句话 save the best for the last，那么，最后的办法也许就是最好的办法。

面谈轻松与否，不在于眼前的问题是否巨大，而是对面这个家庭的亲子关系、夫妻关系是否和谐。当一个冲突产生，孩子依然习惯性地信任爸爸妈妈，这是非常重要的。

在一次和俞敏洪老师抖音的连线互动中，俞老师问我如何看待家庭教育，我说，爱是最宝贵的东西，给孩子爱，让孩子清楚地感到爱，让家里永远有最彻底的爱，是我对家庭教育的终极看法。俞老师认为我的回答并不完整，他说，家里要给孩子立规矩，立规矩也是爱的一部分。有家长留言说，这是两代人的理念不同。我觉得，这是先后顺序的问题。先立规矩，但如果孩子不守规矩，比如他就是爱打游戏、就是不完成作业、就是考试挂科、就是做好了搬砖的准备，这时候最糟糕的局面，就是家长和孩子或者家长之间爆发了激烈冲突，彼此恶语相向。崩了，孩子就脱钩了。爱都没了，还聊什么呢？在所有爱的关系里，你到底是想给，还是想要？关于这一点，我现在想得很清楚，爱就是给，持续给就好了。其他的，你自己克服吧。

所以，我们要解决的是如果孩子不那么做，我们该怎么办的问题。你要学生单词打卡，他就是不打，那么最佳的解决方案不是在群里呼叫，令众人围观他的错误，并幻想用众人的压力迫使他行动；最佳的解决方案，永远是单独私信他，好言提醒他，因为这个动作里有爱、有尊重。即使最后他仍然没有单词打卡，至少你们的关系还没有破坏，就还有继续向前的机会。

留学面谈笔记二：不被看见的孩子

文 / 谢强

2022 年春节面谈期间，从腊月二十八到正月初六，我预约了 30 组家庭一对一面谈，没同事组织，没市场摆拍，安安静静为人民服务。七天半的时间，有过非常坦率的建议，也有过流泪感动的瞬间。新东方北楼的保安每天早上帮我按电梯，中午把外卖送到五层，给了我贵宾级待遇；而家长孩子一句句真诚的感谢，拜年时的拱拱手，在春节的喜庆背景下，给了我特别的温暖。但个别小朋友呆滞的眼神、被家长逼着过来面谈的消极状态，以及我拍一个小男生时他躲闪的肩膀，也给我增加了一点复杂的情绪。

面谈是我过春节的方式。我特意把窗帘拉起来，让阳光充满办公室。笔记本用红、蓝、黑笔写，每种颜色都闪亮。十几年前，当时我在上海申花队当主教练翻译。有一次，记者问上海申花主教练威尔金森最喜欢做什么，他说是 conversation（聊天），我翻译的时候不得其解。现在知道了，高质量的交谈的确是很大的乐趣。面谈，不但让我的春节与众不同，更让流过的时间拥有价值。

📖 更多可能

对面的是一位来自山西的爸爸，孩子挨着他挤在小沙发上。我曾任太原新东方校长近三年，喜欢那里的风土人情，山西算是我半个老家，所以看着老乡很亲切。他说自己从运城、临汾等地一步一步奋斗到北京，很不容易。

晋南那些城市我太熟悉了，临汾的山西师范大学我们常去举办讲座，十几年前那里的空气污染还很严重，我们总是快去快回不多逗留。很多学生从山西考出来，然后去大城市发展，孩子的爸爸是成功突围的代表。他说，他想让孩子走得再远一点，出国留学去世界闯荡。他说："知识改变命运，我的孩子也能像我们一样杀出一条路吗？"于是我自然地转问孩子这个问题。然而孩子特别痛快地说："我觉得北京挺好的。"

我对这位爸爸说，你们在北京事业成功，孩子从小生活舒适，他没有杀出一条血路的动力。现状可以养活一个人，更可以困住一个人，这样的道理只有老到我们这个年龄才真懂吧。

我对他们说，我在太原住了三年，觉得柳巷是最亲切的商业街，南霄墙的烧饼是最棒的面食，迎泽大街绝不输长安街。后来我又去了天津当校长，第一次在南开区东马路新世界百货吃韩国烤肉时，觉得这才是大城市，去东站旁边的意式风情街吃西餐，不亚于去了趟欧洲。后来我又去大连当校长，棒棰岛迎宾路边的花园咖啡厅是神一般的存在，淡季没人去的金石滩，冬日阴天大风里常出现世界末日般的魔幻景象。在外八年的漂泊让我这个北京土著觉得那些地方都比北京好，都可以是家。但是一回到北京，再让我走，我可是走不了了。不过，北京固然是我的城，但因为在好朋友石浩所在的洛杉矶雷东多海滩住过两个星期，那里的海滩和天堂鸟，让我常心生向往；而石浩和他老婆开着一辆车，车上带着全部家当，从亚利桑那去加州找工作，在哪里找到就落在哪里的传奇，仍然长久地激励着我。我说，孩子，你爸妈有钱，你出去看看吧。

另一位妈妈则相反。这两年一些负面消息让她不舍得儿子出远门，有些国际化背景的她已经有了一点初步的安排，大意就是儿子在香港读书，她就住深圳，儿子去澳门读书，她就住珠海。读完书，儿子在深圳或珠海找工作，她总能和儿子生活在一起。我说，那未来的儿媳妇得多烦您啊！

让孩子离开，是个残酷的决定。但是离开家，是孩子个人成长的第一步。有的家长甚至做好了未来当空巢老人的准备，还有的奶奶明知道孙女出去了就有可能不回来了，还是支持孩子她爹把她送出去。这真是关于成长的一幕幕悲喜剧。

春节面谈的时候，我听到一件有趣的事。来自北京西城区的一名同学，在美国时，对另一名来自北京朝阳区的同学说，你不算北京人，只有我们东西城才是北京。我想，等他在国外待久了，世界变大了，就不会再这么开玩笑了。

北京四中国际校区的资深外教 Aeron Peterson 推荐我看一本书，叫《破坏性战争》（*Destructive War*），书中谈到南北战争为美国带来了极大的财产和生命损失，探索了人类何以为了所谓的正义却暴力至此。读这本书的时候，我意识到平权背后的复杂性，而这本谈到战争的历史书所包含的人文主义情怀是真正的和平基石。当打开眼界后，就会发现一层道理之外还有另一层道理，这也是成长后的另一种觉醒。

他的优点

我常问对面的小朋友：你最大的优点是什么？

有些小朋友说自己没啥优点。

我硬着头皮问下去：那你生活中最大的快乐是什么？

他说，生活中最大的快乐就是考出一个好成绩。

但在问缺点时，我却得到一些更成熟的答案。

他说自己的缺点是不自律、效率低、做作业不专心、学习没动力。

我说，你把自己看得这么明白啊。

他又补充说，他的缺点还有社交能力弱。

我问为什么？

他说，因为跟他一组打国际竞赛的人都划水，不好好准备，他说了都不听他的。

我和这位小朋友说，我们单位里的人也经常不听我的。既然我快50岁了都还有这样的缺点，你这个缺点就忽略不计了好吗？

像我这样一个经常和学生聊天的人，如果对面的学生闪烁着明亮的眼眸、笑嘻嘻地对我说："老师，我实在想不出有什么缺点。"那么，这样的回答，这样的人，将使我有多开心。

所以，我总是在面谈后提醒对方的家长要培养孩子的自信心。你要看见他的价值，然后毫不吝啬地告诉他。

春节面谈的30组家庭里有3组家庭，都不止一个孩子，家中的老大一个在康奈尔大学就读，另外两家的老大都就读于哥伦比亚大学，我面谈的恰恰都是老二。其中一个男生非常佛系，一个女生显然处在极大的压力下，另一个男生则根本没有走进我办公室，是爸妈和我谈的。如果老二的出生是对老大的一记直拳，那么老大的优秀则把老二逼到了墙角。对于这样的家庭，任务不是把老二送到更好的学校，而是无论老二最终在哪里入学，都请家长一定帮他看见自己的光芒和价值。

不是我没有弱点，是我亦有光。

不止一组家庭问我当凤尾还是鸡头的问题，我也毫无例外地提起五年前春节面谈后写的那篇感想，我历数自己在北京四中高中当了三年凤尾的两项价值：一是谁也别再跟我吹牛，老子在高中的时候就见过真正的牛人了；二是学霸是钢铁般的存在，而我也是一块硬硬的石头。北京四中美东校友会曾经让我去做个分享，我说分享啥啊，是说说中国足协前同事被一网打尽银铛入狱，还是说说新东方被"双减"，我人到中老年遭遇股灾？何况当初你们都学得那么起劲，我至多算个中等生。没想到，我同学在高中毕业快30年后跟我说，不对啊，你当初可就能说会写的，口才真是厉害！看，我也有点自己的价值，同学到现在还记得。

努力与强手在一起，强手的尊重大于弱者的膜拜。所以我首选凤尾，实在撺不上再当鸡头。

凡是家长当着孩子面对我说，我家孩子真是不行，我家孩子比较弱，我家孩子可能考不进美国排名前30的大学，我的面目就变得"狰狞"，立即说您刚才的话我全没听见。孩子才十五六，有啥不能的？

家长要看到孩子的优点。看不见，家长就把探照灯举起来，聚光拢音地给他看，一个一个数给他。别搞什么温良恭俭让，成年人在单位位高权重的，大多擅长在老板面前推销自己，脸皮要厚到一定程度。咱从小就得练着，不能让孩子输在起跑线上。

🗺️ 走不进他内心

家长说，我对孩子很上心。努力和他交流，有时候把自己都说感动了，但他没什么触动，我走不进他内心。您能理解我的感受吗？

我说当然了。爱，不就是这样吗？

我有一次劝一位跟儿子着急的妈妈，说："您要先理解他的出发点，从他那个角度看问题，不能只顾着讲您自己的道理。这才是爱儿子啊！您爱您老公，不也是这样吗？"

妈妈说："我根本不爱我老公！"

噎得我没话了。

爱，是讲情，不是论理。我们这代人没练过这个。我们中的多数人都觉得把道理说通了，对方就能感受到爱了。这个观点不扭转，只能和同龄人结婚，否则年龄差距越大，离婚概率越高。和儿子闺女隔着代，这种观点不扭转，沟通起来就更难。

我帮着家长往孩子心里走，在情感上支持孩子，是最重要的。我要有共情能力，再把这种共情能力传递给家长。

比如，我不会批评女孩子追星，因为她的感情寄托在明星身上了。她总要有所寄托，她的感情怎么不寄托在爸妈身上呢？这是父母该思考的。

我也不会指责学生在社交网站上聊天，否则她跟谁聊呢？一个女生希望妈妈多和她聊聊天，聊聊生活，别一张嘴就是学习。所以我对家长说，您越着急孩子的学习，就越要关心她的生活。

阅历的差异是交流的重要阻碍。这个世界最难的事，就是看见未来。让孩子试图想明白没有经历的人生，在他想不明白的时候硬听大人的，他不会听得进去。一位家长希望孩子从十年、二十年后的社会发展倒推自己专业的选择，而姑娘只是想从现在的兴趣爱好出发，认为不要那么功利，我觉得根本问题还是孩子想不出来十年、二十年以后可能的样子。

有一次，我和前途出国北京分公司总经理司明霞老师一起做直播，她说儿子留学的专业方向是生物，我说你是留学申请专家，这个专业肯定是你选的，她说真不是。她非常担心生物专业的就业问题，可是儿子坚持没办法。我说，那你希望他学什么？她说儿子性格比较稳重、内向，希望儿子学计算机，未来最好当个码农。我跟司老师的儿子刘小二认识六年了，觉得她这个妈分析得太对了，对刘小二码农的定位，我俩简直一拍即合。可是，她的儿子就喜欢生物，就要尊重他的选择。

我觉得司明霞是个好妈妈，她虽然在单位当领导对下属挺严格的，但是对两个儿子完全是一位慈母，只能跟在孩子屁股后面瞎吵吵几句，关键问题都认怂。认怂是爱的基石。

有时候我也想站得远一点，去思考规矩，即所谓认怂的边界。到底在什么事情上我们一点都不能退？一是法律，不能违法；二是道德，凡事讲个底线，有羞耻心。其他的事，都可以商量，实在拗不过，就不拗。

我有时候鼓励孩子去学，说补一补都能上去，但是有些东西可能补不上去，而学不会、考不好的滋味真难受啊！他可能就是擅长打篮球，就是不爱做作业，课下不复习；她是努力，盲目地努力，努力的方向和方法都有问题，暂时调不过来，就要阶段性认栽。别让孩子因为这些事破坏和爸爸妈妈的感情，别因为这些事让孩子的难受郁积于心。只要孩子还努力着，学业还没彻底放弃，家里还有一份爱，还有一对可以为孩子兜底的父母，就没大事。

我们这代人有高标准，就把高标准提给自己吧。该锻炼锻炼，该减肥减肥，做点儿自己的事业，觉得生活灰暗乏味了就自我调节。要自己的人生精彩，精彩地给你的孩子看。别天天就是孩子，别把一切希望都寄托在孩子身上，自己则是空白。

有位爸爸和我说，本来没多想，就是有一次开家长会，看见孩子照片出现在了优秀学生展示窗，一下子提高了预期，从此给孩子带来了不少压力。我说，本来应该他优秀给你看，然后你也优秀给他看，怎么现在优秀的责任都跑儿子一个人身上了？

走进孩子心里的目的是激发他前进的动力。我最近读《在大学教书这门手艺》（*The Craft of College Teaching*），书中提到激励学生的八个方法，最后一个叫拥抱失败。孩子成功的时候不需要拥抱，失败的时候你再过去。

是他要留学

有一次，一个家庭拿着鲜花来看我，他们的孩子是非京籍，考进了理想的美国大学。孩子妈妈说，因为相关政策，孩子面临的是回不去的老家，待不住的北京，所以只有努力去考世界名校。能够在有生之年抚养孩子顺利读完大学，这是我们为人父母的责任。所以一个学生对我说，是那些家庭背景还行的、但也不是那么顶级好的学生，最容易选择出国留学。我认为这句话有见地。

所以当家长问我"您看我家孩子是不是留学这块料"时，我清楚，真正的问题，不是客观讲他是不是那个材料，而是主观上他的意愿。

我问学生，你想出国留学吗？他说想。我问为什么？他说，他妈想让他接受更好的教育。

真正的动机，肯定不是他爸妈怎么想，而是他怎么想。

孩子想出国一般有两种常见原因：一是同伴效应，小伙伴在国外；二是曾经出国学习或者参加夏令营、冬令营的美好经历，在心中种下了留学的种子。这两年疫情，限制了一部分小朋友的活动范围，亲身经历者少了。可以预见，低龄或本科留学的势头还会继续减弱，因为来自孩子本人的动机少了。

疫情前，在东城区最好的小学史家胡同小学里，由于这里的大部分学生以上两个原因都满足，据追踪统计，小学一个班里的娃，若干年后，一半或超过一半都会在本科阶段选择留学。

所以让孩子想留学，需要设计他周围的环境。但这个设计不是说教，不是输出自己的三观。一个妈妈说，她觉得爱就是要在一起，所以她不想让女儿出国留学。女儿说，她的好朋友都在国外，她要走！我对她妈妈说，你只有谋杀她的朋友们这一条出路了。

一个学生在香港待过一段时间，我恰恰又很喜欢香港，问了他很多关于香港的问题，并顺带提及了我爱的香港小吃和香港文化。他也回应了我三个问题，说香港天气太热、蟑螂太大、房子太小，所以一定要去美国留学，连英国都不考虑。这是一个有趣的插曲。

俯视择校

择校是走国际教育路线最重要的选择之一。好的学校是那艘大船，上对船就可以到达目标。

进名校留学，北京的国际化学校就两个地区最典型，海淀区和顺义区，两者互不相容。很多海淀区的妈妈看不上顺义区的国际学校，说那里国际学校的学生不拼，都躺平了。我说不至于，您这种思想就不该带孩子往那边溜达。如果真溜达过去了，就选 IB 课程十二年一贯制，好赖就别再回海淀了。顺义区的家长问我该不该为托福着急，我说不用。问我该怎么提高英语，我说不用刻意提高，语言浸泡后生成的语言能力，是顺义国际化教育的标志性成果。

在海淀区，该补的是英语；在顺义区，该补的是数学。

孩子们现在面临的问题是全科都要好，其中数学的重要性越来越大，现在好像又回到了"学好数理化，走遍天下都不怕"的时代。所以，只要家长说孩子数学不好，我马上说，初中数学不好，中考前补一补就上去了；高中数学不好，去美国大学学一学就好了。美国近期更新在美 36 个月实习计划（Optional Practice Training，简称 OPT①），要的专业基本是泛数理化（STEM）方向的，这是美国需要的人才，也是未来需要的人才。

中考是对全科教育的一次夯实，所以是好事。有的学生对中考发怵，怕数学，怕文科的背记。但我认定对文科内容的机械背记也是学习的重要组成部分。面对海量知识内容，人脑里的知识模块越大、越多，越容易在一个系统中定位单一信息并建立信息间的关联。我甚至有点能接受给我植入一个芯

---

① OPT 是 Optional Practical Training 的缩写，意思是选择性实践训练，可以理解为一种临时工作许可，目的是让留学生把所学知识延伸到校外实践。申请 OPT 的留学生可以在离开学校后依然保留自己的学生签证身份 12 个月，直到与雇主签订正式劳动合同，拿到工作签证身份。

片，只要能让我拥有更多知识，这肯定会助我做出更为准确的判断。背记能力，即对陌生知识的接纳、摄入、理解、消化和记忆，尤其是对无法产生兴趣的陌生知识的吞食能力，什么时候都是重要的。

中考能帮助学生夯实背记能力（偏文科）、理解后举一反三的运用能力（偏理科），以及先理解再背记的能力（语言类），这是未来学生产生批判性思维和创造性思维的基础。因为你得先把未知弄明白了才能批判。我看好的教育模式，是在国内完成上述能力的训练，18 岁以后去国外接受另一套教育体系培养，让自己双引擎驱动。所以，我鼓励学生接受中考的挑战。

北京国际化学校两套体制的分水岭是中考。国际部有中考门槛，国际学校基本没有。

这就要说到家长们普遍感兴趣的 0.5 和 1.0 项目。

国际部以中考成绩作为门槛，中考在初三这个年级还有两个难兄难弟：初三上学期期末考试、初三下学期五月的一模。中考、初三上学期期末考试、一模，这三个成绩的区排名是国际部录取的重要参考。民办私立国际学校不看中考成绩，但是对比公办校国际部，数量多、不好选、门槛也偏低。

有没有办法不参加中考也能进入国际部或类国际部呢？有。朝阳区的人朝分和八十中学国际部提供了初三下（0.5）和整个初三（1.0）提前进入国际课程学习的学制，这半年或者一年上融合课程，即中外混合课程，不再以中考为导向。所以，在进入到 0.5 和 1.0 项目的学生中，最占便宜的是中考横竖也考不出超好成绩的学生，如果估计中考分数可以远超过朝阳两校，就要慎重了。

上大船这事，还要解决一个谁挑船的问题。

有一次，我和我们集团的一位同事和她爱人面谈。因为是自己人，面谈氛围颇为轻松，他们把公办校国际部前排就位的五个——实验中学国际部、十一学校国际部、人大附中 ICC、四中国际校区、一零一中学国际部，一个一个问了个遍。我说起一个，他们就说，这个不好；我又起一个，他们说，这个也不合适。说着说着，我停下来了。我说我也看出来了，你们俩主意都挺正的，先不说你们自己有没有好好做功课、累我跟累傻小子似的，就说这到底是谁选校啊？你们先别帮儿子做评价，先把情况带回去，鼓励儿子先自己琢磨。要是我，只要不掉下第一梯队，里面的事都由儿子做主。

我和司明霞老师曾做过一场直播，90 分钟回答了 83 个问题，多涉及大学择校。如果说国内高中择校看中考门槛，国外大学择校就是从各种角度看排名。你说不对。谷爱凌的妈妈研究生上的是美国奥本大学，在美国排 100 多名，世界 600 多名。那是因为我们那个时代的人都穷，肯定是拿了奖学金才屈就的。你看人家后来缓过来了，又读了一个斯坦福大学的 MBA。我从司大姐那里学到的是：先把软科、QS、美国新闻和世界报道、泰晤士高等教育这四大世界大学排名前 200 的大学背下来，然后优先选择美国。

📖 书单属于自己

面谈时一个学生和我说，他从小喜欢读《昆虫记》，隔天我买了这本书的中文和英文两个版本。书的内容非常有趣，作者法布尔是个对昆虫充满了热情的法国人，我读这本书的感觉不像读关于虫子的科学，像读人与人的故事。他对昆虫世界的观察细致入微，某一章详尽地描述一只蜂如何分步骤杀死一只虫，就像《三国演义》极尽文字铺陈赤壁大战，反转是那只蜂刚缓个神，虫就被一群蚁吃了，它只能无奈再寻第二只。读起来既幽默，又心酸。

我读英文书，有两个原则：一是完全不介意先读中文再读英文，这样有助于提升对英文的理解程度；二是完全不介意读第三语言转译的英文，那个翻译过程又会让语言变简单一点，可读性增大。读这本书的英文版时，我看到一个在托福 /SAT/ACT 生物类文章中常见的词——colony。讲历史的时候，这个词的意思是"殖民地";讲生物的时候,意思是"群落"。我查了查词源,这个词的本义是 settle(定居),这就全通了,无非是人定居还是动植物定居的问题。所以我推荐这个酷爱中文《昆虫记》的男生拿起英文版,读透它。每读透一本,英语就前进一步。

学习的推动力一般有两个:一是兴趣和热情,二是考试。考好了就有了信心,能给自己带来信心的科目更容易找到兴趣和热情。本质是一回事,就是兴趣。

所以家长看孩子学习不好,不要介入他的学习方法,不要纠结细节,要创造一个促进孩子好奇心和求知欲的环境,让他总是对什么都感兴趣。家长要在上一个圈层解决孩子在下一个圈层遇到的问题。一个孩子从小就想学生物,甚至细到要学植物,原因是爸爸在阳台上种了很多花、草、果、菜。一个家长说孩子看不进去《哈利·波特》英文版,觉得太难了;书虫系列也读不进去,因为都是大部头经典的改编,脱离时代,想请我开个书单。我说,阅读是非常私人的事,读哪本书,像是自由恋爱,我不介绍对象给她。我可以促进她去选。我推荐了前门后身 Page One 书店的北京坊门店,那里的二层有个巨大的儿童英语阅读区,是我在国内见过的品类和数量最全的英文书陈列区。我让妈妈带着孩子去,把姑娘扔在那里俩小时,随她选,只要她喜欢就买。

另一位爸爸也愁女儿读书的问题。他是个很精干的南方人,飞行员,说平时最爱做的事就是读书、跑步、做题。但是这个爸爸给女儿推荐的书,姑娘都不太喜欢。姑娘对我说,自己不喜欢《哈利·波特》,因为故事过于玄幻,所以无甚兴趣。我说也好,那就读读非虚构吧,我最爱的一本英文科普读物,就是《享受飞行最简单的方法》(*The Easy Way to Enjoy Flying*)。这本书用简单的语言把飞机的奥秘说得清清楚楚,缓解了我的恐飞症,书中若干观点也得到了姑娘爸爸的确认。

我的同事孙亮是青少英语阅读的讲师，他认为比《哈利·波特》简单、比经典更接地气的三本英语原著是《别有洞天》（*Holes*）、《奇迹男孩》（*Wonders*）和《查理与巧克力工厂》（*Charlie and Chocolate Factory*）。

好书真的很多，前北京新东方美高老师、现研究母婴英语的讲师郑尉说，英国青少读物的作家一代一代，大卫·威廉姆斯是其中之一，他写的《亿万富孩》（*Billionaire Boy*）和《匪帮奶奶》（*Gangsta Granny*）等书籍也很受孩子们的欢迎。这样的青少英语书太多了，我们要鼓励孩子去找。

孙亮还认为，青少段的非虚构阅读很难，三个常见系列，一是神奇树屋的 *Fact Tracker*，二是 *Horrible* 丛书，三是 *Who is/What is/Where is* 丛书，要么语言难度大，要么内容稍显枯燥，这些书只能是顶级学生的菜。低龄小朋友的认知能力远超语言能力，导致对艰涩英文背后的知识并没有什么好奇心，降低了小朋友阅读非虚构书籍的兴趣。

家长要做的，是促使孩子生成自己的书单，就是从一本书引出另一本书的能力。2022 年开年，电视剧《开端》大热，这是一个关于循环的故事，我看不进去。结果在其他英文爱好者的建议下，我一口气看了《恐怖游轮》《穆赫兰道》《禁闭岛》和《搏击俱乐部》四部美国电影。看《搏击俱乐部》时因为比较忙，在大反转之前就放下了，正好借机翻开买了很久还没看的纸版原著 *Fight Club*，被作者恰克·帕拉尼克的狂野文风震撼，感觉是《麦田里的守望者》的成人版，看到主角一人分裂两角的反转时震惊不已。

书单的形成都是一本带出下一本，这不，我又新进了《禁闭岛》的英文原版小说，找时间研究一下原著和电影的区别。

不过，我也会时常反思，读一本英文书，是否是这个时代学生喜欢的语言摄入方式。

有一次面谈中，我问那些明显没有太刻意背单词做题，但仍在听力口语中获得较好成绩（我管这叫原生态成绩）的男生，他们到底靠什么获得了听说能力的提升？一个男生告诉我，靠打英文游戏，另一个男生是常在视频网站上看英文解说的 NBA 篮球赛。我后来征集了一些英文游戏的名字，除了大家比较熟悉的《我的世界》，还有《侠盗猎车手》《消逝的光芒》《传说之下》《生化危机》《罪恶都市》等。还有一个才上初中的女生，托福阅读成绩很好，我问她托福那么多动物、植物、天文、地理、地质等科学文章，一个小姑娘哪来那么多科学背景知识和英文学术词汇积累？她告诉我，各种视频网站上的英文科学纪录片，她基本全看了。

后来我想开了，不在乎通过什么方式来提升英语能力，而是提升了就好，关于在地铁上是读纸版书还是看手机更加文明的讨论没什么现实意义了。在美国读博士的原北京新东方美高老师张诗情一年前给我推荐过一本书，叫《超越文学分析》（*Beyond Literary Analysis*），这本书的观点是，写作中的分析能力不一定需要通过分析经典文学作品来培养，分析电影、电视、音乐、体育、电脑和手机游戏等都是分析，重点是学生要找到自己感兴趣的话题，然后去学习积累素材、搜集信息并展开分析。作者说，什么能点燃学生的热情，就写什么。那么我也觉得，什么能激发你学习语言的欲望，就干什么。

📖 考试策略

一个男生，因为父母工作原因，幼儿园阶段在美国待过一年、学前待过半年，回国后跟着一个外教保持着英语听说读写的摄入，每周聊一次。小学 4 年级 PET 裸考通过，5 年级 FCE 裸考通过，后进入托福能力课程学习，没有刻意刷题，初二上学期近乎裸考考到 99 分。这是考试培养的最佳通道，也是标准化考试的真正用意。日积月累把能力搞上来，让考试去验证能力。这是纯自然的过程。

对托福、雅思、SAT、ACT 的成绩进行强干预，是另一条通道。不管三七二十一，就是把成绩搞出来，达到国外学校录取的标准，这是我们干的事。当积极备考打破了语言发展的自然过程时，要防止考试杀死兴趣。很多学生非常不喜欢备考，因为艰苦的备考会使人对英语的兴趣损失殆尽，这是正常的现象。这也是新东方长达三十年非常在乎一代代老师的风趣幽默和个人魅力的原因，考试再枯燥，也一定通过上课把学生的兴趣维护住。

做题本身不长本事，光做题没用，学而不思则罔。关键是做完题知道对错以后，要思考，回到原文去精读、精析，一个词一个词地过，一句话一句话地过，把每一篇阅读和听力原文都当成我们小时候学的新概念二三册。这个过程做到位了，文章彻底理清楚了，水平才能上去，下次考试时才具备了稍微高了一点的水平，然后很多的一点一点的累积构成了考试分数的提升。

当我们说刷题时，做题只占20%，分析原文占80%。精析这个动作是枯燥的，但是必须做。学生说，老师，这篇我能听懂，但就是题做不对。我说，真听懂了就不会错。这叫无知者无畏。语言考试，考完了感觉特别好，大多不是什么好事。

家长问我，老师，平时孩子课外读英文小说，要不要每个词都查？我说不用。课外阅读就是读个乐，大体读懂就继续，读完一本换一本。所有的精益求精放在课内，只有为考试而战的时候才事无巨细。

考试的本质属性是刻意练习。

一个女生第二次和我面谈，一进屋就说："老师，我就是你说的那种不去健身房就不健身的人！"因为上一次我和她谈我这个培训者的自我反思。我说，一个人健身，可以沿着马路跑步、在家做俯卧撑、楼底下搞蛙跳；但也可以花个几千、几万去健身房，因为健身房代表强制的存在，你进去了就练吧，教练带着你，你还敢不练？所以，老师都是半个警察。你的自我约束能力越强，就越不需要我们。所以，要不要培训，完全是你的努力所决定的。她这次说，没老师带着，没同学一起，我就不想刷题！我说，那交钱吧，新东方欢迎你。

📖 苦乐由他

什么是苦？什么又是乐？我说不清楚。

我的好朋友王赞说我没烟火气。我说，我不过就是不擅长过节，不太聊家长里短，喝不了酒，打不来牌。他说，那你还能干啥？

不知道是社会异化了，还是我异化了，但每个人对于苦和乐的标准的确是不同的。一位家长说，她就是不想让姑娘那么累！我问姑娘："你累吗？"

她的眼睛闪闪发亮，满脸轻松，说："老师，我也没那么累。"

说话的女孩子是一所好学校的年级第一名，相信对学习的付出一点也不少，但她笑得很甜。对有的人来说，苦就是苦；而对另外一些人，苦中可以找到乐。后者是更高明的人。

我逗孩子妈，说原来孩子攒着力气不刷题，都是你宠的，所以托福阅读成绩上不去，原因在你不在我啊！

以前看一篇文章，说爽有很多层级，那苦也一样吧。因为学习受的苦，想必层级应该比较浅，对拥有一定财力的留学家庭来说，这个苦尤其可控、可改变。

不要怕孩子在学习方面受苦。学习苦短。

我写这篇文章的时候，北京四中国际校区正在新东方一楼大厅开招生宣讲会。我致开场辞，说自己是四中培养出的"风标自异式"人物。这个风标自异，让我二十几年的职场生涯喜忧参半，苦乐交织。但那些苦，如果仅仅是付出了很多的辛苦，则根本不是苦，是所有乐的起源。

苦吗？从2022年1月1日开始，50天的时间，我一对一面谈了102组家庭。我苦，但我更快乐，这些面谈给我带来了很多启发，学生和家长给了我唯老师才值得有的尊重。

我忍不住贴出这名男同学在早申 ED2 命中之后写给我的感言：

"我还是想跟您说声谢谢。我记得两年前和您谈过话，那次谈话后，我一直在想，《王者荣耀》真的那么重要吗？打游戏的时候，有时候失败，有时候成功，都被这个游戏系统安排好了。然后谈完之后，我就开始尝试用新的思路看待问题了。

记得第二次见到您，那个时候我在学校的 GPA 面对着巨大的不确定性，托福虽然有突破，但是和别人比起来还是存在不足之处。我想谢谢您抽出时间给我分析案例，给我信心。我觉得如果没有您的支持，我不会有争取最大限度努力的念头。

记得 4 个月之前见您，也是 5 号。您跟我分析了选校，还告诉我申请是一条长线。于是我面对同学的质疑，报名了纽约大学的科研和 FBLA 比赛，在高三依然有做活动的信心。如果没有那次面谈，我可能就在高三停止脚步了，后续不会有任何更新的活动，这肯定对之后的 ED2 还有 RD 的申请不利。

一个月之前，我记得当时申请结果并不好，文书、选校、校内成绩和托福仍然有巨大的不确定性。我当时都在怀疑最后能否有一所学校要我。谢谢您鼓励我，告诉我最后去哪里都没关系。如果没有您的鼓励，我可能没法在 4 天内把多邻国从 110 分考到 130 分。

最后，今天早上，结果出来啦。我很高兴自己没有辜负您的期望。我想再跟您说一声谢谢，谢谢您对我的指导还有鼓励。"

这是个在普通国际部上学的小伙子，两年间我俩谈了四次，每次谈的内容他都记得。我事后意识到，是这些鼓励，把他人生中一个巨大的可能变成了真切的现实。这个过程是艰苦的，但结果让人快乐。

　　某国际部推荐学生寒假阅读《寻找阿拉斯加》（*Looking for Alaska*），书里面的孩子执意要远离父母去一个寄宿制学校上学。爸妈不解，问他为什么一定要走。他说：

　　"I go to seek a Great Perhaps. That's why I'm going. So I don't have to wait until I die to start seeking a Great Perhaps."（我想去寻找一个很大的可能。这是我离开的原因。这样我就不用等到快死的时候再想起来去找。）

　　因为我自己一直在找那个 Great Perhaps。
　　所以我希望帮孩子们找到。

留学面谈笔记三：该不该让孩子拼

文 / 王梅

留学面谈发生在我们工作的时时刻刻，无论线上还是线下，和一家三代、一家三口还是独自前来的迷茫的妈妈、孤独的爸爸、倔强的小朋友，我们的交谈都能给走国际教育路线的家庭一些参考。整理面谈笔记的时候，我梳理了三个部分，分别是：

1. 家长选择与孩子选择；

2. 被顶级国际部录取的家庭共性与建议；

3. 十年前留学孩子们的情况如何。

这三个角度分别来自正在选择的、正在经历的和已经结束的。

🗺 家长选择与孩子选择

据我妈说，当年她拿到大学录取通知书的时候，我姥爷兴奋地在村里开着拖拉机绕了好几圈。那时候他老人家已经肝癌晚期了，但是和人家大声炫耀的劲儿，仿佛还是那个年轻的帅气小伙。没等送我妈去到大学校园，他就去世了，这是我妈最大的遗憾。

还是据我妈说，她读书有天分，我姥爷很早就看出来这一点，所以送我妈去很远的好学校上学，要走好几十里山路。我妈没出息，想家，时常哭着偷跑回家，说不读。她那个小身板做农活肯定不行，做做手工应该挺灵巧。但我姥爷特别坚持，一定要她读书。我妈的老师也特别坚持，安排我妈同桌下雨天趟着泥水下农村喊她回去上学。当我妈同桌也挺不容易。

初二时的政治课上，老师问未来的梦想，我讲了上面这一段关于我妈妈的故事，我说想实现教育公平。打记事起，我的家庭条件还好，在同龄人里吃的喝的啥也不差。我妈教育我，都是知识改变的命运，要不是当初的选择，哪有现在的好日子。

17 岁的夏天我去支教，电视剧里的情节是带了滤镜的世界，现实远比屏幕上的残忍。那里的水质太酸，熬粥要放很多碱面，我吃完后上吐下泻。女娃娃们对城里来的女老师好奇得不得了，一大早就来我屋里围观，看到我戴隐形眼镜吓坏了，问我往眼睛里放了什么东西。那一刻，我想，世界那么大，有一些人看我们，是不是和我们看村里的这些娃娃们一样。他们如果能走出大山，看看外面的世界，再回来建设家乡，多好。

我姥爷当年不知道国际教育，只懂得高考改变命运。我妈也不清楚国际教育，只懂得知识改变命运。我们的上两代，因为时代背景和家庭环境，只看见一个选项，坚持下去就是胜利。好在我们这一代家长有了更多选择。

有一次面谈，对面来的是我十多年前的托福学生。他知道我在侧重研究国际教育和国际化学校，就约着聊聊孩子国际教育路线的选择问题。他的孩子现在在幼儿园阶段，他在考虑公立学校和私立学校哪个好，以及未来十年孩子的规划。算了算，十年前的学生现在多大？没算明白。一问才发现，教育路线选择的接力棒，都到 90 后了。70 后遇上改革开放，80 后遇上地球村，90 后遇上经济腾飞，一代比一代时代背景好，家长们为下一代做教育选择，还只有一个选项吗？我研究国际教育有私心，上一代给我提供这么好的条件，我得给我的下一代多备几个选项。

如今，升学路径不止高考，学习也不仅仅意味着背诵书本上的知识。众多国际化学校提供的课程体系多达 10 余种，公办学校国际部以 AP 课程为主，偏向美国居多；民办国际学校 IB 课程较多，世界通行；英国方向有 A-Level 课程，加拿大方向有 OSSD/BC 课程，澳大利亚方向有 WACE/VCE/SAM/HSC 课程，同时还有新加坡国际高中课程；等等。

从时间来讲，孩子早在小学阶段就可以进入国际教育了。不少北京的国际学校除了义务教育内容外，会在小学段用 IPC 课程体系做国际教育的补充，这是 IB 团队出来的一批人基于 IB 的小学段做了研发革新后创建的课程体系。

在我们与不少国际学校校长交流的过程中，他们也有共识，进入 IB 体系最好的时间是小学 3 年级和 5 年级。

那么选国际部，还是选国际学校？

公办学校国际部有两个绝对优势：生源有门槛，费用整体低。

生源有门槛，录取结果就有了基础保障，所以毕业生的录取数据整体好。公办校国际部整体学费在 12 万人民币 / 学年左右，比民办国际学校要低一些。此外，还有一个相对优势：管。公立体系对教学结果整体更"功利"，对学生管理相对严格。

以北京地区的十一学校国际部为例，虽然很有国际范儿，但对学生的学分管理相当严格，绝不是大家说的洋味儿十足，就什么都不管。洋味儿体现在人文关怀上，我们问为什么早申结果不好好使劲宣传一下？十一学校国际部老师说，不着急宣传，那些还在等待常规申请结果的孩子们心还悬着，现在就宣传了他们多难受。

同样被大家说管理不严的公立国际部，还有北大附中道尔顿学院。

但是真的不管吗？

面谈的时候一个家长提到这个问题，害怕孩子在学校总是玩手机。我们问北大附中道尔顿学院的老师，是真的不管学生在学校玩电子产品吗？老师轻描淡写地说："我们校规里写了，有屋顶的地方不能玩手机。孩子要是夏天不怕晒，冬天不怕冷，也不嫌站在院子正中间玩手机费劲，就去站着玩，我们确实不管。"

民办国际化学校有两个绝对优势：招生限制少，包容度高。民办国际化学校没有户籍门槛限制，对非京、非九类人很友好，也给京外优质生源提供了享受北京优质教育资源的机会。同时，包容度高，实现全人教育的可能。

那位十年前的学生面谈的时候说，自己当年留学是高考失利后赶紧学了托福仓促去的美国，和其他班上同学比，准备太不充分了，这是当年的遗憾。所以，虽然孩子现在还在上幼儿园，就坚定走国际教育路线，开始规划美国本科留学的路径。让孩子从小入读国际学校，是她的坚持。她希望孩子不怕尝试，不怕犯错，不怕竞争，希望孩子能发自内心地热爱和探索。

国际学校的包容还体现在 STREAM 理念。STREAM 比 STEM 多了 R 和 A，在科学（Science）、技术（Technology）、工程（Engineering）、数学（Mathematics）的基础上，增加了 Reading，即阅读写作等文学素养培养，以及 Arts，即艺术素养培养，综合提升竞争力。

对比国际学校鼎石 7 年级孩子的课程安排表和普通初中初一孩子的课程安排表，不同理念、不同体系的课程差别当下立见。民办国际学校的相对优势很明显——孩子更快乐。当然，学习好也很重要，别孩子快乐了，家长乐不起来了。

家长要选择，孩子自身的选择也很重要。

回到初二那节政治课，当时我还下定决心，实现教育公平的手段绝对不是通过当老师。为啥？这么辛苦的活儿，我可不愿意。我妈是英语老师，我爸是军人，常年不在家。幼儿园我最早去最晚回，全勤标兵。因为我妈学校晨读 7：20 开始，我幼儿园 7：30 开门，我妈这个英语老师是晨读主力，只能牺牲年幼无知的我了。放学也是，5：00 我放学，5：30 她下课，往往是等到海枯石烂还没人来接。

但在支教的日子里，我的想法改变了，因为早来晚走的不只是老师，还有全体同学。

回忆里清晨日暮的微光中，都是那些走很远的山路，怀里带着一个干馍馍当午饭，坐在小院子的角落里默默读书的小身影。所以，从那时起，我想做一个老师并愿意为之努力。

可是孩子们有那么多可供思考的时间和素材吗？如果不是他们自己选的，他们会有动力为之奋斗吗？

有位小朋友自己一个人来找我面谈。头一回在春节面谈中单独和15岁的初三孩子谈自己的人生大事，我倒是有点激动。我们讨论的议题围绕小升初、初升高、美本留学规划三个大的话题展开，也谈论了从现在到中考，国际部加试和校内成绩、学习时间怎么保持和平衡。孩子有想去的国际部，我们约定由他自己制作简历，我来批改，再模拟一下面试。1个小时的时间过得很快，临走我没有忍住，问他怎么自己来了，这么大的事情能决定吗？他说："我家第一志愿都听我的，但我爸是重要的辅助。大事儿上，我爸会根据经验来选择，大方向错不了，但是我知道他占比也就30%，剩下的70%得靠我自己的努力。我15岁了，马上成年，脑子里有一定的规划。这个选择只要适合我，我就愿意为它去坚守、去奋斗。只要我认定了，这个选择的结果就不会很差。"

小朋友走后，第二组家庭是妈妈带着闺女来的，我看填写的问题主要聚焦于国际部选择和托福学习，于是做了一定的准备。结果小姑娘一进门，主动要求先单独和我谈谈，要妈妈回避，在门口等一会儿。我俩单独谈话的这40分钟，妈妈在门口肯定想，女儿在屋里和这个老师到底说了啥？后来我和孩子妈妈说，我和你家姑娘是这么聊的："妈妈每一次唠叨的背后，其实都是在说，我爱你。"关于选择国际路线，姑娘和妈妈都是坚持的。但妈妈看到的是更大的世界和更多的可能，以及和孩子性格契合最好的选择。孩子认可这个选择，可额外看到的是更多的考试和更多的困难，以及爸妈期待背后潜在的失望。身还未动，恐惧和抗拒已先行。所以必须先把这个抗拒解决。

还有一次，一家三口过来面谈，爸妈都不说，让孩子自己说。我手里拿着孩子自己准备的简历，仔细回答他的各种问题。我想，这也是在培养孩子自己思考、自己负责的意识吧。

随着面谈的家庭越来越多，我也开始思考我姥爷、我妈、我和我女儿这四代人。

前两代是只有一种选择，下一代是多种选择。前两代累，是因为选择单一，就一条路，照死里干就行；下一代累，是累在选择，要努力去看见，选对了以后再干。作为承上启下的一代，为了女儿的美好明天，我先要选择，选择本身和选择以后还都要特别使劲，最惨。

让孩子做选择，是有风险的。孩子太好强，家长担心；完全不上进，家长也担心。

我女儿 Mia 4 岁多的时候，就已经经历了自己人生的第一次失眠。养孩子的都知道，晚上熊孩子睡着以后，自己才能为自己活着，其他大多数时间"生不如死"。这么说有点夸张，不过那天晚上她翻来覆去睡不着，也不是贪玩或一直缠着我说话，就是睡不着。我着急"做自己"，就实在忍不住有点凶，责备她怎么还不睡。她一下就哭了，问我："妈妈，我永远也跑不了第一名，怎么办？"

那一刻，世界是真的安静了，我回答不上来。心情在一秒中间经历了心疼、惊讶、好奇又有点好笑，却也大概猜想到幼儿园发生了什么。

我想了一下，然后和她进行了简单的对话。

"第一名是谁啊？"

"于同学。"

"于同学几岁呀，男孩还是女孩？"

"5岁了，男孩儿，是我最好的朋友。"

"你看，他比你大，又是个男孩儿，个子比你高，腿也比你长，他肯定比你跑得快呀，是不是？"

她的情绪有点缓和，我继续问："对了 Mia，你喜欢跑步吗？"

"特别喜欢！"

"跑步的时候你开心吗？"

"开心！"

"那如果你自己跑，你开心吗？"

"开心啊！"

"那你看，这么多小朋友一起和你跑，你应该更开心才对呀！"

这个时候她估计想到了跑步时风驰电掣的感觉，开心了一些。

我紧接着追了一个问题："你跑步的时候，于同学在你前面，那后面还有同学吗？"

"有好多呢！"

"你看，那不就得了！有人跑得快，有人跑得慢是很正常的，大家都开开心心在跑步，这就好了呀，大家都跑得高兴吗？"

"高兴，高兴！"

这个对话在高兴的结尾中告一段落，她也似懂非懂地被我的鸡汤灌睡着了，接下来失眠的却是我。

这段小插曲是我从家长视角看到的，当回归到我作为一名老师的视角的时候，折射出来的内容更多。两个视角重合后实际是两个问题：该不该让孩子拼？我们到底想要什么？

该不该让孩子拼

我们这一代是在"爱拼才会赢"的价值观下长大的，虽然不知道未来的价值观是什么，会不会躺平，但整体上应该说，"拼"这件事在道理上是可以被理解的，也是讲得通的。尤其做父母的，肯定希望孩子上进、拼搏。但是做父母的要想好：是做父母的要强，需要孩子的拼来证明自己，还是强权式的家长用讽刺、打压的方式胁迫孩子拼？甚至要求孩子在可能注定不擅长的领域去拼？就像逼迫五音不全的孩子去拼唱歌能力，是不是要求本身就不合理？

在语言培训行业，遇到孩子成绩波动或者出分遇到困难时，我们坚持认为孩子要在学习能力和认知能力上要始终保持拼搏，这两个能力是所有分数（超越托福本身）的根源。比如，我们很难想象一个学校里本身就名列前茅的学生托福考不过 80 分的情况。

除了语言本身之外，在学习能力和认知能力方面打下坚实基础以及不断提升，也是价值。这么说，是不是孩子没有必要去专门学习托福或者 SAT，提升这两个能力就行？也不是，要看在什么事情上较真，这里我讲三个同学的故事。

第一个故事。

李同学卡在 90 分这个坎来来回回好多次，每次影响分数的都是口语和写作。他下定决心狠心拼搏，跟读、背诵、限时模考、批改等等各种方法都用尽了，但始终不见提升。有一次甚至由于太想证明自己，导致考场心态崩溃，写作掉出了 20 分的底线。从托福 50 多分一路上来，阅读从十几分到差 1 分满分，眼看后两项还是不温不火，拼来拼去到底拼出什么结果呢？

我们仔细听了听这位同学的口语答题录音，看了看托福独立写作文章，发现问题出在逻辑能力。阐述论点的时候，重要的考查项是 development（展开），说白了就是怎么说服他人自己的观点是正确的，是不是有做到有理有据。

这个时候是不是要怪孩子，让他拼命去补逻辑？好像这件事情本身在逻辑上就不太说得通。通过深入了解，我们发现李同学热爱艺术，尤其是油画，有着惊人的直觉和联想能力，也常常可以发现生活中细微之处。不知道这和缜密的逻辑思维是不是冲突，但至少李同学或许不能在 7 天的时间内通过练习拼搏，来改善逻辑论证能力。那么，怎么拼？拼多久？家长如何才能帮助孩子拼？这三个才是关键问题。

第二个故事。

万同学又高又帅，待人接物灵活又成熟，非常招人喜欢，唯一头疼的就是托福分数上不去，原因也很简单，就是在学习上习惯于"投机取巧"。万妈妈说："我儿子我知道，学习真是不行。聪明确实聪明，但就是太聪明了才学不好。"

聪明体现在学习上，就是他会找最简便的方法学习，罚抄都要找最快速的办法写完，有时候想的"歪招儿"都能把老师气笑了。这种"聪明"还体现在背单词永远为了随堂测及格而背诵，能过关就万事大吉，数学的概率问题这个时候倒是能用上不少。

但是要说讨厌万同学，是万万不可能的，他从各个角度都是个万人迷：记得同学的生日，也记得给嗓子沙哑的老师买热饮，还记得提醒老师晚课回家路上注意安全……万妈妈告诉我们，她对儿子的情商很满意，知道未来在社会上不会吃亏，但是万妈妈更知道："从我儿子目前的英语情况看，不和别的孩子比，他本身也肯定不是动辄 100+ 的料。但是语言要有基本保障，出国才不吃亏。就当为了校正他的学习能力和学习态度，逼一下也是必要的。"我们一起商量后，决定拼三点：一拼单词，二拼阅读逐句翻译，三拼听力逐词听写。

这三件事几乎占据了万同学从早上 6 点到晚上 12 点的每个时间段，详细到做什么任务，怎么做，万妈妈都按照老师要求整理好了，也列出来什么时间老师管，什么时间学习顾问管，什么时间下课回家妈妈管。按照分工，早晚是妈妈的任务时间，主要负责单词的听写，一本书妈妈计算好每天考多少，听力单词就问我们要音频给万同学放。就这样坚持一段时间后，阅读和听力分数蹭蹭上涨。最近一次见面，看见一个月前给妈妈的一本厚厚的内部词汇讲义，不夸张地说已经快被翻烂了，我们心里满是尊重和敬佩。

少不更事时，想逃避的时候很多，理由更多，这时候父母要站出来要求拼，并且选择合适的路径和方法，陪伴孩子一起拼，或许更好。

要相信，学习很难让孩子快乐，但是具备良好的学习能力和学习态度，会让未来的人生更快乐。

第三个故事。

孟同学是个不折不扣的学霸，说他在过往成绩和成就上轻轻松松秒杀99.9% 的同学都不夸张。对他来说，准备出国也不是难事，10 个月就足以完成别人 30 个月完成的考试规划和目标。最终选择美国学校的时候，他的目标是全美排名前 20 的高校。实话说，我当时觉得他还应该拼一下更高的，他却轻轻松松地说，前 50 就可以，不用顶级。

我在这个行业十年，确实少见态度如此云淡风轻的孩子，于是我们决定问问原因。他说："我想做自己喜欢并且擅长的事情，一个永远充满激烈竞争勇夺第一的环境，或许会让我忘记初心，忘记为什么选择出国、选择这个专业。现在可能学校一般，但是我会拥有更平和的心态，可以更专注的做喜欢的实验，也说不定意味着更多的资源呢。"

这和一路走来我们认识的孟同学很不同，他一直是学霸代表，自律、勤奋、聪慧、坚毅等美好的词汇都可以用来形容他。我记得唯一困扰他的科目——托福口语，他知道自己吃亏在发音，他就一遍一遍录，一遍一遍听自己的问题，反复校对，硬生生一遍一遍刷过了 26。

在过程上这么拼，对结果却如此佛，我们问他的妈妈是什么原因。妈妈很平淡地说："他想得很清楚，那就不逼他拼，适合他就好。"

我们谁都无法判断对错好坏，每一个选择都意味着不同的人生道路，拼不拼或许需要在不同情境下判断。与其一味要求孩子拼，不如让孩子在擅长的领域保持领先，在不擅长的领域始终保持好奇和探索。

我们到底想要什么

除了该不该让孩子拼外，另一个问题是我们到底想要什么。

如果这个"我们"指代的是老师，那可以明确地说，我们想要孩子获得更好的成绩。就像幼儿园老师会鼓励 Mia 去努力跑得更快、跳得更好、唱得更棒、弹得更顺一样，这是本职工作，没有一个老师不希望孩子更好。

如果这个"我们"指代的是父母，问题倒是比较复杂。我是 Mia 的妈妈，在这个身份上，我的焦虑从来没有减少过，担心数学起步晚，担心英语跟不上，担心钢琴课进度慢，担心滑冰学不会，还担心她和小朋友们相处的时候能不能处理好关系。因此总想着处处让她更好，处处都全面武装，反倒是出现过不少可当成育儿反面教材的典型举动。

被失眠的 Mia 问了那样一个问题，让我突然想到对那些为了分数、结果、梦校而纠结、痛苦、矛盾的学生父母们说过的话，也想了想自己作为父母的行为，确实有理解也有反思。所以做父母的，每当我们想让孩子再拼一下的时候，我们都没有错，唯愿我们始终坚信一点：或许，这个世界上，没有什么比孩子的笑容更可爱、更可贵。

🗺 被顶级国际部录取的家庭共性与建议

每年很多家长都对择校及规划非常关注，因此我们分别邀请了申请到芝加哥大学的人大附中 ICC 的杨同学、申请到埃默里大学的十一学校国际部的余同学、申请到美国藤校宾夕法尼亚大学沃顿商学院的北京四中国际校区的高同学、申请到美国TOP15范德堡大学的实验中学国际部的徐同学，以及他们的家长，分享以下4方面内容：

1. 如何选择并成功入读顶级国际部；

2. 国际部的就读感受；

3. 如何合理安排3年高中生活；

4. 如何成功申请美国顶级学校。

和这些家庭交流本身就是学习的过程，我发现了4点共性，分享给更多准备选择国际教育路线，尤其对标顶级国际部和世界名校的家庭。

共性一：四早规划

第一早，英语学习早。余同学4岁开始上外教课，小学学习剑桥体系KET、PET，初一考PET和FCE，高一进入新东方美本精英计划，托福首考93分，高一下学期二考107分，最终以托福115分的成绩申请到美国埃默里大学。杨同学初二决定选择国际道路，暑假就在学习新初三托福全程班，初三上学期托福首考102分。进入美本精英计划后，高一上学期托福109分，最终以116分的成绩申请到芝加哥大学。

第二早，高中入读准备早。正式入读学校之前，他们对未来的课程设置和社团情况等提前做了充分的了解，这样在面对完全不同的国际教育体系和让人眼花缭乱的丰富活动时，不至于束手无策。

第三早，美本留学规划早。关于高中三年学习的规划，最晚初三就要开始。四中国际校区高同学的妈妈回想起三年前为孩子择校的时候说："初三的时候我听了好多新东方的讲座，我印象比较深的就是谢强老师讲的规划标准化考试的好几个方案，比如说提早是哪个方案，正常是什么样的方案，要是前几次没有考好，后边怎么样才能补救。所以那个讲座让我对高中三年有了一个整体计划，也给了很多建议。"

实验中学国际部徐同学表示，对现在的美本申请，高中的重点已经不是托福，而是AP/SAT2。他最遗憾的是AP和SAT2的准备期撞车，如果更早重视，或许结果更圆满。

第四早，活动安排早。四中国际校区高同学直播中随便列举了自己一些高中的活动："我参加了，其实也是创始了第一届的网球比赛""参加了桥牌社，担任了社长""我与对物理有兴趣的同学创建了一个物理教育社团""机器人社团，我担任社长""还有一些创客类型的，比如我做了一个把时间划分成一个一个小的碎片，相当于一个股票市场，让大家一起交易，这是体现学科学习过程中你能产生的新想法"。

实验中学国际部高同学说："我分享的美本申请经验是感兴趣的事情要早做，不管你定没定专业，你肯定有一些非常感兴趣的事情，有些事情做下去就是好的。管乐团我从初中开始就加入了，初中三年、高中两年半；戏剧从高一的微电影就开始参与，一直到之后的第一代《茶馆》、第二代《茶馆》，我们现在《茶馆》封箱了，基本上也是坚持了三年。"

共性二：坚定选择

这些家庭很早就明确了留学的道路。

十一学校国际部余同学的妈妈回忆说："本部是先保送她的，十一学校国际部是后录取的。我们当时也是面临着这样一个选择，在本部还是去国际部。她爸爸是希望她留在本部，但她自己强烈要求去国际部，她就想出国，可能从小就这么想清楚了。她觉得新东西、挑战、美国的本科教育值得自己去努力付出一次，我就尊重并坚定地支持她。"

人大附中 ICC 的杨同学是在初二的时候突然跟妈妈说："我想出国读书。"

妈妈问："你要做很多准备，你想好了吗，这是你想要的吗？"

她说："这是我想要的，这是我想努力的方向，我想出国学经济，经济学科最好的应该是在美国。"

"那好，我们帮你出国读大学。"妈妈讲到这一段，满脸自豪和幸福。四年后，杨同学圆梦入读芝加哥大学意向经济方向专业。

共性三：重视匹配

几乎所有同学谈到自己的两次择校经历，都提到了"匹配"，没有完美的自己，也没有完美的学校。

人大附中 ICC 的杨同学在分享中说："不管升国际部还是大学，不是要你完美，只是让你合适。"四中国际校区的高同学成功申请藤校宾夕法尼亚大学后也多次提到："我觉得正是这样匹配的过程，让我可以被录取到这个项目。"

杨同学在人大附中 ICC 和十一学校国际部之间选择的决策因素是氛围和平台，她说："当时到海淀黄庄参加活动，感觉教育氛围很好，背靠很多资源和活动。因为我自己没有很多的个人资源，所以需要有一个大的平台。"

徐同学在实验中学国际部和北京四中国际校区之间的决策因素是氛围和同学。除了自由的学校氛围外，促使他最终决定去实验中学国际部的，是发生在面试的才艺展示环节的一件小事。在面试前练习萨克斯时，一位吹长号的实验中学初中部同学走过来说："同学你吹得真好，如果来实验中学国际部请务必要加入管乐团。"为了这些志同道合的同学，也为了遵守与这个同学的约定，徐同学决定抓住机会，入读实验中学国际部。

十一学校国际部的余同学情况略有不同，她初中也在十一学校就读。手持人大附中 ICC 的无条件录取和十一学校国际部的橄榄枝，余同学选择留在母校，这里前卫的氛围、80% 外教授课、极贴近美国大学的授课风格，以及"吃的快乐、穿的快乐、待的快乐"的高端硬件条件，都是她留下的原因。

高同学就读于北京四中国际校区，妈妈在开放日的时候根据孩子的特点看三个水平：管理水平、师资水平和同学水平。同时，人数少意味着师生比高，优秀的学长学姐及校友资源、批判式思维培养的教学风格和地处复兴门便利的地理位置，也构成了高同学最终选择四中的原因。尤其是开放日上听了美国历史外教老师的课程后，他说："不仅是教那些历史知识，还会激发一些讨论，这是比较新颖的模式。"高同学也在这种"培养我们建立自己的立场，去质疑他的立场"的氛围中，提升了思辨能力。

共性四：同辈压力，亲子共担

进顶级国际部，当然有压力，因此需要的不仅仅是孩子的勇气，也需要家庭的支持。

首先是尊重。每一组家庭的直播分享中，我们都能看到这点。人大附中 ICC 杨同学的妈妈提出了八字真言：肯定、欣赏、赞美、认可。也给出了自己的沟通原则：一致性表达、对事不对人、不做人格攻击。谢强老师谈到，自己学到的一点是："以前更强调怎么奋斗，你要去竞争。但我们这个年龄，就像看不懂孩子们说的'咸鱼'与'菜鸟'一样，很难设身处地地想到孩子痛苦的地方。"

其次是行动。家长最大的支持就是和孩子一起行动。有一次直播讲座见到十一学校国际部的余同学的时候，我吓了一跳，因为她比上次见面时瘦了好多。我问，疫情期间待在家里，怎么还瘦了呢？余同学妈妈乐得不行，说孩子要减肥。"她想做，我就支持，能陪就陪着一起。"闺女和妈妈就一起研究食谱、每天锻炼，孩子瘦了 20 斤，妈妈也瘦了 10 多斤。

说起三年的经历和感受，每个孩子都说，再来一次，我还是选择国际部，还是选择这个学校。国际部给他们带去的东西很多，在这里，他们"在感兴趣的领域，把学术能力发挥到最好"，也感叹或许"如果待在本部，我可能会把学习视作申请学校的所有"，同时学会了"主动争取和利用平台里的资源"。

十年前留学孩子们的情况如何

我 2009 年进入留学行业，十多年后的今天，我想知道当年那些选择留学的学生们过得好不好，留学到底给他们带去了什么变化，是好是坏？尤其疫情当下，各种声音甚嚣尘上，不少家长开始思考：要不要留学，留学到底给孩子带来了什么？

和择校群的一位初三家长沟通，这位妈妈说："这个时间，我们焦虑又痛苦，你们给一些观点和建议吧！"于是，从 2022 年年初我就开始陆续访谈自己十年前的学生。希望通过呈现一些客观真实的声音和现状，给正在留学起跑线上的家长们一些启发。从这些感受和经历中，结合自己孩子和家庭的情况，做出适合的决策。

总体来说，之前选择留在国外的人更多，而现在则是回国的更多。这一方面是由于我们国家的强大，就业机会变得更多；另一方面也是因为两种选择都有利弊，越来越多的家长考虑让孩子回来留在身边，孩子能少吃点苦。一般来说，越早出去的，回国就业越难适应；越晚出去的，归国可能性越大。

本文整理的分别是选择留美的 Irina/Jimmy 同学和归国创业的闫木同学两组故事。

Irina 和 Jimmy 的故事

2010 年他们高二，在同一个班备战留学考试。后来两人一起去美国读大学，目前定居美国，结合成幸福美满的家庭，有了一个两岁的宝宝。女生叫 Irina，男生叫 Jimmy，现居美国弗吉尼亚州费尔法斯克县。我们共讨论了关于留学的 13 个问题。

问题 1：十年前，为什么出国留学？

女生：最主要是因为在国内成绩不是很好，老师很看重成绩，无论自己怎么努力，如果达不到老师的要求，就会很自卑，负面情绪很多。初三的时候，妈妈就意识到我压抑的情绪过于强烈，已经影响到自信，所以就选择让我出国读大学，希望在不同的环境和体制下能更加适应。

问题 2：现在看，留学带给你们什么？

女生：心态上，可以让一个人成长得更快，想得会更多以及会成熟。因为在国外，是好是坏只能靠自己，父母最多就是经济上的支持，其他帮不了。刚开始，有很多语言环境需要适应。我本科的专业是 marketing（市场营销），一个班只有自己一个中国人，几乎每天每门课都需要做 presentation（展示）。我英语不算好，所以压力很大，经常一哭就是两个小时。也和教授提出过转专业，但是教授一直鼓励我，说并没有觉得问题很大，也不觉得我的英文很不好。他（一个很老的老头）不是单纯地为我加油，跟我说你很棒，你一定可以考好，而是给了我很实际的帮助，帮我补课，说再讲一遍课上的东西也没有关系，只要你愿意学，老师就愿意帮助你。后面发现，几乎所有老师都是这样的。批改论文的时候，连逗号、句号都会帮着改。这种情况，不是简单要加油的问题了，是大家都在帮你，你要努力。这个情况下产生的自信，不是虚假的语言上的"我相信我可以"，而是身体力行之后，真的觉得我能行。

问题 3：但是国内老师（比如我自己）也都在帮你，为什么美国老师对你的改变这么大？

女生：因为更相信我吧。记得在我最后一次考托福前，我特别用功，但是我的室友告诉我，大家其实从内心觉得我不可以，可能不是读书的料。甚至有一位老师也和同学私下说，Irina 这次可能还是考不好。这种来自各方面的声音现在想起来都会让我想哭。在异国他乡求学的过程对我其实很难，但是我就是想告诉大家，我是可以读书的，我也是可以学习好的。

问题 4：这是什么原因呢？是教育体制的不同吗？

两人：不完全是。一方面，在国外很少有人可以帮你，在国内可以想的办法太多，退路太多了；另一方面，在国外会更关注自己的进步。在国内，总是感觉要和别人隐隐地比较，才能看出自己的进步，自己的进步如果没有别人大，就感觉受挫，环境上稍微有一些压迫感。

问题 5：出国这个选择，是好是坏呢？

两人：是好的，一直都觉得是好的。从个人感受和爸妈感受来看，都觉得这是最棒的决定。出国以后虽然也经历了许多难关，但变成了更好的自己。

问题 6：为什么选择留下？

女生：其实很纠结，在这里看似很稳定，实际上各种问题都有。我毕业就开始工作，OPT 只有一年，尝试抽 H-1B 工作签证①，没有抽中。男生在读研究生，于是结婚办了 F2 陪读签证②。当时原定大学毕业后就回国，但是中途发生了一件事情。一回国，发现自己难以融入国内朋友的圈子了，感觉大家对留学回来的同学不是很友善，抱有一定偏见，于是我决定继续赴美读研。中间也很不顺利，想过放弃，做了回国的准备，也是这个时候选择生宝宝。

问题 7：面对这种对留学生的态度，你怎么想？

两人：可以理解，但内心觉得无所谓了。我们比任何人都懂一个道理，

① H-1B 的英文全称为 H-1B visa，是美国最主要的工作签证类别，发放给美国公司雇佣的外国籍具有专业技能的员工，属于非移民签证的一种。
② F-2 签证，又称陪读签证，是美国颁发给 F-1 签证获得者（一般是全日制学习的学生）的配偶及未成年子女的一种签证。该签证有效期为 12 个月，入境次数为多次。

就是 don't judge（不评判）。但凡出国的，基本都明白这个道理。翻翻朋友圈，八卦别人生活的事情，我们很少做了，专注自己的生活和家庭的未来，更重要。

问题 8：未来还可能会回来吗？

女生：我还是想回国的，但是男生不一定，因为很稳定。男生的专业是投资，年薪一般，也就 7 万~8 万美元，但是上升空间很大，他也喜欢这个工作。如果在亚马逊，基本上年薪 10 万美元左右。工作签证是 6 年，在这个期间可以申请绿卡，如果在申请绿卡的过程中就可以一直等着。

问题 9：什么样的孩子适合留学？

男生：美国大学本科没有固定的同学，也没有固定的教授，研究生就比较固定。现在看，有的人留下，有的人回国了，从这里也可以看出来哪些人不适合留学：完全管不住自己的孩子，留学要考虑一下，因为国外环境自由，不管住自己的话很容易玩。如果不用心学习，后面找工作还会受到一些影响。

问题 10：现在看，在美国这十年最难忘的是什么？

男生：最难忘的是找工作的过程。因为读书期间没有太多感触，对于分数我没有太多诉求，努力学习有个值得的成绩就好。但是找工作真的不一样，没有任何人帮助，纯粹靠自己。我是很内向的一个人，不爱说话。但是找工作过程中，需要不断说话，"推销"自己，也没有任何可以去咨询或者搭把手的人，这对我是很大的挑战和突破。

女生：对我来说，是研究生毕业的那一刻，因为读书生涯正式结束了。我为学习付出的太多了，这是我一辈子的努力，这是我拿到的对应的、值得的一个结果。从 6 岁到 18 岁这 12 年，其实是用了后面整整 7 年的时间去弥补，让自己在学习这件事情上变得自信，告诉自己：原来我也可以。

问题 11：疫情期间，有什么压力？

女生：其实我们居住的社区没有太大的问题，但是家人会从国内不断打电话关心询问，这也可以理解。也有身边朋友问，裁员怎么办？其实也还好，首先应该不会，其次心态上比较稳定，如果真的不能留下，就算了。

问题12：这种不能融入，给你们带来困难了吗？

两人：没有。我们喜欢自己有自己的舒适区，不管别人的事，也不需要别人管我们的事情。外国人的派对是纯娱乐性的，没有什么目的或者帮派，就是玩。国内对于关系看得比较重，如果今天玩了，明天不玩了，好像就有嫌隙一样。所以融入不融入，其实不重要，人际关系层面没有太大的负担。

问题13：宝宝2岁了，会选择一直在美国读书吗？

两人：不一定，一切看孩子的情况和意愿，也可能选择回国读书。因为从本质上来说，我们并没有觉得某个教育体制好或者不好，或者谁更好，就是看是不是适应。有的孩子适应竞争，就应该在中国读书，结果也会很棒，要看孩子的抗压性。

访谈结束后，我翻出了十年前由于某种契机这两位同学给我写过的信，这两封信我一直保留到现在。再看这两封落款2010年12月30日的信，可以看到一个有点自卑的女孩和一个有点自闭的男孩，整整7页，字里行间都是小朋友们的害怕和迷茫。

谈话过程中，我最没有想到的是关于是否让孩子留在美国读书的问题。原以为答案一定是：当然。毕竟两人在美国10年了，也较为稳定，没想到回复是"看孩子的意愿和情况"。国内的教育或许让当初的Irina很难适应，但她并没有因此全盘否定，而是客观地去评价和看待，并尊重孩子未来的选择。Jimmy信里写到关于"说话"的恐惧，也再次印证了留学10年后，能够变成一个不断挑战自己、克服自身短板的勇敢者，是他最难忘的事件。

如今他们都长大了，不管是否留学，他们也到了足够成熟的年龄，我很高兴听到他们自信、快乐的声音，更高兴看到一家三口温暖的合照，听到宝宝咿咿呀呀的声音。

留学带来了什么，以及改变了什么，以上两位同学的故事中或许有答案。

闫木的故事

我和闫木的谈话时长远超预期，因为很多问题回答起来比较复杂。他现在也是公司老板了，我经常笑话他忙起来了不得，资产怕是要过亿才满意。

闫木十年前在当时我们一个类似国际学校的项目读书，周一到周五全寄宿，周末回家。而我当时周末是新东方大班老师，教授各种留学课程，奔波于各个校区之间，但周中就为这个项目几个班的孩子服务。我的本职工作是托福老师及班主任，兼职心理按摩师，遇到特殊情况，还要在周末收留和家里闹矛盾的青春期少男少女们。

这种甚至超越了公立学校的亲密师生关系，让我今天再看十年后留学回国打拼的闫木，以及他的思想变化和态度变化，有了更加多元的触动和更深层次的感慨。

留学是好是坏，到底改变了什么？留学后选择回国打拼，他后悔了吗？以下是他的故事和访谈实录，文中的我均为闫木同学。

我那个年代出国的人，好像身上带着三个标签：学习差、家里有钱、能走就行。这我不能否认。因为你问我为什么出国，就是高一时就觉得国内高考肯定考不好，也不想考了。姐姐当时去的英国，家里就让我去美国。留学美国几年读下来，费用在那个时候算是不小的开支，所以家庭条件肯定也不能说不好。只是家里经商，资金的波动很大，也并不是一帆风顺的。

去美国留学，我读的是俄亥俄州立大学，是后来转学进去的。因为到了美国以后，就希望去更好的学校，于是考了更高的托福分数，转学进的俄亥俄州立大学。所以关于最后一个标签"能走就行"，这个倒是不一定，留学生也是有目标的，都希望自己更好。

从现在看，去美国留学带来的变化已经不仅仅是留学自身了，毕竟读书也只是生活的一部分。比起在美国期间经历的一切，读书本身带来的改变都不算什么。每当被问到"去美国留学是不是更好？"这个问题，都不知道怎么回答。因为没有经历中国的大学，就不好说两者怎么比较，所以谈不上"更"好。只能说，出去留学这个事情本身，让人生的广度和深度都得到了拓展。

为什么说都得到了拓展？因为除了结婚生子以外，人生你能想到的事情，我都自己一个人独立选择、经历和承担了。多高兴、多难受、多意外，都经历过，知道什么是好，知道什么是坏。用通俗的话说，就是看过这个世界了。没有留学的时候觉得什么事儿都是个事儿，现在觉得什么事儿都不是事儿了。和同龄人相比，能独立承担的很多。

算上转学的时间，我一共在美国读书五年。刚去的时候，新鲜和好奇很容易让我们陷入虚荣，年轻叛逆的时候很容易这样。尤其是一出国，基础生活上的消费贵了一些，比如食物；但是一些奢侈品、车，甚至房子等和国内一比，就没那么贵，一下就消费升级了。以前不敢想的东西也能随便买，家里人好像在这方面也比较放松。这么看，自制力特别不好的孩子，如果又在门槛极低或者没有门槛的大学就读，相对更容易迷失。

回看我留学的几年，从没有"委曲求全"。这里对于"做自己喜欢的事情"非常鼓励，因为这是你自己的人生。教育上强调兴趣导向，如果想转专业随时可以转，整体舆论也支持，任何时候都不需要对自己的选择做过多的解释。从这个角度说，教育的出发点（兴趣和应试）还是不太一样的。

回国以后，我有三方面的感受。

一是舆论的描述也不完全对。我从印第安纳州到俄亥俄州，都没有觉得枪支、毒品或者各种犯罪到了传言里描述的那么可怕的境地。歧视或许有，但是普通民众整体友好，至少我没有感觉到自己明显被排挤或者被不公平对待。但是你说"坏人"有没有？肯定有，无论哪儿都有的。如今疫情期间，美国的情况怎么样，我人不在美国，不好评价。

二是回来晚了。从机遇来说，国内的机遇是很好的，当初如果早点决定一毕业就马上回来创业，甚至更早就开始着手准备，可能会更好。其实出国不意味着就一直要留在国外，要看社会的发展和变化。在国外学习的东西以及学会的经验，回来很好用，就是人情世故方面要重新琢磨，会有一个适应的过程。

三是教育升级。过去我们是"去美国留学"，现在的孩子们是"去美国读名校"，或者"爬藤"了。过去讲究这个事情做没做，现在是追求这个事情做没做好。这肯定不一样了，结果也肯定是更好的。

现在在北京打拼，也不容易。王梅老师说我是老板，那是嘲笑我。留学生的身份没有让创业变得更加容易，只能说心态更好。今年的某一个时刻，我突然觉得自己身上留学带来的东西快没有了：我开始焦虑要在北京买房了。刚回国那段时间从来没有这种想法，一门心思想的是要好好拼一番事业。听同龄人说为了房子、车子的各种纠结和痛苦，感觉挺有意思的。如今摸爬滚打下来，第一次动了要买房的念头，这就是一种改变和妥协吧。

我留学的时候，美国总统是奥巴马，突破边界的故事不少。而后来的时代，包括特朗普当政的年代，我没有经历，没法评价。但是对教育的影响不大，这么长时间美国积淀下来的精神和文化是不会轻易被改变的。

说起来，我回忆读书时候印象最深刻的故事，就是在星巴克 drive through（一种免下车取外卖服务）点咖啡的时候，前车的老爷爷老奶奶把我们的单一并买了，仅仅或许因为天气很好。这种小事情点点滴滴时不时发生，不仅仅是我会遇到，而是一种常态。在陌生国度感受到人和人之间有这样的温暖，挺好的，回忆起来的高光时刻都是处于这样的文化氛围。

总的来说，在独立生存的环境里经历的一切，对我是一种塑造。通过各种事情，逐渐形成的三观很重要，甚至比读书更重要。这段经历让我学会，如果设立了目标，就要不断尝试各种方法去达成，总是可以做到的。

在现在的工作里，无论遇到什么问题，我都不会觉得需要依赖他人，变着花儿地想招儿，自己努力面对和解决就可以，反正总能过去的。

五年美国留学的经历加上四年多回国创业打拼的经历，他已经不是当初我班上那个调皮捣乱、总被单独留下背单词的小男孩儿了。和他谈话，时而看到单纯的梦想，时而看到成熟的思想，时而看到属于三十而立的纠结，但无论哪个，都是独属于他的人格。

闫木说，一有机会就想回美国看看，不是崇洋媚外，是和大家毕业以后还是想回母校看看的心情一样。如果可以，还希望继续回美国读博士，不过自己也知道就是说说而已。他说，独立人格是一个很虚的话，但是留学让他感受到了这四个字的力量。

人格不独立，就容易被左右、被影响，就无法坚持自己想坚持的东西的。

真诚地祝他一切顺利。

留学面谈笔记四：不能缺位的父母

文 / 高文成

我经历的大部分面谈都是由妈妈陪孩子参加的。一组家庭，一组画像，她们都是留学家庭的缩影。

有一次面谈，妈妈和女儿提前半小时到了校区。根据面谈的资料，母亲对孩子的学习主动性和大学专业选择有一些疑问。这似乎是两个毫无关系的问题。

面谈开始时，我让这个学生从三方面做高一上学期回顾：校内学习、标准化考试和课外活动。学生的介绍让我觉得她对学习缺乏计划性：碰到感兴趣的校内课程，如国际部外方的课程，她的排名能进入班级前 20%；碰到不喜欢的学科，如中方课程和 AP 化学课程，她会通过向外归因来解释。

母亲在一旁表现出欲言又止的表情，实在忍不住时，她会借机点出女儿学习中的不足。同时，她又不时地为女儿打圆场，肯定女儿学习过程中的进步："其实，她初二那会儿的成绩很不错，年级 600 多人，她能考到 100 名左右。但是，因为疫情，初三下半个学期改线上授课，她的学习效率的确受到了影响。现在慢慢恢复了一些，但是总觉得进步有些慢。"

但似乎女儿并不领情："我主张的事情，我妈大部分情况下都反对。答应好的事情也总是反悔。"

母亲则欲言又止，忍不住的时候便提到一些过往沟通的瞬间。

后来我明白了。母亲之所以关注学习主动性和大学专业选择这两个看上去不相关的问题，是因为近期家里对女儿的专业选择出现了分歧。这种分歧让女儿觉得自己的决定没有被大人们理解，这也导致其在学习上参与度降低，并使家长产生了"如何激发孩子内驱力"的疑问。

在我眼里，这对母女之间缺乏平等对话的契机。当女儿对专业的选择与父母观点有出入时，家长会忽视女儿的决定。女儿则因为在学习上没有选择权，更多的是被动配合。时间久了，在女儿眼中，学习变成了父母强加的使命，自然就丧失了内驱力。倘若彼此之间能够形成契约关系，母女双方明确各自的权利与义务，眼前的困境就能打破。

孩子对爸妈的诉求是什么？为了此项诉求，孩子愿意履行哪些义务？倘若未完成，孩子愿意承担哪些责任？

每个阶段的学习目标都是一个履行契约的过程。倘若学生履约成功，双方皆大欢喜；倘若学生违约，家长也能对学生做出必要的约束。家长与其反对学生的选择，不如观察其为了选择愿意做出多大的改变。这既能照顾学生的感受，也能提升其在学习中的内驱力。至少可以减少双方无休止的争论所造成的消耗。

还有一次面谈，来的是一位 9 年级孩子的妈妈。因为孩子上课，妈妈独自一人参加面谈。家长进办公室后很客气地介绍了孩子的基本情况：小学 5 年级升 6 年级时转入国际学校；校内成绩中等；春节前参加过某校举办的招生面试，英文面试适应度高，沟通顺畅，未出现紧张的情况；数理化成绩不突出。

这是很典型的国际学校学生的画像：性格开朗、和国际教育的融合度高、数理化基础不牢固。现在父母考虑到国际学校的教学和外教沟通问题，想将孩子转回公立校国际部。但是妈妈又担心孩子因为理科成绩不好，进入国际部之后，是否会产生学习压力过大的情况。

　　"家长眼中学生的压力来源于学习，而学生眼中的压力来源于社交。"我说道。对大部分学生而言，社交需求大于学习需求。国际部择校的核心，是选择一个合适的高中成长环境：在这里，他愿意和身边的同学通过合作去解决课内、课外问题；在这里，他善于借助学校的各项设施去提升自己的能力，参加有自身特点的活动。

　　压力常有，寻找缓解压力方法的过程，是孩子适应、融入国际部的过程，也就是"我为什么选择这个学校"最有意义的回答。

　　所以，无论眼前的问题多么两难，换一个环境，都是要十分慎重的。

　　那天，我面谈的另外一组家庭，孩子也是处于 9 年级，妈妈和儿子都很健谈。之前在顺义校区参加讲座时，我和他们有过一面之缘。孩子学习成绩不错，9 年级便取得了托福接近 110 分的成绩。学生在寒假期间参加了美国数学竞赛 AMC10 的比赛。因为是第一次参加竞赛，所以他在考场上的发挥和想象中有差距。

　　我也帮他搜索了一些比赛的答题数据，便于他更好地准备第二年的比赛。此外，家长提到了她对儿子的留学规划：寒假之后开始 SAT 的学习，并在 10 年级参加首次 SAT 的考试。"我们争取 10 年级基本解决标准化考试，这方面我对儿子有信心。11 年级的时间主要是留给校内 IB 课程的补习。因为听上一届的学生讲，进入 11 年级后学习会特别忙。所以，我们想在 9—10 年级多准备数学、物理和经济的竞赛。"

　　家长的规划在我看来很合理：标准化考试、校内课程、活动和竞赛的安排面面俱到。这是一位非常活跃的妈妈，我的很多同事都认识她。为了帮助孩子更好地准备出国留学，她经常在校内的年级群里张罗各种活动和课程。其他家长也纷纷响应了她的号召，踊跃地参与到各类线下活动或课程中。临近结束时，这位家长说："我们按照英国大学的学术标准准备硬实力，按照校内提供的课外活动丰富软实力。"

这个总结让我佩服这位家长在留学规划上为孩子所做的功课。

还有些家长担心的是如何选择国际部的课程。

比如有一次面谈，孩子妈妈第一个抛出的问题就是：从初中进入国际部后，到底是美国 AP 课程适合，还是英国 A-Level 课程更适合？

A-Level 课程总受到北京家长的"质疑"，不少家长认为 A-Level 课程的学生水平不高，其难度不如 AP 课程。但根据三大课程体系的满分率统计，A-Level 课程的物理、经济学难度高于 AP/IB 的对等科目（物理满分率 A-Level 15%、IB 20%、AP 35%；经济学满分率 A-Level 10%、IB 14%、AP 20%）。事实上，A-Level 课程要求学生在两年的时间内聚焦 3~4 门课程，其对单门课程的考查深度远高于 AP 和 IB，这体现了 A-Level 课程的设计初衷：深度学习。因此，倘若学生在 9 年级时便有了明确的学科方向，A-Level 课程是不错的选择。

AP 课程是北京最受欢迎的国际课程，主要原因是 AP 课程的灵活性较高。AP 课程的学习时间为一年，每年学生都可以选择不同的课程，如高一选择 AP 物理 1，高二选择 AP 微观经济。这种学时要求低于 A-Level 或 IB，这降低了 AP 课程内容的难度。同时，AP 选课自由度高于 A-Level 和 IB。如果学生在某一门 AP 科目上表现不佳，她可在下学期选择新的 AP 科目。这与 A-Level 或 IB 课程中，学生需要在一门课血战到底不同。综上所述，AP 课程的灵活选课更适合没有明确学科方向的同学。

IB 课程相对来说比较"高冷"。和 AP/A-Level 课程不同，IB 高中阶段的 DP 课程按照严格的"6+3"模式进行。"6"是 6 门基础学科，分别是母语研究、外语习得、科学、社科、数学和艺术。"3"是指 3 门核心课，分别是创新活动和服务、拓展论文和知识论。其强调能力均衡和课程融合。能力均衡是指不同的学术方向都需要学生有所涉猎，在学科全面性上对学生有更高的要求。课程融合则打破了学科间的壁垒，从解决实际问题出发，整合各学科知识。因此，IB 课程更像是一门没有标准答案的课程。

通过以上分析我们可以得出结论，专业确定的同学，首选 A-Level；专业不确定的同学，首选 AP；希望尝试探究式学习的同学，首选 IB。

除了对国际课程的疑惑，还有的家庭纠结于学校的选择。

有一位刚通过了国际学校入学考试的 5 年级孩子，他的妈妈坚持小学毕业之后再转入国际学校。这和我的观点不谋而合。小学阶段的学习侧重于学习习惯的培养，体制内小学的规范性教学能够在一定程度上帮助学生固化良好的学习习惯，国际学校则擅长启发式学习。通过项目制学习、课堂研讨的形式，学生能够更加主动地获取知识。这对学生的主动性有更高的要求。

那么孩子转轨进入国际学校后，升学方面如何规划？

首先需要"适应学科"。国际学校 7—10 年级尤其需要适应数学和英文课。数学教学上，体制内学校关注规范性，国际学校关注思维性。英文教学上，体制内学校关注语法，国际学校关注写作。想要弥合这种差异，需要学生转变价值观念，以及通过日常学习成绩的反馈，不断调整薄弱学科的学习方法。

其次，学生的标化备考呈现"低龄化"。倒推几年，倘若学生能在初三毕业时取得90分以上的托福成绩，便是非常优异的成绩；但现如今初三学生托福取得 100 以上的成绩也不是稀罕事。这反映了初中生准备托福的时间变得越来越早。因此，当学生适应校内课程之后，及时跟进标准化考试的备考也成为一种趋势。

最后，围绕优势学科进行学术拓展学习。学术拓展是学科竞赛和学术活动的统称。当学生的标准化考试出分越来越早时，学生便有更多的时间进行学术拓展项目。面对琳琅满目的学术拓展项目，家长们抓住两个基本点：以优势学科为基本点，以学术成绩为基本点。

"以优势学科为基本点"是指学术拓展项目源于校内的优势学科。倘若学生校内数学成绩突出，那么便可以优先选择数学拓展项目；倘若学生生物成绩突出，选择经济类拓展项目则显得"表里不一"。

"以学术成绩为基本点"表明学术拓展项目的结果导向特点。倘若学生参加了 AMC10、NEC 等学科竞赛，但未取得成绩，这与没有参加竞赛无异。因此，当学生选择学术拓展项目后，一定要认真准备必要的理论知识。倘若对某一项竞赛没有必胜的把握，那么可以适当增加统一学科的竞赛数量，这也能提高得奖概率。以物理竞赛为例，倘若学生无法在美国物理碗竞赛中拿奖，便可以"广撒网"，即额外报名英国物理奥赛、加拿大物理奥赛、普林斯顿物理竞赛等多项赛事。

概括起来，申请国外大学的三要素：学科适应、标化备考、学术拓展。三要素的成绩越好，申请结果越好。

说起学术拓展，和课程和标化考试一样，同样也需要提前规划。

我曾经面谈过一位学生，他的校内成绩不错，且托福在 9 年级便取得 110+ 的成绩。妈妈对孩子的成绩非常得意，同时分了更多精力关注竞赛的规划，向我咨询答题类竞赛和科研论文竞赛到底应该如何规划。

我的答案是：9—10 年级的学生以参加答题类竞赛为主。提到国际竞赛，家长的第一反应就是"太难了"。实际上国际竞赛的难度设置和国内竞赛不同。国内认可度高的五大学科竞赛（数学、物理、化学、生物、信息学）难度远超过校内的课程难度。这使得竞赛在国内成为少数人的游戏，但国际竞赛与校内学科知识衔接紧密。因此答题类的国际竞赛一方面能帮助学生巩固校内知识，另一方面为有能力的学生提供差异性的学习内容。我们熟知的答题类竞赛有：美国数学竞赛（AMC）、美国物理碗竞赛（Physics Bowl）、英国物理奥赛（BPhO）、英国化学奥赛（UKChO）、美国生物奥赛（BIO-USACN）、全美经济学挑战赛（NEC）等。

11—12 年级以科研 / 论文竞赛为主。倘若学生在 9—10 年级取得不错的答题类竞赛成绩，接下来学生可以挑战难度更高的科研／论文竞赛。学生可以根据比赛规则选择科研主题，通过实验室科研、计算机建模等实践性方式参赛。最终，比赛主办方通过学生设计的程序、论文等方式评奖。科研论文的难点在于学生需要有明确的课题研究方向。倘若学生胡乱地选择研究方向，最终的实验结果可想而知。因此，学生应以成绩优异的校内学科和答题竞赛为依据，选择科研方向。这能避免学生按照兴趣主观选择科研方向的情况。

过去几年，我感受到了留学需求的变化。家长考虑的因素越来越多，越来越细致。这也对校外机构和学校提出了更高的要求。以前是托福、SAT/ACT 应该如何备考，现在是托福口语、SAT 阅读等单项如何提分，想得更细了；以前是如何提升校内学分 GPA，现在是关注大学专业是否对高中课程选择有硬性要求，想得更远了；以前是询问除了标准化考试成绩还能在哪些方面提升实力，现在是因为孩子擅长某个学科，所以想了解参加哪种国际竞赛含金量高，想得更深了。

我想，世界的发展和变化，很多都是危机推动的被动改革。疫情给学校、机构和留学家庭造成了影响，也带来了思考。过去这些年的面谈中，家长咨询的范围逐渐扩大，从最开始的高中生家长咨询托福和 SAT，逐步转变为初高中家长各一半，咨询择校、备考、选课、活动、竞赛等。这种需求的转变说明学生和家长们在出国留学的准备上越来越充分，同时也使得同学间的竞争越来越激烈。

唯有一点没变，就是作为这种转变的主要推动者——孩子的妈妈们，总是带着焦虑、紧张以及对孩子的疼爱、对解决方案的迫切、对最优教育资源的追逐来到面谈现场。

但是，我也经常思考问题的另一面：爸爸去哪儿了？

面谈一直是我最重要的工作，无论作为精英计划的规划师，还是新东方的管理者。在百分之八十的面谈里，我发现爸爸都是缺位的。很多妈妈对爸爸的缺位给予了充分的理解，说爸爸在外面挣钱，没有爸爸的高收入，孩子不可能有出国留学的资源。所以，有一类爸爸的形象，是每天在外奔波，无暇顾及家中琐事。还有一类爸爸，和妈妈的形象正好相反，妈妈焦虑地寻找答案，担心孩子不进步、不出分、被别的孩子比下去时，爸爸比较超脱，认为孩子健康快乐就好。

谢强老师和我们说，有一次他春节面谈，有位爸爸从头到尾没拿正眼看过他一次，全程看自己手机，谢老师整整一个小时歪着脑袋与孩子妈妈一个人说话，只能当爸爸不在现场。

我虽没有遇到这种极端情况，但是也见过爸爸被妈妈强行拉到规划面谈现场，露出一副不情愿的样子。更有一种情况，是爸爸出现了，但是因为和妈妈的意见严重不统一，会当着孩子的面批评妈妈的观点错误，或者对妈妈的意见表达蔑视。这时，我最担心的是，他们的分歧会扰乱孩子前进的节奏、减少孩子的学习动力，甚至给了孩子不好好学习的借口。

所以，我希望孩子的父母应该向一个方向融合：妈妈减少焦虑，爸爸参与进来。这种模式是最好的。或者反过来：爸爸积极推动，妈妈参与进来。而且不得不说，在我的经验里，爸爸积极主导的虽然是极少数，但只要参与进来，整个家庭所产生的推动力就非常强。

说得再远一点，无论男孩还是女孩，在孩子的成长过程中，爸爸都是不可或缺的角色。放眼未来，爸爸曾经的缺位都会对孩子的人生造成或大或小的问题。

当然我也承认，如果夫妻两人真到了实在无法沟通，甚至恶语相向的地步，对孩子而言，所谓的是否缺位也没什么意义。

但这就是另一个问题了。

图书在版编目(CIP)数据

留学真心话. 2, 北京地区国际教育全规划 / 谢强,
王梅, 高文成著. -- 杭州 : 浙江教育出版社, 2022.7
ISBN 978-7-5722-3884-0

Ⅰ. ①留… Ⅱ. ①谢… ②王… ③高… Ⅲ. ①国际教
育-概况②中小学-留学教育-教育规划-北京 Ⅳ.
①G51②G639.1

中国版本图书馆CIP数据核字(2022)第108725号

留学真心话2 北京地区国际教育全规划
LIUXUE ZHENXIN HUA 2 BEIJING DIQU GUOJI JIAOYU QUAN GUIHUA
谢 强 王 梅 高文成 著

责任编辑	赵清刚
美术编辑	韩 波
责任校对	马立改
责任印务	时小娟
特约编辑	刘红静 田中原
封面设计	黄 蕊
版式设计	黄 蕊
图片供稿	洪南丽
出版发行	浙江教育出版社
	地址:杭州市天目山路40号
	邮编:310013
	电话:(0571) 85170300 - 80928
	邮箱:dywh@xdf.cn
印 刷	大厂回族自治县彩虹印刷有限公司
开 本	710mm×1000mm 1/16
成品尺寸	168mm×230mm
印 张	22.25
字 数	334 000
版 次	2022年7月第1版
印 次	2022年7月第1次印刷
标准书号	ISBN 978-7-5722-3884-0
定 价	68.00元